조선 백성의 밥상

조선 백성의 밥상

K-FF 한식재단
KOREAN FOOD FOUNDATION

Hollym

책을 펴내며

역사는 한 민족이 살아온 삶의 궤적입니다. 그 중에서도 음식에 관한 역사에는 다양한 계층의 생활의 흔적들이 생생하게 녹아있습니다. 우리에게는 우리의 역사만큼이나 길고 다양한 음식, 즉 한식의 역사가 있습니다. 이러한 한식문화에 대한 역사는 유네스코 세계기록유산에 등재된 조선왕조실록과 의궤는 물론 수많은 고문헌 속에 기록되어져 있습니다.

그러나 그동안 우리 음식인 한식에 대한 역사적 고찰은 여타 부분에 비해 상당히 소홀했던 것이 사실입니다. 다행히 최근 들어 대장금을 비롯한 드라마가 한류의 원동력으로 작용하면서 자연스럽게 한식의 역사에 대한 관심도 크게 증가하고 있는 추세입니다.

한식재단은 이러한 시대적 추세를 반영하고 우리 음식문화의 본체를 규명하기 위해 흩어져있던 고문서 속의 음식문화를 발굴하고 이를 복원하여 현대 한식의 콘텐츠로 재생시키는 한국음식 원형복원사업을 추진해 오고 있습니다.

이번에 출간되는 '조선 백성의 밥상'은 한국학중앙연구원을 통해 발굴된 조선시대 민간의 음식관련 고문헌 상세해제 500여종을 일반대중이 알기 쉽게 재구성한 것입니다.

이 책에는 조선 민간의 밥상을 살펴볼 수 있는데 조선 백성의 삶의 곡절과 음식이야기, 미식가 열전, 이웃나라의 음식 등을 엿볼 수 있으며 조선시대 민간음식에 대한 고문헌의 설명도 부록으로 들어 있습니다.

아울러 한식재단은 한식재단 홈페이지(www.hansik.org)와 한식아카이브(archive.hansik.org)를 통하여 이번에 발간되는 '조선 백성의 밥상'은 물론 그동안 한식과 관련하여 구축한 다양한 음식 콘텐츠를 일반인들에게 제공합니다.

끝으로 이 책이 나오기까지 애써주신 연구진과 집필진 여러분의 노고에 감사의 말씀을 드리며 두 번째 발간되는 한식문화총서인 '조선 백성의 밥상'을 통해 독자 여러분이 한식의 역사에 한 발짝 다가서는 계기가 되어지기를 기대해 봅니다.

2014년 3월
한식재단 이사장

목차

3부

미식가 열전

4부

이웃나라 음식들

부록   225

조선 백성의 밥상

1부   밥상을

엿보다

1　왕실에서
　　보내준

　　　　　먹거리

최진옥 ─ 한국학중앙연구원

　　　　조선시대에는 관료의 급여가 쌀이나 콩 등 음식물로 지급되었기 때문에, 왕실의 식재료가 기본적으로 사대부 집안으로 유통될 수밖에 없었다. 급여 이외에도 왕실에서는 사대부에게 다양한 먹거리를 선물로 주었다. 그 구체적인 기록이 〈어부사시사〉로 유명한 윤선도의 집안에 전해 내려오고 있다.

　　　　윤선도 집안에서는 왕실에서 보내준 음식 목록 총 94점을 가지고 있다. 기록에 의하면, 어느 시기에 어떤 먹거리를 얼마만큼의 수량으로 보내주었는지를 자세히 알 수 있다. 생선과 말린 어류, 멧돼지나 꿩 등의 육류, 과일, 견과류, 젓갈, 술 등 다양한 먹거리가 기록에 등장한다.

　　　　이 글에서는 윤선도 집안에 전해오는 고문서를 통하여 17세기 사대부 집안에서 왕실과 어떤 음식을 공유했는지를 분석하였다. 이를 통해 전국 각지에서 왕실로 올라온 먹거리가 어떻게 유통 및 재분배되었는지 구체적인 사례를 확인할 수 있다.

전남 완도의 세연정 보길도에 있는 고산 윤선도의 정자이다.
소쇄원, 서석지와 함께 조선 3대 전통 정원의 하나로
꼽히는 곳이다. 고산 윤선도는 이 보길도에서
〈어부사시사〉와 〈오우가〉를 지었다고 전한다.

윤선도와
왕실과의 관계

윤선도(尹善道, 1587~1671)는 관직에 나가기 전 이미 막대한 경제적 기반을 가지고 있었으나, 정치적으로는 여러 관직을 역임하며 역경을 겪었다. 그러나 대군사부로 있으면서 봉림대군(후의 효종)과 인조로부터 상당한 신임을 얻었던 것 같다. 후에 효종은 윤선도에 대해 이렇게 회상했다.

내가 처음 글을 배울 때의 사부이다. 이 사람이 설명을 잘 했기 때문에 선왕께서 가상하게 여겨 특별히 3년 동안이나 사부로 있게 하였다. 내가 글자를 깨우친 것은 실로 스승이 공들인 덕택이므로 항상 마음속으로 잊지 못했다.(『효종실록』, 효종 3년, 1월 18일)

이처럼 윤선도와 왕실과의 관계는 그가 대군사부에 임명되면서 시작된다. 대군사부에 대한 신뢰와 존경의 표현은 곳곳에서 보인다. 윤선도는 대군사부로 있으면서 겸직 금지에도 불구하고 여러 관직에 제수되었고, 그것도 고속 승진을 거듭하였다. 인조의 신뢰는 유배지로 떠날 때나 유배생활 이후 관직에 복귀할 때, 관직 제수 등에서 특별히 배려하는 모습으로 나타났다.

이러한 관계를 입증하는 증표가 해남윤씨의 세거지인 해남군 해남읍 연동리의 해남윤씨 종택인 녹우당에 전해오는 은사장(恩賜狀)이다. 은사장은 왕실에서 특별히 물품을 내리면서 발급하는 문서이다. 왕실로부터 은사장을 받았다는 것은 상당히 영예로운 일이며 그 집안이 은사를 받을 만큼 왕실과 특별한 관계에 있었다는 것을 증명해주고 있다.

녹우당에는 1628년부터 1660년까지 윤선도가 왕실로부터 하사받은 물품의 내역을 알 수 있는 은사장(恩賜狀)이 94점 남아있다. 윤선도는 하사받은 물품의 은사장 하나하나를 축으로 만들어 후손들에게 전했다. 또한 미처 수습하지 못했거나 누락된 것 19건을 따로 기록하였다. 다양한 은사 물품은 왕실의 윤선도에 대한 예우를 말해주는 것으로 은사장을 받은 당사자는 물론 후손들에게도 자랑스러운 일이다. 후손들은 축으로 전해지던 은사장을 첩장(帖裝)형태로 꾸며 오늘날에 이르도록 보존하여 왔다.

13

윤선도가 왕실로부터 받은 은사장 94건과 따로 적어 남긴 19건을 포함하여 모두 113건의 문서 중에서 음식과 식재료를 하사받을 때 받은 은사장이 85건에 이른다. 본고에서는 먹거리와 관련된 이 85건의 은사장을 중심으로 윤선도가 왕실로부터 하사받은 먹거리의 면면을 살펴보기로 한다.

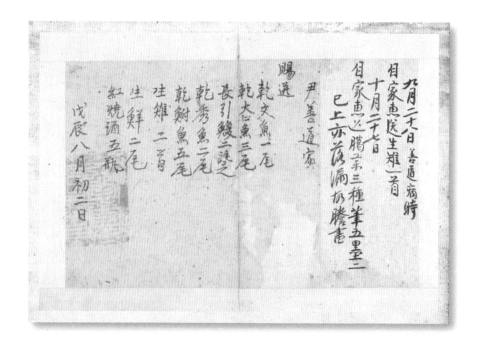

은사장 고산 윤선도 종가 녹우당 소장. 이 은사장은 무진 8월 초2일의 것으로, 왕실에서 보내온 은사품의 목록이 적혀 있다. 보내온 물품은 건문어, 건대구어, 장인복, 건수어, 생치, 생선, 홍소주 등이다.

왕실 은사품의
내역과 은사 배경

윤선도는 1628년 4월 2일부터 대군을 가르쳤는데, 4월 4일에 대군
방에서 벼루, 먹, 붓, 종이를 하사받았고, 이어서 4월 8일에는 인열왕후(仁烈王后)
가 술과 고기를 내렸다. 4월 11일에는 대군방에서 녹미 2석을 내렸다. 이후 집안
의 경조사나 시후에 따라 대전, 내전, 대군방으로부터 각종 은사품을 하사받았
다. 윤선도의 생일에는 대군방에서 특별히 생일상을 하사하였고, 병이 나면 대전
과 대군방에서 약재와 음식을 보내 주었다.

은사장을 발급할 때는 발급을 담당한 관청이 기재되는데, 대전의 경우는 내수사
(內需司), 상고(廂庫), 농포(農圃)로 구분하여 각 은사물품의 관리 부서를 밝히고
있다. 내수사는 왕실 재정을 관리하는 관서로 왕실의 쌀, 베, 잡물, 노비 등에 관
한 사무를 관장하는 곳이다. 상고는 내시부의 종5품 상탕(尙帑)이 관장하는 왕
실 소용의 물품을 보관하는 창고이다. 농포는 조선시대 환관들이 궁중에 들일 목
적으로 채소를 재배하던 밭으로, 내수사에 소속되어 있었으며 창덕궁 돈화문 밖
에 있었다.

왕실에서 은사장을 내린 시기는 크게 대군사부 재직시의 사례와 사부를 그만 둔
뒤의 예우, 효종이 스승에 대한 예우로 나누어 볼 수 있다. 먼저 사부로 임명되어
강학청에서 가르치게 되었을 때 대군방에서 지필묵과 먹을, 내전에서 술과 고기
를 내린 것을 비롯하여 1628년에는 모두 11차례의 은사품을 받았다. 7월에는 말
1필, 11월에는 마포교초(麻浦郊草) 20동(同)을 받았다. 말을 하사한 데 이어 말
먹이 풀을 보낸 것으로 이해된다. 지필묵은 8월과 9월에도 받았다.

은사장에는 왕실에서 윤선도에게 은사품을 내린 사유가 밝혀져 있는 경우가 있
다. 사부가 된 지 얼마 안 지난 5월 16일에 친형인 윤선언(尹善言)의 상사를 당했
을 때 부의(賻儀)로 정포(正布), 삭지 등 상사에 필요한 물품을 하사받았고, 1630
년에는 윤선도의 아들 인미(仁美)와 의미(義美)가 사마시에 합격하자 인조는 특
별히 음식을 내렸다.

이처럼 하사받은 물품들은 단오, 동지, 신년 같은 세시별로, 또는 봄, 여름, 가을,
겨울 같은 계절별로, 생일 같은 특별한 행사별로 구분된다. 시후와 관련된 것으

로는 단오에는 후추, 가을에 향청(鄕菁), 겨울에 전약(煎藥)·황감(黃柑)·감자(柑子), 봄과 가을에는 내수사에서 소금을 보내는 등이다. 특정 시기에 하사받은 식재료, 음식, 물품 등에는 일정한 경향을 보이고 있다.

단오와 같은 절기에 맞추거나 시후에 맞게 계절에 따른 은사품을 내린 것이다. 단오에 후추를 보낼 때에는 백첩선(白貼扇), 칠별선(漆別扇), 유별선(油別扇)과 같은 단오부채가 함께 왔다. 후추는 향신료로서뿐만 아니라 약재로도 쓰였다. 또한 겨울철에 보내는 전약은 소가죽을 진하게 고아 만든 아교에 대추, 꿀, 마른 생강, 관계(官桂, 두꺼운 계수나무 껍질), 정향(丁香), 후추 등을 넣어 오래 고아 차게 굳혀서 먹는 동지 음식이다. 동지에는 이듬해의 역서를 함께 내렸다.

1629년~1631년간 윤선도의 생일인 6월 21일에는 대군방에서 생일 음식으로 증편, 절육, 어만두, 정과, 서진과 등 갖가지 음식을 하사하였다. 또 병이 났을 때는 대전과 대군방에서 향유산(香薷散, 더위먹은 데나 곽란으로 게우고 설사하는 데 쓰는 가루약), 청간해울탕료(淸肝解鬱湯料)와 같은 약과 문어, 전복과 같은 보양과 관련된 음식물을 보내왔다.

특별한 은사로 1631년 3월 13일, 친구들과 동호(東湖)를 유람할 때 내전에서 건문어, 건대구어, 편포, 건수어, 단인복, 생송어, 생치(꿩), 생복, 향온주를 하사하였다. 1631년 9월 3일, 전시(殿試) 때에 관원 간의 알력으로 정거당한 뒤 호조정랑의 벼슬을 버리고 해남으로 돌아가려 할 때 인조는 건문어, 건대구어, 건광어, 건치, 건수어, 장인복, 편포(片脯), 생치(꿩), 생선, 백자(柏子), 홍소주를 하사하여 위로하였다.

1632년 11월, 윤선도가 건강 악화로 5년여의 대군사부직을 그만둔 뒤에도 대군방에서는 소금과 쌀을 보내왔다. 1633년 4월에 윤선도가 증광 복시에 장원으로 뽑히자 인조는 전 사부에게 건문어, 건대구어, 건치, 건수어, 건광어, 쾌포(快脯), 장인복, 생치, 생선, 생위어, 술을 보내어 축하하였다.

1649년에 즉위한 효종은 사부의 은혜를 잊지 않았다. 1652년 1월에 성균관 사예로 임명하고, 3월에는 동부승지로 임명하고, 8월에는 예조참의에 제수하였다. 이 시기에 효종의 은사가 행해졌다. 1652년 7월 2일, 반대에 부딪쳐 동부승지를 면직할 수밖에 없었을 때에도 효종은 전 승지 윤선도에게 건저, 전복, 건문어, 건대구어, 건광어, 건치, 추복, 장인복, 백자, 생치, 생선, 홍소주를 내려 위로하였다. 8월

6일에는 창미, 석수어를 내려주었다.

1657년 9월에 중궁의 병이 위독해져 의술에 밝은 윤선도가 부름을 받고 상경하게 되었다. 이때 효종으로부터 쌀, 콩, 소금. 미역, 석수어를 하사받았다. 겨울에 첨지중추부사에 임명되었으나 병으로 해남으로 돌아가게 되자 효종은 12월 19일 첨지 윤선도에게 감자를 내렸고, 12월 26일에는 산저, 생장, 생치, 향온주, 당유자, 감자(귤의 일종), 동정귤, 유감을 하사하였다.

1658년 3월에 효종의 특명으로 공조참의가 되고, 3월 27일에 생세어, 생전어, 생대하, 생중섭어, 생소섭어, 생중수어, 술을 하사받았다. 1659년 효종이 승하한 뒤 사부로서 왕실과의 관계는 멀어졌다.

17

윤선도

윤선도는 1587년 6월 22일에 서울 동부 연화방에서 윤유심(尹唯深)과 순흥안씨의 둘째 아들로 태어나 1594년 8살 때 큰아버지 유기(唯幾, 1554~1619)에게 양자로 들어갔다.

1612년 진사시에 합격하였고, 1616년 성균관 유생으로 있으면서 이이첨 등 당시의 집권세력들의 죄상을 규탄하는 병진소를 올렸다. 이로 인하여 함경도 경원으로 유배되었다. 1623년 인조반정 후 풀려나 4월에 의금부 도사에 제수되어 서울로 돌아왔으나 7월에 파직되어 해남으로 내려갔다.

1628년 별시 문과 초시에 장원으로 합격하고, 초시에서 시험관이었던 이조판서 장유(張維)의 추천으로 봉림대군(鳳林大君, 1619~1659, 후에 효종)과 인평대군(麟坪大君, 1622~1658)의 사부(師傅)로 임명되어 4월 2일부터 강학청에서 대군들을 가르치게 되었다. 1632년 11월까지 약 5년간 대군사부로 있으면서 인조의 특별 배려로 1629년 12월에 공조좌랑, 1630년에 공조정랑, 1631년에 호조정랑에 제수되었다. 9월에 사직하고 해남으로 내려갔다. 1632년 1월 이후 호조정랑, 공조정랑, 사복시 첨정, 한성부 서윤에 제수되었으며 11월 병으로 사직하였다. 『인조실록』에는 윤선도에게 특별히 호조정랑에 제수한 것은 그가 오랫동안 대군의 사부였기 때문이라고 적고 있다.

윤선도는 문과에 급제하지 않은 상태에서 여러 관직을 섭렵하였다. 이에 1633년 4월, 47세에 드디어 증광 문과에서 장원 급제하였다. 급제 후 7월에 관서 경시관이 되었고, 9월에 세자시강원 문학에 제수되었으나 모함으로 벼슬을 그만두고 해남으로 돌아갔다. 1634년 봄에 성산현감으로 갔으며, 1635년 11월에 정치적 모함으로 사직하였다. 1636년 12월 병자호란이 일어나자 보길도에 정착하였다. 1638년 6월 호란 때에 임금을 분문(奔問)하지 않았다는 이유로 체포되어 영덕으로 유배되었다. 영덕에서 잠시 유배 생활을 하였으나 1639년 2월 석방되어 해남에 은거하였다.

이로부터 10년간 정치와는 거리를 두고 자연 속에서 지내면서 많은 시조를 남겼다. 특히 1651년 보길도를 배경으로 하는 어부사시사(漁父四時詞)는 유명하다. 1652년 효종의 각별한 신임으로 관직에 복귀하여 성균관 사예, 예조참의, 동부승지 등에 제수되었다. 11월 원평부원군(原

1652년 3월 27에 윤선도를
통정대부 승정원동부승지 겸
경연참찬관 춘추관수찬관에
임명하는 문서

윤선도의 증손인 윤두서(尹斗緖, 1668년 ~1715년)가 그린 조어도, 1708년, 비단에 수묵, 26.7 x 15.1cm, 국립중앙박물관

平府院君) 원두표(元斗杓, 1593~1664)를 외방에 보내라는 상소를 올린 후 반대파의 배척으로 삭출되어 해남으로 돌아왔다. 이후 1657년 11월에 첨지중추부사, 1658년 3월에 공조참의에 제수되었다.

1659년 5월 효종이 승하하고 장지 문제와 조대비의 복제 문제로 서인과 맞서다가 함경도 삼수에서 또 한 차례의 유배생활을 하게 된다. 1667년 유배가 풀린 후 보길도에서 여생을 보내다 1671년 85세로 생을 마감하였다.

해남은 윤선도 가문의 본향이며 경제적 기반이 있는 곳이다. 해남에서의 경제적 기반은 고조인 윤효정(尹孝貞, 1476-1543)이 대부호인 해남정씨가에 장가들어 상속받은 처가 재산을 토대로 하고 있다. 이재에 밝은 조부 윤의중(尹毅中)이 일생동안 재산을 증식하여 당시 호남 제일의 부호로 일컬어질 정도로 부를 축적하였다. 윤선도가의 재산은 1673년 그가 3남 2녀의 자식들에게 남긴 유산이 노비 550여 구, 전답 1,000여 두락이었을 정도며 여기에는 생전에 증여한 재산과 서자녀에게 준 재산은 포함되지 않아 실제의 재산은 더 많았을 것이다.

다양한 제철음식
하사품

　　앞에서 잠시 언급했듯이 윤선도가 왕실로부터 받은 은사품은 다양하며 그중 대부분이 먹거리와 관련된 것이다. 조리한 음식으로 받기보다는 주로 재료 상태로 받았다. 이들 먹거리를 통해서 당시 왕실의 음식 전통과 왕실음식과 사대부가가 공유해온 음식의 양상에 대한 이해가 가능하리라 생각된다.

윤선도가 왕실로부터 받은 먹거리는 구체적으로 1628년에서 1633년, 1652년에서 1658년에 이르는 사이에 받은 것이다. 먹거리는 생산 또는 취득하는 시기와 관련이 깊다. 대부분 제철 음식으로 소비되던 시대이므로 먼저 하사받은 달을 기준으로 월별로 먹거리를 정리해보기로 한다.

[표 1]에서 보면 말린 상태의 생선이 두르러지게 많다. 말린 것을 받지 않은 달은 12월과 1월뿐이다. 날씨가 덥지 않은 2, 3월이나 10, 11월에도 말린 생선을 받을 정도로 건제품이 일상적으로 소비되고 있음을 알 수 있다.

은구어, 석수어(참조기)를 제외하고는 생물일 경우, 생송어, 생전어와 같이 앞에 '생'을 넣어 건조된 것이 아님을 표시하고 있는데 종류가 구체적이지 않은 생선은 2~7월 뿐만 아니라 9~10월에도 받은 것으로 되어 있어 어떤 특징을 찾을 수가 없다. 문어는 건문어, 소문어, 문어의 상태로 받았다.

건조되지 않은 상태로 받은 경우, 5월에는 소문어, 6월에 은구어와 석수어, 8월에 석수어, 9월에 생문어와 석수어, 10월에 석수어, 11월에 세린석수어와 생문어를 받았다. 반면에 광어나 대구, 부어, 수어, 연어는 건조된 상태로만 받았는데 이런 경우에는 생물과는 달리 조리법부터 달랐을 것이다.

육류에서는 생장 즉 노루는 2월, 5월, 12월에 하사받았는데 생녹후각이나 산저는 12월에 한정되어 있다. 그런가 하면 생치는 여러 달에 걸쳐 받아 가장 제약없이 소비하였던 것으로 보인다. 건저(말린 돼지고기)는 7월에 받았다. 편포, 쾌포, 중포도 말린 고기로 보이는데 돼지고기 말린 것을 건저로 표기한 것에 비추어보면 내용물은 알 수 없으나 말린 형태에 따른 구별이 아닌가 생각된다.

과일은 능금과 자두는 6월에만 받았고, 감자는 12월과 1월, 황감·당유자·동정귤·유감은 12월에만 받았다. [표 2]와 같이 종류별로 분류를 해본 결과 가장 많

표1 월별 하사받은 먹거리

월별		하사받은 먹거리
1월		녹미(祿米), 감자(柑子), 청어, 황감,
2월		생치(生雉), 생선, 생장(生獐), 감자, 건문어(乾文魚), 대구어(乾大口), 건치(乾雉), 편포(片脯), 건수어(乾秀魚), 주(酒), 녹미, 생홍어
3월		염(鹽), 주(酒), 당유(唐柚), 건문어, 건대구어, 편포, 건수어, 단인복(短引鰒), 생송어, 생선, 생복, 향온주(香醞酒), 생세어, 생전어, 생대하, 생중설어, 생소설어, 생중수어,
4월		생위어(生葦魚), 녹미, 공미(貢米), 태(太), 적두, 건문어, 건대구어, 건치, 건수어, 건광어, 쾌포(快脯), 장인복, 생치, 생선, 주
5월(단오)		호초, 생장, 생치, 생선, 소문이, 긴굉어, 긴치, 편포, 소주
6월		생치, 생선, 은구어, 석수어, 건문어, 건대구어, 건치, 편포, 건수어, 공미, 공태(貢太), 녹미, 홍소주(紅燒酒)
7월		염, 공미, 공태, 호초, 건저, 전복, 건문어, 건대구어, 건광어, 건치, 추복, 장인복, 백자, 생치, 생선, 홍소주
8월		건문어, 건대구어, 건수어, 건부어, 장인복, 생치, 홍소주, 창미(倉米), 석수어
9월		염, 생치, 생문어, 건연어, 생선, 생복, 녹미, 태, 건문어, 건대구어, 건광어, 건치, 건수어, 장인복, 편포, 백자, 홍소주, 전세미(田稅米), 전세태(田稅太), 향정(鄕菁), 염, 관곽(官藿), 석수어
10월		생치, 생복, 홍당청, 건대구어, 중포, 건수어, 석수어, 생선, 주, 염, 향정
11월		생문어, 생복, 녹미, 녹태(祿太), 건수어, 건연어, 연어란혜, 감자. 전약, 세린석수어, 연어란,
12월(동지)		생녹후각, 생치, 황감, 청어, 감자, 공미, 녹미, 산저(山猪), 생장, 향온, 당유자, 동정귤, 유감, 전약
생일	1629	증편, 절육, 소육, 추복탕, 어만두, 분, 정과, 서진과, 능금, 자두, 홍소주
	1630	증편, 산삼편, 양색건정과, 능금, 자두, 서진과, 생치전체수, 생선전유, 어만두, 분, 오미자, 전복숙, 해삼초, 홍합초, 연계(軟鷄), 각색절육, 압란(鴨卵), 홍소주
	1631	건문어, 건대구어, 건치, 편포, 건수어, 생치, 생선, 홍소주

이 받은 종류가 어류로 드러났다. 왕실에서는 건어류를 포함하여 다양한 어종의 물고기를 하사하였다. 당시 상당히 다양한 종류의 물고기를 소비하였던 것으로 이해된다.

이처럼 어류가 다양한 데 비해 육류는 사슴·노루·꿩·멧돼지에 국한된다. 주로 사냥으로 얻은 것이 주를 이루고 있다. 꿩을 제외하고는 민간에서는 구하기 어려운 먹거리가 아닌가 생각된다.

표2 하사받은 먹거리의 종류별 구분

월별	하사받은 먹거리
육류	생치, 생녹후각, 생장, 산저
어류	생대하, 생문어, 생선, 생세어, 생소설어, 생송어, 생위어, 생전어, 생중설어, 생홍어, 생중수어, 석수어, 세린석수어, 소문어, 위어, 은구어, 진어생선, 청어, 단인복, 생복, 장인복, 전복, 추복
건육류	건저, 건치, 편포, 쾌포, 중포
건어류	건광어, 건대구어, 건문어, 건부어, 건수어, 건연어, 관곽
난류	압란, 연어란, 연어란혜
곡류	미(공미·녹미·전세미·창미·미), 태(공태·녹태·전세태·태), 적두, 분
채소류	향정, 홍당청
과일류	능금, 자두, 감자, 당유자, 동정귤, 서진과, 유감, 황감
견과류	백자
병과류	양색건정과, 정과, 증편
소금	춘등염, 추등염
술	주, 향온주, 홍소주
약재	호초, 산삼편, 오미자, 향유산
음식	절육, 소육, 추복탕, 어만두, 생선전유, 전복숙, 해삼초, 홍합초, 연계

육류

　　육류에서 가장 자주 또 많이 받은 것이 꿩이다. 1628년에 인조가 2회, 1629년에 인조 3회, 인열왕후 1회, 대군 3회, 1630년에 대군 4회, 인열왕후 2회, 인조 2회, 1631년에는 봉림대군 1회, 인열왕후 1회, 인조 1회, 1632년에는 인조 1회, 1652년 효종 1회, 1657년에 효종이 1회 하사하였다. 1629년에 7회, 1630년에 8회 해서 총 23회에 걸쳐 하사받았는데 시기적으로는 12월이 5회로 가장 많았고, 다음이 2월과 9월이 4회씩 하사받았다. 5, 6, 10월에 2회, 3, 4, 7, 8월에는 1회씩 하사받았다. 1월과 11월에는 한 차례도 없는 것이 특이하며, 꿩이 겨울철에만 국한된 먹거리가 아님을 알 수 있다. 꿩이 요리가 되어서 하사된 경우가 있는데 1630년 생일에 대군이 보낸 생치전체수이다. 전체수는 통째로 삶거나 구워서 익힌 음식을 말한다. 인조는 1628~1630년 매년 12월에 생녹후각(사슴 뒷다리)

을 하사하였다. 한 마리가 아닌 뒷다리 하나를 하사한 것으로 보아 사슴고기는 그만큼 귀했던 것으로 여겨진다.

사슴은 인조만이 하사한 데 비해 생장(노루고기)은 대군(1630년), 인조(1629년), 효종(1657년)이 각각 1회씩 하사하였다. 1회에 반마리 또는 1마리를 하사하였다. 사슴과 멧돼지는 12월에 국한되는데 노루를 보낸 시기는 2월, 5월, 12월이다.

산저(멧돼지) 반구를 1657년 12월에 효종이 하사하기도 했다. 이상에서 보듯이 생육류로는 사슴, 노루, 멧돼지, 꿩을 하사받았는데, 꿩을 제외하고는 주로 겨울철에 사냥으로 취득한 것을 보낸 것으로 이해된다. 이외에 밀린 고기를 하사받은 경우에는 돼지고기와 꿩고기를 받았다. 1652년 6월과 7월에 효종은 말린 돼지고기 1구를 보내왔다. 한여름에 말린 돼지고기를 보내온 것인데 건저라고 표현한 것으로 보아 육포 형태인지 아닌지 판단하기 어렵다. 꿩을 말린 건치는 2월, 4월, 5월, 6월, 7월, 9월에 하사받았다. 생치를 하사한 시기와 겹치는 달도 있지만 주로 봄과 여름에 건치를 보냈다. 꿩은 생치, 건치 합해서 가장 많이 쓰였음을 보여주고 있다. 조선시대에는 꿩을 더 보편적으로 먹었음을 보여주고 있다고 생각된다. 꿩이 이처럼 많이 쓰인 데 비해 닭은 1630년 윤선도 생일에 대군이 연계 1기를 내려주었을 뿐이다. 닭을 생일에 내린 것으로 보나 전체 하사한 내용으로 보나 꿩이 더 자주 쓰였음을 알 수 있다. 내용물은 확실치 않으나 말린 육류로 중포, 쾌포, 편포가 있다.

생치전체수　윤선도가 왕실로부터 하사받았던 음식 중의
하나이다. 시의전서를 참고하여 복원한 것이다.
(문화콘텐츠닷컴)

재료
꿩 1마리
다진마늘 1큰술
깨소금 1큰술
참기름 1큰술
후추가루 1작은술
꿀 1큰술
소금 1작은술
기름장 1큰술

만드는 법
❶ 꿩을 끓는 물에 익혀 털을 뽑는데 잔털은 약한 불에 그슬려 없앤다.
❷ 내장을 빼내고 노란 기름도 제거하고 깨끗이 씻는다.
❸ 넓게 포를 뜨는데 가슴살은 두세 쪽으로 저미고 다리는 한쪽만 칼집을 넣어 짜개서 넓게 포를 뜬다.
❹ 다진 마늘, 깨소금, 후춧가루, 꿀, 소금을 넣고 주물러 양념이 배게 한다.
❺ 백지에 물을 축여서 포 뜬 고기를 싸서 석쇠에 놓고 굽는다.

양념에 주무르기 전에 맨 고기를 물 축인 백지에 싸서 구울 경우에는 절반정도 익힌 후 종이를 벗기고
기름장을 발라 완전히 익힌다.

어류

　　어류는 생물과 건어물로 구분된다. 어류가 하사된 시기는 1월부터
12월까지 전 시기에 걸쳐 있다. 생물로는 대하, 문어, 세어, 소설어, 송어, 위어,
중설어, 중수어, 홍어, 석수어, 세린석수어, 은구어, 청어 등 어종이 다양하다. 종
류를 알 수 없는 그냥 생선으로만 기재된 것도 상당수 있다. 생선은 1월, 8월, 11
월, 12월을 제외한 모든 달에 보내왔는데 한 번에 거의 2마리씩 보내는 것이 상
례이다.

어류의 단위는 미(尾), 동음(冬音, 두름), 속(束)으로 구분된다. 생선, 생소설어, 생송어, 생전어, 생중설어, 생중수어 등은 미로 세고, 1두름이 20마리인 두름으로 세는 것은 생위어, 청어, 생세어가 있다. 석수어는 속을 단위로 하고, 생대하는 개를 단위로 한다.

한 번에 받은 생선의 양은 문어의 경우, 큰 것은 한 번에 반 마리를 받았고 작은 것은 한 번에 3마리를 받았다. 대하는 20개, 전어는 20마리, 석수어는 5속에서 30속을 받았고, 생위어는 5두름에서 7두름, 은구어는 15마리, 청어는 1두름 또는 3두름을 받았다.

윤선도가 받은 어류 중에 양적으로 가장 많은 것은 총 40두름에 이르는 위어(웅어)가 아닌가 생각된다. 인조는 1629년~1633년까지 매년 4월에 위어를 5두름, 또는 7두름씩 내려 보냈다. 인열왕후도 1629년에 7두름을 보내왔다. 위어는 한강 하류 일대에서 많이 잡히는 어종으로 양력 4~5월이 산란기이다. 조선시대 사옹원의 한 분장으로 위어소를 설치하여 위어를 잡는 어호에게 급복하고 진상품으로 관리하였다. 인조가 매년 4월에 위어를 하사한 것으로 보아 위어 철에 위어를 보내온 것이다.

25cm 내외

위어(웅어)

멸치과의 은백색의 물고기이다.
우어, 우여, 위어, 의어, 도어, 제어, 열어, 웅에, 차나리 등으로 다양하게 불린다. 담수의 영향을 많이 받는 연안의 내만이나 큰강 하구역에 서식한다. 산란기는 4~5월이며, 이 시기에 서해안에서는 큰 강 하구역이나 강 하류를 거슬러 올라가 산란한다. 윤선도가 왕실에서 하사받은 어류 중에서 위어가 가장 많다.

다음으로 많이 받은 것이 여름이 제철인 석수어가 아닌가 한다. 윤선도가 석수어를 받은 것은 6월에서 10월 사이이다. 단 세린석수어는 11월에 받았다. 석수어는 주로 경기, 황해, 전라 일대에서 진상하였다. 3월, 4월에는 생석수어를 사용하고, 여름철에 잡은 석수어는 소금에 절여 말려서 굴비로 가공한다.

청어는 값싸고 맛이 있어 가난한 선비들이 잘 사먹는 물고기라고도 하나 자원 변동이 심해 가격 등락 또한 심한 어종이라고 한다. 윤선도는 1629년 1월 인열왕후로부터 3두름, 1630년 12월 대군방에서 1두름을 받았다. 청어는 겨울이 제철이어서 윤선도가 하사받은 12월과 1월은 청어가 많이 잡히는 계절로 각 도에서 진상품으로 올라오는 시기이다.

건어물로 하사받은 것은 광어, 대구어, 문어, 부어, 수어, 연어가 있다. 광어, 대구어, 부어, 연어는 건어물 형태로만 받았다. 윤선도가 받은 말린 생선 중에서는 건대구어와 건수어가 20마리로 가장 많다. 건대구어와 건수어 모두 한번에 2마리 또는 3마리를 받았다. 다음이 건광어이다.

대구는 일찍부터 여러 곳에서 많이 어획되었다. 주로 소금을 넣지 않은 통대구를 건제품으로 가공하여 애용하였다. 진상품으로 건대구어·반건대구어·대구어란해·대구고지해 등이 보일 정도로 대구는 다양하게 가공하여 즐겨 먹었던 어종이다. 건대구어는 대구가 제철인 11월, 12월, 1월을 제외하고 모든 달에 받았다.

수어는 경상도와 함경도를 제외한 전국에서 생산되는 어종이다. 『세종실록』 지리지의 토공조에 건수어가 많이 보이는 것으로 미루어 건제품으로 가공하여 소비하는 일이 많았던 것 같다.

건광어는 인조와 인열왕후로부터는 한번에 2마리씩 받았는데 효종은 한번에 5마리를 보내왔다. 반면에 건문어는 인조와 인열왕후, 효종 모두 한 번에 1마리씩만 보냈다. 건문어는 봉황이나 용 등 여러가지 모양으로 오려서 잔치에 웃기로 이용하는 데 요긴하게 쓰인다.

주목되는 것으로는 건부어와 건연어이다. 건부어는 인조만 내렸고, 건연어는 대군방에서만 내렸다. 인조가 1628년 8월에 내린 건부어가 5마리이다. 대군방에서는 1630년~32년 사이에 매년 1회씩 건연어 1마리를 보냈다. 오늘날의 세태로 보면 건광어, 건부어, 건연어는 건조상태로 소비하는 어종은 아니다. 건연어는 9월과 11월에 보냈으며, 건광어는 4, 5, 7, 9월에 보냈다.

패류

패류로 분류되는 것은 전복뿐이다. 전복은 인조, 대군, 인열왕후, 효종 모두 하사하였다. 전복은 장인복, 단인복, 생복, 전복, 추복으로 지칭되고 있는데 자세한 차이는 알 수 없으나 각각 가공방법, 상태에 따라 구별하였던 것 같다. 또한 단위도 구별되는데 장인복은 '주지(注之)'로 되어 있고, 단인복은 '첩(貼)'이다. 장인복은 인조가 2, 3주지씩 3회, 효종이 1회에 10주지를 하사하였고, 단인복은 인열왕후가 1회에 3첩을 하사였다. 전복이 음시으로 조리되어 내려온 것은 1629년 생일에 추복탕이, 1630년 생일에 전복숙이 내려왔다.

어란

어란으로는 대구어란, 연어란을 받았는데 1632년 11월에 대군방으로부터 각 1기씩 받았다. 대구어란은 일반적으로 접할 수 있다고 생각되나 연어란은 보편적이라고 하기 어려워 귀한 식품이었다고 생각된다. 알을 발효한 젓갈류로 연어란혜가 있는데 1631년 11월에 대군방으로부터 받았다. 어란과 어란혜 모두 대군방에서만 보내왔다. 연어가 토산에 들어 있는 지방은 함경도에 많고 강원도와 경상도에도 몇 지방이 있다. 연어알젓은 좋은 안주로 서울 사람들이 매우 좋아하였다고 한다. 건연어, 연어란, 연어란혜 등이 하사품으로 보이는 것은 이러한 사정이 반영된 것으로 보인다.

생선알 이외에는 오리알이 보인다. 1630년 6월 21일 생일에 대군방에서 압란 1기를 보내왔다. 1기면 어느 정도의 양인지는 알 수 없으나 오리알을 생일 음식으로 보내 왔다는 점이 흥미롭다.

곡물

　　곡물로는 쌀, 콩, 팥을 하사받았다. 팥은 1632년 인조가 적두 1석을 보낸 것이 유일하고 그 외에는 쌀과 콩을 받았다. 이들 곡류 앞에는 녹미, 녹태, 공미, 공태, 전세미, 전세태, 창리와 같이 쌀과 콩의 출처가 붙어 있다. 대군방에서는 1628년에서 1633년까지 매년 녹미와 녹태를 보내왔다. 1631년 봉림대군이 공미와 공태 구별 없이 미 2석을 보낸 것 이외에 대군방에서는 모두 녹미, 녹태의 성격을 띠고 있다. 인열왕후는 1629년 공미 2석을 보낸 것 외에는 곡식을 보낸 적이 없다. 인조의 경우는 1630~1632년에 공미, 공태를 보내왔고, 효종은 1652년에 창미 2석을, 1657년에는 전세미와 전세태를 보내왔다.

곡식을 보낼 때의 양은 콩은 효종이 전세태 4석을 보낸 것을 제외하고는 모두 1석씩 보냈다. 쌀은 녹미의 경우 1석 또는 3석을 받은 적도 있으나 2석이 보통이다. 인조가 보낸 공미는 적게는 1석, 많게는 4석을 받았다. 효종은 전세미 4석, 전세태 4석을 보내었다. 그리하여 윤선도가 한 해에 가장 많이 받은 것은 1631년에 대군, 인조, 봉림대군으로부터 받은 쌀 8석, 콩 5석이다. 가장 적게 받은 것은 1628년과 1633년 대군으로부터 받은 녹미 2석이다. 적게 받은 해와 차이가 많이 나지만 그 원인에 대한 실상이 무엇인지는 알 수 없다.

대군방에서 보낸 녹미, 녹태를 녹봉의 성격으로 보기는 어렵다. 『경국대전』에 의하면 대군사부의 품계 종9품의 경우 쌀은 봄에 3석, 여름 가을 겨울에 각 2석씩 년 9석이며, 콩은 봄과 겨울에 각 1석씩 받는다. 대군방에서 받은 녹미, 녹태의 양이 녹봉이라고 보기에는 부족하다. 또한 사부의 녹봉 지급을 대군방에서 직접 했는지도 의문이다. 정해진 녹봉 외에 주었던 것으로 생각되나 대군방에서는 녹미 녹태의 성격을 띤 쌀과 콩을 보내었고 인조와 인열왕후는 공물로 받은 쌀과 콩을, 효종은 전세로 받은 전세미의 쌀과 창미를 보내왔다. 대군방에서는 사부로 재직 중이었던 1628~1633년 사이에 하사받은 것이고 효종으로부터는 1652년과 1657년에 전 승지의 자격으로 받았다.

쌀, 콩, 팥 이외에 1629년과 1630년에 대군방에서 윤선도 생일인 6월 21일에 '분'을 보내왔는데 단위는 1동이, 1기로 되어 있다. 이때 '분'은 혹시 밀가루가 아닌가 한다. 윤선도의 생일은 유두 무렵으로 이 시기에는 햇과일과 함께 밀로 만든 국수 또는 밀전병을 조상에게 제물로 올려 유두제사를 지내는 풍습이 있었던 것으로 보아 밀가루일 가능성이 크다고 생각한다.

채소

채소가 은사의 대상이 된 것은 향정(鄕菁)과 홍당청뿐이다. 향정은 유독 인조만이 내렸는데, 대군사부로 재지중이었던 1628·1632년 사이에 매년 1회에 15단씩 4회에 걸쳐 하사하였다. 향정을 은사한 주체는 농포이다. 인조만이 향정을 하사한 것은, 농포가 환관들이 궁중에 들일 목적으로 채소를 재배하던 밭이었기 때문이다. 농포에서 보내온 물품은 향정 한 종류이다. 여기서 정(菁)이 무우인지 순무인지 판단하기 애매하다. 향정을 보내는 시기는 9월, 10월에 한정되어 있는데 주로 10월에 내렸다. 이 시기는 향정 수확기이며 한 번에 15단씩 보낸 것으로 보아 아마도 월동 준비를 위한 것으로 여겨진다.

홍당청은 1629년 10월 2일 윤선도가 병이 났을 때에 대군으로부터 3단을 받았는데 아마도 홍당무가 아닌가 생각된다.

견과류

견과류로는 인조가 1631년 9월에 잣을 1말 보내왔고, 효종이 1652년 7월에 1말을 보내왔다. 잣을 보내온 시기가 7월과 9월로 생과일이 계절과 관련이 있는 것과 달리 견과류는 계절의 영향이 드러나지 않는다.

소금은 전매품으로 국가가 관리하였다. 따라서 소금은 국왕만이 보냈다. 인조는 1629~1632년 사이 매번 1석씩, 봄과 가을에 정기적으로 보내왔고, 효종은 1657년 한 해에 2석을 보냈다. 윤선도가에서 소금을 하사받은 것은 인조가 8회, 효종이 1회 모두 9회이다. 3월에는 춘등염, 9, 10월에는 추등염이라 하여 보내왔는데 내수사가 담당하였다.

과일

　　과일을 보내온 시기는 수확기와 연관이 있어 여름 과일과 겨울 과일로 구분이 된다. 여름철 과일인 능금과 자두는 윤선도의 생일인 6월에 보내왔다. 겨울철 과일은 제주에서 나는 귤 종류를 주로 받았는데 12월에 당유자, 동정귤, 유감이 있고, 황감은 12월 , 1월에 보내왔다. 감자는 1, 2월에도 보내나 주로 12월에 보냈다. 감자(柑子)는 단위를 매(枚)로 세는데 양을 가늠하기 어렵다. 감자는 제주도의 겨울 진상품으로 일본 대마도에서 진헌해 오기도 하였다. 신하들이나 성균관에 가끔 하사되었는데 윤선도는 12월과 1월에 자주 하사받았다.

윤선도의 생일인 6월을 제외하고 과일은 12월과 1월에 제주산 과일을 하사한 것이 특징이다. 감자(柑子), 유자(柚子), 동정귤(洞庭橘), 유감(乳柑), 청귤(靑橘) 등은 조선 초부터 공납의 폐단이 많았던 제주도의 진상품이다. 감귤(柑橘)은 종묘에 올리고, 빈객을 대접하는데 그 쓰임이 매우 절실한 과일이다. 여러 과실 중에서 금귤(金橘)과 유감과 동정귤이 상품이고, 감자와 청귤(靑橘)이 다음이며, 유자(柚子)와 산귤(山橘)이 그 다음이라고 할 정도로 제주산 귤 종류는 귀하게 여겨졌으며 다양하게 소비되고 있었다고 본다.

왕실에서 윤선도에게 하사한 제주산 귤 중 몇 가지

식문화의 공유

이처럼 윤선도가 왕실로부터 받은 먹거리는 대부분 그가 대군사부의 신분으로 받은 것이고 그 외에는 공조좌랑, 정랑, 전사부, 전승지, 예조참의, 첨지 신분으로 있으면서 받은 것이다. 좌랑, 정랑은 대군사부로 있으면서 겸직한 것으로 이는 기본적으로 그가 왕실로부터 깊은 신뢰와 존경을 받았기 때문이다. 그로 인해 다양하고 풍부한 양의 은사품들을 받았다.

이를 통해 17세기 조선 왕실의 식문화를 이해할 수 있는 계기가 되었다. 왕실 수요의 먹거리들은 대부분 전국 각지에서 올라온 진상품이나 공물로 받쳐진 것들이다. 다양함은 물론 귀하고 품질 면에서도 최고라고 할 수 있다. 이를 왕실에서만 소비하지 않고 은사를 통해 민간에 전해졌다는 것은 단순히 은사품으로서의 의미를 넘어 식품의 유통과 소비의 확대라는 면으로도 이해할 수 있다고 생각한다. 그리하여 양반 사대부가에서도 왕실의 식문화를 공유할 수 있었다고 본다.

31

주류

술은 소주, 향온주, 홍소주를 하사받았으며 그 외는 주(酒)로만 표기하여 구체적으로 무슨 술인지 알 수 없는 술도 있으나 홍소주가 가장 많다. 홍소주는 궁궐의 내주방에서 공상하였는데 궁궐의 각 제사용 제주, 신하들에게 내리는 하사품, 북경 사신단의 진헌품으로 소용되었다. 술은 한번에 5병 보내는 것이 정식인 것처럼 인조, 인열왕후, 효종, 대군 모두 5병씩 보내었다.

향온주 마지막 증류 과정을 거치고 있는 모습.
향온주는 멥쌀과 찹쌀로 빚은 맑은 술로, 조선시대
양온서라는 관청에서 빚어 대궐안으로 들여보내던
전통 궁중주이다. 향온주를 빚을 때는 궁중어의들의
관리 아래 항상 어의들이 처방을 내려 빚었고,
임금이 신하에게 하사하였다고 한다. 조선시대
문헌인『고사촬요』,『규곤시의방』에 제조법이
기록되어 있는데, 누룩 만드는 법이 특이한 것이
특징이다. 녹두와 보리, 밀을 섞어 빻아 누룩을
만들고 일주일 동안 밤이슬을 맞혀 누룩 냄새를
없앴다. 발효가 끝나면 덧술을 여러번 거치고 한달
가량 후숙을 하고, 소줏고리에 넣어 증류시킨다.
증류가 끝나서도 옹기 항아리에 넣어 보관시켜
6개월간 마셨다.(문화재청)

참고문헌

『조선왕조실록』(http://sillok.history.go.kr)

『경국대전』

한국정신문화연구원, 『古文書集成』三, 1986.

국립민속박물관, 『한국세시풍속사전』

이영춘, 「孤山 尹善道의 학문과 예론」, 『국학연구』9, 한국국학진흥원, 2006.

김봉좌, 「해남 녹우당 소장 「은사첩」고찰」, 『서지학연구』, 제33집, 2006.

2

조리서가

말해주는

조선의
민간음식

정혜경 — 호서대학교

여성들뿐만 아니라 남성들도 조선 시대에 다양한 이유로 조리서를 집필했다. 봉제사와 접빈객이 중요했던 남성 유학자는 집안 대소사를 위하여 책을 썼으며, 의관들은 음식으로 질병을 치료하기 위해 약이 되는 음식의 조리법을 남겼다. 이들이 한문으로 조리서를 쓴 반면 여성들은 한글로 자신의 경험을 남겼다. 여성들이 남긴 책은 남성 저자의 책에 비해 쉽고 구체적으로 조리법을 기술한 특징이 있다.

바로 이러한 여러 가지 다양한 조리서를 통해, 우리는 조선시대에 어떤 식재료가 사용되었는지, 어떤 조리법으로 요리가 되었는지를 알 수 있다. 식품학적인 측면뿐만 아니라 문화사적인 측면에서도 이러한 조리서들이 전해주는 지식은 중요한 가치를 지닌다. 한식 세계화의 미래는 이러한 전통에 대한 심층적인 연구에 뿌리를 둘 때 더욱 건실한 발전을 기할 수 있을 것이다.

고조리서를 통한
한식 원형 찾기

최근 한국 사회에서의 화두 중 하나는 한식이다. 전통문화에 대한 관심 증가와 더불어 2008년 이후 시작된 정부의 한식세계화 정책도 한식에 대한 관심을 높이는 데 기여했다. 이에 따라 당연히 전통 한식 원형에 대한 관심도 커졌다. 한식은 먹을거리 상품 이전에 우리 민족의 문화유산이다. 한식을 세계인들에게 알리고 문화상품으로 개발하고 부가가치를 창출한다는 한식세계화의 입장에서도 우선되어야 할 것은 전통 한식의 원형에 대한 깊이 있는 연구이다. 음식은 다른 건축이나 의복과 달리 과거의 유물이 남아있지 않다. 그럼, 전통 한식의 원형은 어떻게 찾아야 할까?

그런 의미에서 가깝게는 전통 한식의 원형을 찾을 수 있는 조선시대의 고조리서는 매우 중요하다. 엄격한 유교사회였던 조선시대에도 여성들은 문자생활을 하고 집필을 하였다. 이런 상황을 잘 보여주는 것이 바로 조선시대의 고조리서들이다. 남성 사대부와 반가 여성들, 그리고 중인에 이르기까지 많은 조선 사람들은 음식에 관심을 가지고 조리서를 집필했다.

그런데 이러한 조선시대의 고조리서들에는 흥미로운 특징이 있다. 현재 맛의 본향이라고 알려진 전라도 지역에서는 고조리서가 아직 발견되지 않고 있는 반면, 유교문화가 발달한 경북 지역, 그것도 안동에서 집필된 고조리서가 여러 권이라는 사실이다. 이는 기록을 중시한 유교문화의 소산이라고 보인다.

조리서는 음식조리법을 기술한 과학서이지만 당대의 시대적 산물이므로 해당시대를 이해하는 실마리를 제공한다. 고조리서를 통해 조선시대의 자연과 인간에 대한 이해체계를 세울 수 있고 음식과 인간과의 관계를 조망할 수 있다. 이러한 입장에서 조선시대 고조리서를 쓴 집필자와 집필동기들을 이해하고 그리고 고조리서에 나타난 조리법들을 소개하고자 한다.

조선시대에 만나는 고조리서들

현재까지 발견된 고조리서로는 1400년대 중반 어의를 지낸 전순의에 의해 집필된 『산가요록(山家要錄)』이 가장 오래된 책이라 할 수 있다. 이는 음식에 대한 기록뿐 아니라 생활 전반을 다루고 있는 책으로, 우리나라 최초의 온돌에 대한 기록도 여기에 들어 있다.

이후 중종 때인 1540년경 안동의 김유(金綏, 1491-1555) 라는 남성 유학자에 의해 집필된 『수운잡방(需雲雜方)』이 중요한 한문조리서로 인정받고 있다.

그 다음으로는 「홍길동전」의 저자로 유명한 허균이 지은 『도문대작(屠門大嚼)』이 있는데, 이 책은 조리서라기보다는 팔도음식 소개서에 가깝다.

1600년대에는 중요한 조리서들이 집필되기 시작한다. 장계향이 집필한 『음식디미방』은 여성이 집필한 아시아권 최고의 한글고조리서라고 할 수 있다. 그 외에도 『요록』, 『주방문』, 『치생요람』 등이 나온다. 또한 양생과 영양을 다룬 의학서인 『동의보감』도 이 시기에 집필된다.

표1 조선시대 조리 관련 고서(연대별)

연대별	조리서
1400년대	산가요록, 식료찬요. 사시찬요초
1500년대	수운잡방, 미암일기, 쇄미록, 묵재일기, 용재총화
1600년대	음식디미방, 주방문, 치생요람, 도문대작. 동의보감
1700년대	산림경제, 증보산림경제, 소문사설, 고사신서, 고사십이집. 해동농서, 온주법, 음식보, 술 만드는 법
1800년대	규합총서, 임원십육지, 우음제방, 고대규곤요람, 주찬, 술빚는법, 간본 규합총서, 역잡록, 김승지댁 주방문, 음식방문, 윤씨음식법, 역주방문, 시의전서, 주식시의, 쥬식방문1, 쥬식방문2

우리나라에서 음식 관련 고문헌은 고려시대 이전의 책은 발견되지 않거나 거의 없는 실정이다. 그러다가 조선시대에 들어오게 되면 다양한 고조리서와 만날 수 있게 된다. 그런데 실제 조선시대에 음식과 관련된 고문헌 중에서 고조리서라고 불릴 수 있는 정확한 분류는 없다. 의, 식, 주를 함께 다룬 가정백과사전격인 문헌도 있고 농서 성격의 문헌이나 또는 건강을 다루는 의학서 등에도 음식조리법을 다루고 있기 때문이다. 그래서 정확히 고조리서라고 분류하기는 어렵다. 그러나 음식조리법을 다루고 있어서 일반적으로 고조리서의 범주로 분류되는 문헌들을 연도별로 정리해 보면 위와 같다.

1700년대에는 『산림경제』, 『증보산림경제』 등이 편찬되는데, 이들 책에는 농업기술과 더불어 음식조리법이 중요하게 다루어진다. 또한 『고사신서』, 『고사십이집』, 『해동농서』 등에서도 음식에 관련된 내용을 중요하게 다루고 있다. 좀 더 고조리서에 가까운 문헌으로는 『소문사설』과 『온주법』, 『음식보』, 『술만드는 법』 등이 편찬된다.

그러다가 1800년대가 되면 다양한 고조리서들을 만날 수 있게 된다. 가장 대표적인 것이 서울 반가의 여성인 빙허각 이씨가 집필한 생활대백과사전격인 『규합총서(閨閤叢書)』이다. 이 책은 이후 한국 조리서 발달에 지대한 영향을 미치게 된다. 또한 빙허각 이씨의 시동생이었던 실학자 서유구의 『임원십육지』가 편찬된다.

이러한 흐름에 영향을 받아서인지 1800년대 후반에는 다양한 집안에서 고조리서가 집필된다. 『우음제방』, 『고대규곤요람』, 『주찬』, 『술빚는 법』, 『간본 규합총서』, 『역잡록』, 『김승지댁 주방문』, 『음식방문』, 『윤씨음식법』, 『역주방문』, 『시의전서』와 『주식시의』 등이 나온다.

고조리서의 저자와
집필 의도

　　조선시대 조리서라면 당연히 여성이 집필자일 것으로 생각할 것이다. 엄격한 유교사회인 조선시대에 조리는 여성의 영역으로 남성이 관여하는 분야가 아니라고 보기 때문이다. 조선시대 조리서의 경우 작자미상인 경우가 많고 이는 여성 집필인 경우가 많은 탓이라고 볼 수 있지만 남성들이 저자로 나선 음식관련 고문헌도 많다.

특히 이런 경향은 조선 초·중기에 두드러진다. 조선 초기 세종, 세조, 문종 3대에 걸쳐 어의를 지낸 전순의는 『산가요록』이라는 조리서를 남겼다. 『산가요록』은 종합농서지만, 그 속에는 200여 종의 음식 조리법이 기록되어 있다. 또한 그는 현대인의 눈으로 보면 식사요법 교과서라고 할 수 있는 『식료찬요』라는 책도 저술하였다. 이 책은 총 45가지 질병에 대한 음식처방을 내려놓은 것으로, 여기에도 간단한 음식 만드는 법을 소개하고 있다.

이렇게 왕의 어의까지 지낸 남성이 음식조리법을 자세히 기록해 놓은 이유는 무엇일까? 이는 모든 병의 근원이 음식에서 비롯되었다는 생각 때문이었다. 즉, 맛있는 음식을 먹기 위해 조리법을 소개했다기보다는 질병예방을 위해서나 치료를

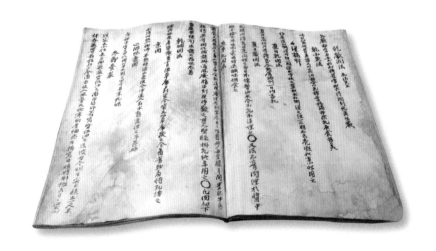

산가요록(山家要錄)　　1459년 경에 어의 전순의가 지은 요리책이자
농업책으로, 현존하는 가장 오래된 조리서.

위해서 약보다는 음식이 더 우선이라는 양생 철학때문에 이러한 조리서를 쓰게 되었던 것으로 보인다. 이는 이후의 『동의보감』을 쓴 허준(1546~1615)에게서도 목격된다. 허준은 물론 종합의서로서 동의보감을 썼지만 그 내용을 보면 약제로 서 사용하는 것들이 일상의 식재료인 경우가 많았고 특히 탕액편에서 이를 집중 적으로 다루고 있음을 볼 수 있다.

이렇게 음식을 건강의 한 방편으로 생각하였던 조선 사회의 관념은 1720년경에 저술된 『소문사설』에서도 확인된다. 이는 이시필이 기록한 한문필사본인데, 이 시필은 당시 의관이었다고 추측된다. 음식은 '식치방(食治訪)'이라고 하여 따로 기록하고 있다.

다음으로 저자가 같은 남성유학자이지만 이와는 다른 시각에서 저술된 것으로 보이는 조선 중기의 한문조리서가 있다. 바로 안동지역의 사대부였던 김유에 의 해 저술된 『수운잡방』이다. 김유가 1540년경에 저술한 이 책은 주류 59종, 식초 6종, 김치 15종, 장류 11종, 과정류 5종, 탕류 6종을 비롯하여 채소저장법 2종, 파 종법 5종을 설명하고 있으며, 이외에도 10종목의 조리법이 기록되어 있다. 중국 요리서의 영향도 배제할 수는 없지만 '오천가법' 즉 오천 가문의 조리법 등이 기 록되어 그 당시 안동지역의 토착적인 조리법을 기록한 것으로 생각된다.

김유는 왜 이런 기록을 남겼을까? 『수운잡방』은 유교문화의 소산이라는 점을 주 목하여야 한다. 집안의 대소사를 책임지고 있던 김유는 아마도 '봉제사접빈객'이 라는 조선시대의 사대부들의 중요한 역할을 수행함에 있어 실질적으로 중요하였 던 음식봉사를 위해 이 책을 저술하였던 것으로 보인다. 그리고 그 당시의 조리 서들을 참고하고 이를 기록으로 남겨서 집안 대대로 전하려는 유교문화의 실천 이 최우선이었을 것이다.

뿐만 아니라 『수운잡방』은 절제를 중시한 엄격한 유교문화 속에서도 음식을 통 한 교제를 즐기고 미각을 중시한 안동의 한 사대부의 풍류를 볼 수 있다.

또한 남성저자로서 허균도 음식에 관련한 책을 남기는데 바로 『도문대작』이다. 이 책은 허균이 귀양 가서 거친 음식만 먹게 되자 자신이 누렸던 음식사치를 떠 올리면서 팔도의 명물음식들을 기록하여 놓은 것으로 『성서부부고』라는 문집 속에 담겨져 있다. 책의 제목 '도문대작'이란 도살장 문을 바라보고 크게 씹는다 는 뜻인 입맛을 다신다는 의미이다.

이후 1700년대 이후가 되면 실학적 학풍에 의해『산림경제』나『증보산림경제』등과 같은 책이 저술되는데, 이 책들에서도 남성 유학자인 저자가 음식조리법을 이용 가능한 기술로 소개하고 있다. 즉, 치선(治膳) 부분을 따로 두고 식품저장법, 조리법, 가공법 등을 다루고 있다. 이러한 조선후기 실학의 전통 하에서 남성이 기록한 유명한 식품조리에 관한 문헌으로 1827년 서유구가 기록한『임원십육지』의「정조지」를 들 수 있다. 이 책에서는 식감촬요, 취류지류, 전오지류, 구면지류, 음청지류, 과정지류, 교여지류, 할팽지류, 미료지류, 온배지류, 절식지류 등으로 분류하여 조리법을 지(細)세히 기록하고 있다.

다음으로 직접 가사를 담당한 조선 여성들의 기록은 어떠한가? 여성 집필자의 조리서는 우선 알기 쉽게 한글로 썼다는 공통점이 있다. 그리고 무엇보다 그 조리법이 상세하다는 점도 그 특징이다.

가장 대표적인 최고의 조리서인『음식디미방』을 살펴보자. 이 책은 1670년경에 안동 지역의 장계향에 의해서 저술되었다. 전체 146종의 조리법이 등장한다. 비슷한 시기 같은 지역의 남성이 쓴 조리서인『수운잡방』과 비교해 보면 더욱 흥미

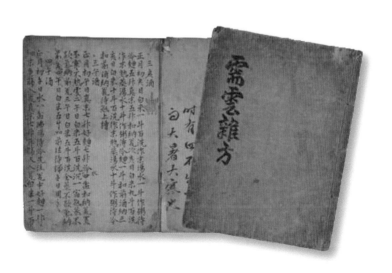

수운잡방(需雲雜方)　　조선 중종 때인 1540년경 탁청공 김유가 저술한 요리책. 상하권 두 권에 술빚기 등 경상북도 안동 지방의 121가지 조리법을 담고 있다.

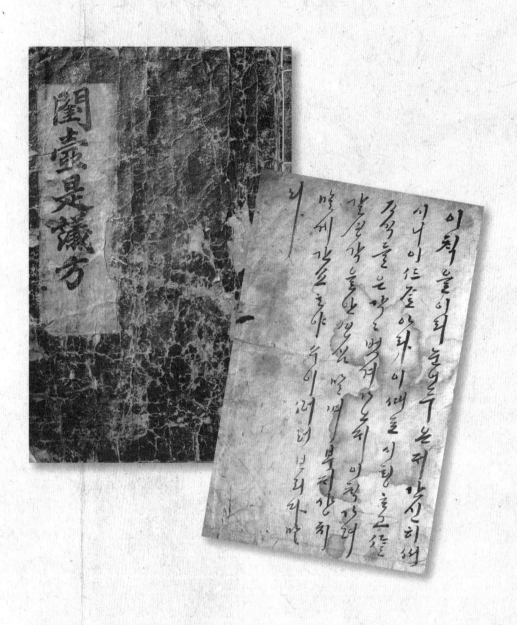

음식디미방(飮食知味方) 표지와 서문

음식디미방(飮食知味方) 표지와 서문.
한글로 쓴 최초의 조리서. 1670년 정부인 안동 장씨가
집필했다. 표지에는 규곤시의방(閨壼是議方)이라는
한문 제목이 쓰여 있다.

롭다. 1500년대와 1600년대라는 거의 1세기 이상의 차이를 두고 쓰여진 이 두 고조리서는 여러 가지 면에서 비교의 대상이 된다.『수운잡방』이 김유라는 조선시대 남성 사대부가 기록한 고조리서라면『음식디미방』은 사대부가의 여성이 쓴 책이라는 점에서 우선 비교대상이 된다.

『수운잡방』의 내용은 실제로 1400년대에 어의인 전순의가 쓴『산가요록』의 내용과 많은 점이 유사하다. 즉, 안동지역과 한양과의 교류가 있었다는 점을 반영하고 있고, 실제로 상당히 비슷한 조리법을 공유하고 있었음을 알 수 있다

반면『음식디미방』은 조리법이 상당히 상세하면서도 비교저 정확하며 새로운 조리법의 시도도 보인다.『음식디미방』의 저자인 장계향은 한글로『음식디미방』을 썼지만 실제 한문에 능한 여성군자였으며 정경부인의 반열에 올랐던 인물이다. 그 자신도 서문에서 며느리들이 이 책을 소중히 간직해 자손대대로 남길 것을 당부하였다. 가문의 전통이 대를 이어 이어지고 집안을 잘 다스리는 유교전통을 중시한 것이다.

다음으로 여성이 집필한 중요한 조리서는『규합총서』(빙허각 이씨, 1759~1824)를 들 수 있다. 1815년 서울 반가의 여성 빙허각 이씨가 기록한 이 책은 생활백과전서이지만 그 구성내용을 보면 주사의(酒食議) 부분에 장담그기, 술 빚기, 밥, 떡, 과줄, 반찬 만들기 등 총 200여 종 이상의 조리법이 상세히 기록되어 있다. 조선후기 필사본으로 전해져 오는 조리서중에서 가장 많이 읽혀졌던 책이다.『음식디미방』이나『규합총서』와 같은 여성이 기록한 한글 조리서들은 무엇보다 자신이 실제로 행한 조리법을 알기 쉽게 썼다는 것이 중요하다. 따라서 자신의 식품에 관한 식견에 따라 저술한 남성들의 고조리서와는 달리 실제로 따라할 수 있고 무엇보다 보기에 쉽다. 그런 영향으로 이 두 책들은 이후의 조리서들에 많은 영향을 미치게 되었고, 이러한 경향은 1900년대 이후의 조리서에서도 발견된다.

고조리서의 특징과
분류법

　　고조리서 이해에 있어서 두 가지 주의해야 할 점이 있다. 먼저 조선시대 고조리서가 반드시 조선 고유의 음식을 내용으로 하지는 않는다는 점이다. 예를 들면 남아있는 가장 오래된 조리서인 『산가요록』에는 중국의 『제민요술』이나 『거가필용』 그리고 『산가청공』이라는 책에 나오는 조리법과 비슷한 내용이 나온다. 『임원십육지』 「정조지」나 『규합총서』에는 이러한 인용문헌을 일일이 밝혔지만, 다른 책에서는 별도로 인용문헌을 밝히지 않은 경우도 있다.

　　또 한 가지 주의할 점은, 가문에 전승되는 조리서라고 해서 모두 해당 가문 전승 음식을 내용으로 담고 있지는 않다는 점이다. 예를 들어 대전 회덕의 동춘당 송준길 가에서 『주식시의』라는 조리서가 발견되었다. 이 책은 조선시대 사대부가의 음식문화를 살펴볼 수 있는 귀중한 자료지만, 『규합총서』와 비교한 결과 총 99가지 항목 중 약 50여 가지 항목이 동일하다. 당시에 목판본으로 제작되어 널리 읽혔던 『규합총서』의 내용을 일부 필사한 것으로 추정된다.

　　한편 조선시대 고조리서에서는 조리법의 분류가 근대와 달랐다. 일제강점기 이후 『조선요리제법』이나 조자호의 『조선요리법』에서는 조리기법에 따른 분류를 하고 있는 것을 알 수 있다. 그러나 대부분의 조선시대의 조리서에는 조리기법에 따른 분류도 있지만, 식재료에 따른 분류도 있고, 이 두 가지 방법을 혼용하거나 아예 분류항목을 세우지 않은 경우도 있다.

　　예를 들어 『음식디미방』에서는 면병류, 어육류, 소채류와 같은 재료별 분류법을 택하였지만 『산가요록』이나 『주방문』에서는 분류 항목을 세우지 않았다. 『증보산림경제』나 『고사신서』, 『고사십이집』 그리고 『규합총서』 등도 약간의 차이는 있지만 재료별 분류를 따르고 있다.

　　그러다가 1800년대 이후로 가게 되면 『임원십육지』나 『군학회등』, 『시의전서』 같은 경우에는 조리기법별 분류를 따르고 있음을 볼 수 있다. 즉, 후기로 갈수록 현대적 분류인 조리기법에 따른 분류를 하고 있어서 조리법의 발달을 엿볼 수 있는 대목이다. 이러한 분류기법은 근대기의 요리서에도 부분적으로 적용되고 있다.

고조리서에 가장 많이
등장하는 술빚기

　　조선시대 고조리서에서 가장 많이 언급된 조리법은 단연 술빚기이다. 거의 대부분의 고조리서에서는 술빚기가 필수적으로 포함되어 있다. 이는 접빈객 봉제사와 관련하여 집집마다 가양주 문화가 발달하였고, 여성들의 주요 임무 중의 하나가 술 빚는 일이었기 때문이다. 우리는 고대로부터 술을 사랑하고 좋아하고 또 자신의 삶 속에서 즐길 줄 알았던 술의 민족이다. 식사 때마다 식사에 어울리는 술을 곁들일 줄 알았다. 그러니 다양한 형태의 술이 고대로부터 만들어져 다양한 반주문화를 형성해 왔던 것이다. 각 지역 혹은 각 가정마다 특색 있게 만들어지던 술의 종류가 너무 다양하고 많아서 이루 헤아릴 수가 없다.

　　조선시대 고조리서에는 거의 대부분 술빚기가 가장 중요한 항목으로 들어가 있다. 실제로 고조리서의 제목 자체가 술 이름이 들어가 있는 것들이 많다. 『주방문』, 『온주법』, 『술 만드는 법』, 『술 빚는 법』, 『주찬』, 『침주법』, 『역주방문』, 『우음

표2 **다양한 가양주들**

구분	가양주
상용약주	청주, 약주, 백하주 등
특수약주	호산춘(壺山春), 백일주(百日酒), 약산춘(藥山春), 법주 등
속성주류	일일주(一日酒), 삼일주, 칠일주 등
탁주	이화주, 막걸리 등
백주(白酒)	약주와 탁주의 중간에 위치하는 술. 맛이 달고 젖과 같이 희다
감주(甘酒)	누룩대신에 엿기름을 사용해 달게 만든 술
이양주(異壤酒, 숙성 과정중에 다른 것을 사용하는 술)	와송주(臥松酒), 죽통주(竹筒酒) 등
가향주류(加香酒類, 꽃잎이나 향료를 이용하는 술)	송화주(松花酒), 두견주(진달래 술) 등
과실주	포도주, 송자주(松子酒) 등
소주	찹쌀소주, 밀소주 등
혼양주(混釀酒, 소주와 약주의 중간형 술)	과하주(過夏酒) 등
약용소주	진도의 홍주 등
약용약주	구기주, 오가피주 등

제방』 등이 해당되는데 이들 고조리서들이 술 빚는 법만을 다루고 있지 않더라도 술 빚기를 가장 중요한 항목으로 생각하였고 서명에도 술주(酒)자를 넣어 작명한 것을 알 수 있다.

또한 서명에 술주자가 들어가 있지 않는『산가요록』,『수운잡방』,『음식디미방』,『음식법』 등의 고조리서에도 다른 음식에 비해 술 빚는 법의 구성비가 높다. 술빚기가 매우 중요한 행위였으며 각 집안마다 술 빚는 방법을 후손들에게 남겨 계승하는 것은 매우 중요한 일이었음을 알 수 있다. 술 빚는 방법도 매우 다양하였지만 정리하여 보면 고려시대 이후 크게는 탁주, 청주, 소주의 세 가지 형태로 분류될 수도 있다고도 보지만 조선시대의 화려했던 가양주문화를 설명하기에는 무리가 있다. 따라서 이를『임원십육지』「정조지」를 기준으로 하여 분류하여 보면 [표 2]와 같이 분류된다. 즉 고조리서를 통해서도 조선시대의 다양하고 화려했던 가양주 문화를 짐작해볼 수 있다.

소줏고리　　소주를 고아내는 증류기. 재료를 솥에 넣고 끓여서 증발해 오른 알코올 성분을 식혀서 흘러 내리게 한다. 아라비아인들이 발명한 증류기가 몽골을 거쳐 고려에 전래된 것으로 추정된다.

주식류_
반(밥), 죽, 면, 탕병, 만두의 조리법

조선시대 고조리서에서도 다양한 밥 조리법을 만날 수 있는데 이 또한 시대에 따라 변천하여 왔음을 알 수 있다. 먼저 취반법(炊飯法)이 등장하는데 최초의 곡물과 물을 넣고 끓이는 죽법에서 찌는 방법이다. 그리고 제대로 된 밥짓기인 취반법이 나온다. 우리나라 사람들이 특히 밥짓기를 잘한다는 기록도 보인다. 그리고 대가족 하에서 대량 취반법이 『임원십육지』「정조지」에 나오고, 보리밥, 잡곡밥, 약반이 등장한다. 그리고 쌀에다 여러 가지 산채 등을 넣어 짓는 풍류를 겸한 구황식도 소개되어 나오고 요새 유행하는 비빔밥도 『시의전서』에 비로소 등장하며 국이나 물에 만 밥도 조리법으로 등장하고 있어 이채롭다.

조리서에는 밥 종류 외에 다양한 죽 종류가 등장한다. 조선시대에는 죽이 보편화된 음식이었으며 『임원십육지』, 『규합총서』, 『증보산림경제』 등에 대용식류, 별미식, 보양식, 치료식, 환자식, 민속식, 구황식, 음료 등의 역할로 등장한다. 흰죽이 일반적으로 나오고 팥죽은 동지섣달 풍속의 죽으로, 구황과 풍류를 겸한 죽으로 다양한 식물성 죽이 나오고 그 외에도 미음과 원미, 의이 등이 나온다. 또한 면류, 국수류, 탕병, 만두류가 나오는데 압착면, 냉면, 비빔냉면, 나화, 탕병 등이 등장한다. 만두류로서도 만두, 상화, 수교의 편수, 변시만두 등이 등장하고 있다.

삶는 법_
자법조리(煮法調理)

이는 우리나라 음식조리에서 가장 많이 쓰이는 방법인 '삶는 조리법'을 통칭하는 것으로서 가장 일반적인 한국음식 조리법이라고 할 수 있다. '자법'이란 육류를 삶는 방법이고, 구체적으로는 쇠고기를 삶아 편육을 만드는 법인 자우육(煮牛肉), 양고기를 삶는 자양육(煮羊肉)이 『임원십육지』에는 소개되어 있으나 이를 중국의 『거가필용』에서 인용한 것으로 보인다. 양을 삶는 조리법은 우리나라에는 뿌리내리지 못하였다. 그런데 돼지고기를 삶아서 조리하는 자저육(煮豬肉)도 발달하였는데 편육, 순대, 족편 등의 조리법이 조리서에 등장하고 있다. 자견육과 같은 개고기를 삶아 조리하는 방법도 여러 조리서에 소개되고 있다. 기타 다양한 고기를 삶아 조리하는 수육법이 나오고, 닭을 삶아 조리하는 자계법과 조류를 삶아 조리하는 방법이 나온다. 그 외에도 어패류를 삶는 방법으로 문어, 해삼, 새우, 게, 자라 등이 이에 해당된다.

그리고 수조육류나 어패류 같은 육류 이외에도 채소류를 삶아 조리하는 것도 중요한 방법이었다. 쌈, 도랏생채와 같은 생채 등의 방법이 있으며 자채(煮菜)의 조리법으로는 국, 나물무침, 채소찜, 선, 강회, 쌈, 생채 등의 다양한 삶는 조리법이 조리서에 등장하고 있다.

불을 이용한 구이, 적, 전, 초 요리법_
번적전초법(燔炙煎炒法)

번적전초법(燔炙煎炒法)이란 굽고[燔], 꼬챙이 꾸어 굽고[炙], 달이고[煎], 볶는[炒] 등 불을 이용한 일상의 조리법이라고 볼 수 있다. 이러한 조리법은 조선시대 조리서에서 우육의 번화법, 기타 수육의 번화법, 조류의 번화법 등으로 소개되어 있으며 어패류의 번적전초법, 채소류의 번적전초법 등이 소개되어 나온다.

생으로 회로 먹는 조리법_
회생법(膾生法)

이 방법은 식재료를 날로 먹는 방법으로 조선시대 조리서에 소개되고 있다. 수조육류를 생회로 먹는 방법뿐 아니라 어패류를 생회로 먹는 방법도 나온다. 그 외에도 육회법, 무침법, 냉채법들이 소개되어 나온다. 조선시대에도 날로 먹는 조리법이 상당히 보편화되었음을 알 수 있다.

부드러운 식감의 음식조리법_
수채법(酥菜法)

이 조리법은 부드러운 음식을 만드는 조리법으로 두부나 묵, 생선묵, 해초를 이용해 부드럽게 만드는 조리법 등으로 대부분의 조리서에 이러한 조리법이 등장하고 있다. 조선시대에 이러한 다양한 식감의 음식들을 조리하여 먹는 방법이 발달하고 있었음을 알 수 있다.

앵두편이나 오미자편과 같은 과채를 이용한 섬세한 조리법들은 한글 조리서에서 많이 만날 수 있고 콜라겐의 엉기는 특성을 이용한 '전약(煎藥)'과 같은 음식은 『수운잡방』과 같은 한문 조리서에 등장한다.

49

다시 생각해보는 고조리서의 의미

조선전기는 유교를 국교로 하면서 한식이 발달한 시기로, 조선 후기로 가면 한식이 완성되어 화려한 음식문화의 꽃을 피운 시기로 규정한다. 이러한 조선의 음식문화의 모습을 가장 잘 보여주는 것은 단연 조선시대 고조리서들이다.

조선의 고조리서들은 남성에 의해, 여성에 의해, 그리고 한자 혹은 한글로 필자의 개성에 따라 집필된다. 이를 제대로 이해하기 위해서는 무엇보다 고조리서가 가진 배경들을 잘 읽어내야 한다. 이러한 점에 입각하여 조선시대 고조리서들을 분류하여 보았다. 1400년대에서 1900년대 초기까지의 음식문화 관련 문헌들을 분류함과 동시에 이들 고조리서가 가지는 음식문화사적 의미를 대략적으로 살펴보았는데 중국 고조리서와의 연관성문제, 그리고 특히 후기에 발간되는 고조리서들 간의 필사문제까지 살펴보았다.

조선시대의 남성들이 고조리서를 남긴 이유로는 특히 조상에 대한 봉제사와 접빈객 중시가 중요한 의식이었기 때문으로 보인다. 또한 의관들은 음식을 질병 예방의 중요한 차원으로 보아 음식문헌을 남겼다. 반면 여성들은 자신이 실천해 온 조리법을 꼼꼼히 기록으로 남겨 후대에 전해지기를 바라는 마음으로 실용적인 조리서를 집필하였다.

또한 조선시대 고조리서에 등장하는 다양한 조리법들을 간략히 살펴보았다. 다양한 조리법들이 이미 조선시대에 이루어지고 있었으며 다양한 식재료도 조리서에 등장하고 있음을 보았다. 우리는 조선시대 고조리서에 대한 식품학적 고찰에서도 조리서가 가지는 문화사적인 의미를 잘 고찰하고 이의 토대 위에서 개개의 고조리서에 대한 조리과학적인 연구가 이루어져야 함을 알 수 있었다. 긴 인간의 역사를 담고 있는 우리의 문화유산인 고조리서의 방대한 내용에 비해 짧고 부족한 글을 끝맺고자 한다.

강인희, 한국의 맛, 대한교과서 주식회사. 1990

강인희, 한국식생활사, 삼영사, 1990

김유 저, 윤숙경 편역, 수운잡방, 주찬, 신광출판사, 1998

방신영, 조선요리제법, 신문관, 1917

빙허각 이씨 저, 정양완 역, 규합총서, 보진재, 1975

백두현, 조선시대 여성의 문자생활연구, 어문론총. 제45호, 2006

배두현, 한글죠리서로 본 간향주법 비교연구, !맛 !얼 16호, p373–306, 2011

서유구 저, 이효지, 정낙원 외 역, 임원십육지 정조지, 교문사, 2006

안동장씨, 황혜성 편저, 규곤시의방 해설본, 한국인서 출판사, 1980

윤서석, 한국음식-역사와 조리법, 수학사, 1992

이성우, 조선시대 조리서의 분석적 연구, 한국정신문화 연구원, 1982

이성우, 한국고식문헌집성, 수학사, 1992

이성우, 한국식품사회사, 교문사, p238, 1984

정혜경, 천년한식견문록 생각의 나무, 2009

한복진, 우리음식 100가지 , 현암사, 2005

한희순, 황혜성, 이혜경 공저, 이조궁정요리통고, 학총사, 1957

3 명문가의

제사상

김향숙 ─ 한국학중앙연구원

조선이 유교사회였기 때문에 음식 중에서도 제사 음식은 집안의 매우 중요한 음식이다. 조선시대에는 제사를 위해 어떤 식재료를 가지고 어떤 음식을 준비했을까? 그리고 제사상은 어떻게 차렸을까? 그것을 알려주는 고문서들이 남아 있다.

제사 준비 장보기를 했던 목록에는 어떤 물품을 구입했는지, 가격은 얼마였는지가 적혀 있다. 그리고 상차림을 적어둔 예도 전하고 있다. 이러한 자료들을 분석해 보면 제사음식과 상차림은 집집마다 조금씩 달랐지만, 기준이 없었던 것은 아니다. 일정한 기준에 입각해서 지역별로, 가문별로, 시기별로 변용을 꾀했던 것을 알 수 있다.

이 글에서는 크게 세 지역, 기호지역과 영남지역, 호남지역의 명문가를 중심으로, 집안에 전해오는 고문서를 통해서, 조선시대에 매우 중요했던 제사음식의 실제에 접근해보려 시도하였다.

제사음식은
누가 정했을까

종가의 제사음식은 그 가문의 전통과 역사가 집약되어 있는 문화의 꽃이자 결정체라고 할 수 있다. 각 가문의 제사음식의 전수 주체는 종부(宗婦)를 통해 이루어져 왔다. 현재 우리가 알고 있는 명문가의 제사음식은 전대의 종부에서 다음 대의 종부에게 이어진 자연스러운 문화 흐름이 쌓인 결과이다.

그러면 우리가 알고 있는 제사음식은 언제 누구에 의해 정해졌을까? 어떤 재료가 쓰였고, 어떤 음식이 만들어졌으며, 어떻게 진설되었을까?

유교가 지배했던 조선시대 각 가문의 제사음식의 시작은 송나라의 주희가 지은 『주자가례(朱子家禮)』에 수록된 진설음식이 그 시작점이라 할 수 있다. 『주자가례』는 그 책이 만들어져 유통된 송나라 시대부터 위작 논란이 일 만큼 완벽한 책이 아니었다. 그러나 조선의 유학자들은 주자성리학을 유학의 최고봉이라 여겼고, 주희가 지은 『주자가례』를 절대적으로 신봉했다. 그렇기 때문에 관점을 어디에 두느냐에 따라 끊임없이 논란이 일어날 여지가 충분했다. 조선시대의 예학은 불완전작인 주희의 『주자가례』를 역주하고 탐구하는 과정에서 서로 의견을 달리하고 재해석하며 발전해 갔다.

조선시대 예학의 줄거리는 경기, 충청지역을 중심으로 한 기호예학과 영남지역을 중심으로 한 영남예학으로 나뉜다. 기호예학은 율곡 이이에서부터 시작해서 사계 김장생 - 신독재 김집 - 우암 송시열로 이어지며, 영남예학은 퇴계 이황에서부터 시작해서 한강 정구 - 우복 정경세 - 미수 허목으로 이어진다.

조선시대 편찬된 예학서 중 기호예학과 영남예학을 통틀어 스테디셀러는 주희가 지은 『주자가례』와 사계 김장생이 편찬한 『상례비요(喪禮備要)』였다. 『상례비요』는 『주자가례』 내용 중 상례와 제례부분을 가져다가 해설을 덧붙인 책이다. 『상례비요』는 다양한 판본이 존재하는데, 이 중 간행 기록을 토대로 확실하게 연대와 간행처를 파악할 수 있는 것이 10여 종에 달할 만큼 인기가 있었다.

『주자가례』와 『상례비요』에 수록된 제례음식 내용은 주로 '채소, 과일, 술, 음식을 진설한다'는 내용이다. 여러 절차 중 진설한 음식의 종류가 다양한 것은 우제(虞祭)와 시제(時祭)이다.

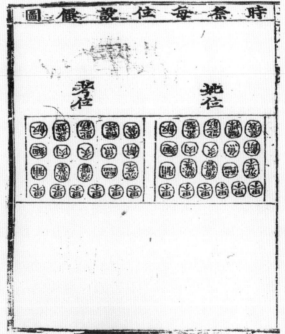

『상례비요』에 수록된 우제(상)와 시제(하)의 진설

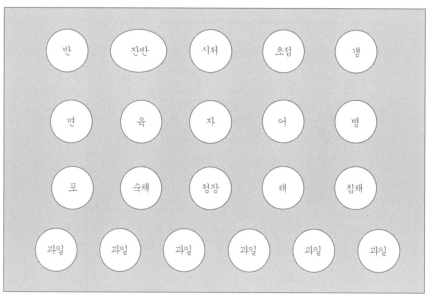

반	잔반	시저	초접	갱
면	육	자	어	병
포	숙채	청장	해	침채
과일	과일	과일	과일	과일	과일

『상례비요』 진설도를 통해 재구성한 기본 제사 상차림

우제는 장사를 지내는 날 한낮에 지내는 제사이다. 「우제진기설찬지도(虞祭陳器設饌之圖)」에 의하면 맨 바깥 줄에 과일 6기, 다음 줄에 포, 숙채(熟菜), 청장(淸醬), 해(醢), 침채(沈菜), 다음 줄에 면, 육(肉), 자(炙), 어(魚), 병(餠), 다음 줄에 반(飯), 잔반(盞盤), 시저(匙筯), 초접(醋楪), 갱(羹)을 진설한다.

시제(時祭)는 사계절의 가운데 달인 2, 5, 8, 11월에 드리는 제사로, 열흘 전에 날을 점친다. 하루 전에 신위를 설치하고 그릇을 진설하며, 새벽에 일어나 채소, 과일, 술, 음식을 진설한다. 「시제매위설찬도(時祭每位設饌圖)」에 의하면 고위(考位)와 비위(妣位)의 음식을 따로 차리는데, 각각 맨 바깥 줄에 과일 6기, 다음 줄에 포(脯), 숙채(熟菜), 청장(淸醬), 해(醢), 침채(沈菜), 다음 줄에 면(糆), 육(肉), 자(炙), 어(魚), 병(餠), 다음 줄에 반(飯), 잔반(盞盤), 시저(匙筯), 초접(醋楪), 갱(羹)을 진설한다.

고위와 비위, 우제와 시제를 떠나서 진설된 음식은 맨 바깥 줄에 과일 6기, 다음 줄에 포(脯), 숙채(熟菜), 청장(淸醬), 해(醢), 침채(沈菜), 다음 줄에 면(糆), 육(肉), 자(炙), 어(魚), 병(餠), 다음 줄에 반(飯), 잔반(盞盤), 시저(匙筯), 초접(醋楪), 갱(羹)을 진설함을 알 수 있다.

위에서 알 수 있다시피, 『주자가례』와 『상례비요』는 간단한 진설방식만을 설명하고 있을 뿐, 어떤 구체적인 식재료는 등장하지 않는다. 다만, 물이나 땅에서 나는 식재료(물고기, 채소 등)는 음수를 쓰며, 지상 위에서 나는 식재료(과일, 육고기 등)는 양수를 쓴다든지, 각 식재료는 토산에 맞게 제철에 나는 것들을 써야 한다는 규정만이 있을 뿐이다.

이러한 융통성은 각 가문에 적용되면서 예(禮)를 행하는 방식에 있어서 '가가례(家家禮, 집집마다의 예)'와 '지역성'을 띠게 만들었다. 우리나라 각 지역 종가마다 제사음식이 다르고 진설하는 음식의 가짓수가 약간씩 다른 것은 이러한 이유 때문이다.

그러면 각 가문마다 제사상에 오르는 제사음식은 어떤 재료가 쓰이고, 어떤 음식이 만들어졌으며, 어떤 순서로 진설되었을까? 이러한 의문의 해답은 현재 전해 내려오고 있는 각종 고문헌을 통해 부분적으로 설명이 가능하다.

각 가문에 소장된 고문서 중에 제수용 재료나 음식, 진설 방식이 수록된 고문헌은 제수기(祭需記, 제수용 식재료와 기물을 사들인 기록), 사하기(祀下記, 제사에 소용된 식재료와 기물을 사들인 기록), 제하기(祭下記, 제사에 쓴 식재료와 기물을 기록한 것) 등의 용하기, 제물의식(祭物儀式, 제사 음식과 진설방법, 제사 순서 등을 적은 것)등이 적힌 치부, 제수물목(祭需物目), 제수단자(祭需單子, 제수용 식재료나 음식이 나열된 문서), 진설도(陳設圖, 진설방법을 그려 놓은 문서) 등이다.

이 글에서는 기호지역(논산 파평윤씨 명재종가, 제천 한수 연안이씨 종가, 서산 대교 경주김씨 김홍욱 후손가)과 영남지역(안동 풍산유씨 서애종가, 경주 옥산 여주이씨 독락당·치암 종택, 안동 송파 진주하씨 하위지 후손가), 호남지역(해남 해남윤씨 녹우당 종가, 영암 장암 남평문씨 가문)의 명문가 8가문을 중심으로 각 가문에 전해 내려오는 고문서를 통해 조선시대 명문가의 제사음식 재료와 음식의 종류, 제사음식의 진설방식을 살펴볼 것이다.

이들 가문에 내려오는 고문서는 어느 집안은 진설도, 어느 집안은 제수기나 사하기, 어느 집안은 제수단자만 전해 내려오고 있어 종합적으로 고찰하는 것이 어렵다. 하지만 이들 집안을 기호, 영남, 호남의 문화권으로 묶어 대략적으로 살펴봄으로써 문화권별 제사상 차림의 특성을 알 수 있다.

기호지역의
명문가

기호지역 명문가의 제사상은 논산 파평윤씨 명재종가, 제천 한수 연안이씨 종가, 서산 대교 경주김씨 김홍욱 후손가의 고문서를 통해 재현할 수 있다. 명재종가는 충청도 지역의 대표적인 가문으로, 조선 중기의 문신인 윤돈(尹暾)을 입향조로 한다. 윤돈은 장인인 유연(柳淵)이 살고 있던 이산현 득윤면 당후촌으로 이거하면서 노성 지역과 인연을 맺게 되고, 이후 윤돈의 아들 윤창세가 노성면 병사리 비봉산에 터를 잡으면서 본격적으로 노성 지역에 대대로 살게 되었다. 후손 중 '충청5현'의 한 명인 노서 윤선거와 소론의 영수로 추대되는 명재 윤증이 대표적인 인물이다.

제천 한수 연안이씨 가문는 월사(月沙) 이정구(李廷龜)의 손자인 명암(鳴巖) 이해조(李海朝)를 파조로 하는 집안이다. 연안이씨 가문 중 문한과 환력이 가장 혁혁한 종파의 하나로서, 한말에는 의병활동을 주도한 가문으로도 유명하다. 원래 서울의 관동(館洞)과 황교(黃橋) 등지에서 대대로 살았으나 순조연간에 명암의 5세손인 이겸우(李謙愚) 대에 제천지역으로 이주하면서 호서사림(湖西士林)의 일원이 되었다. 서산 대교 경주김씨 가문은 고려말 충신인 상촌(桑村) 김자수(金自粹, 1351~1413)의 후손들로, 그의 6세손인 김연(金堧)이 서산(瑞山)에 정착한 후 대를 이어 살았다. 특히 김연의 손자인 김적(金積, 1564~1646)과 그의 아들 학주(鶴洲) 김홍욱(金弘郁, 1602~1654)의 후손들이 주를 이룬다. 김홍욱 가문은 17세기 이후 서인의 핵심 가문이자 벌열 가문으로 성장하였다. 김홍욱의 3대손 김흥경(金興慶)은 영의정에 올라 영조의 딸 화순옹주(和順翁主)를 며느리로 맞았고, 김홍욱 4대손인 김한구의 장녀는 1759년(영조 35)에 왕비에 책봉되어 정순왕후가 되었다.

기호지역의 명문가의 제사 관련 기록은 논산 파평윤씨 명재 종가의 문서를 통해 제사상에 필요한 제수품의 구입 목록을 알 수 있고, 제천 한수 연안이씨 종가의 문서를 통해 관리가 보내준 제사 음식을 알 수 있으며, 서산 대교 경주김씨 김홍욱 후손가의 문서를 통해 진설방법을 알 수 있다.

명재종가의 안뜰과 장독대

제수품의
구입목록

　　논산 파평윤씨 명재종가에 소장된 고문서 중에 음식과 식재료가 수록된 자료는 하선장(下膳狀), 사하기(祀下記), 제하기, 용하기, 서간 등이다. 이중 제사 관련 식재료가 수록된 문서는 임자년 10월 사하기와 정묘년 10월 15일 제하기이다. 임자년 10월 사하기와 정묘년 10월 15일 제하기는 각각 임자년 10월과 정묘년 10월 15일에 제사에 사용할 식재료를 사들인 목록으로, 식재료 종류와 가격이 수록되어 있다.

논산지역은 논산평야가 드넓게 자리잡고 있어서 예부터 호서지역의 곡창지대로 기능했다. 조선시대 논산지역은 논산포와 강경포가 함께 있어서 어물, 소금, 농산물 집산지로 유명했다. 그렇기 때문에 윤증종가의 제사음식 식재료에는 다양한 해산물, 농산물, 축산물이 등장할 수 있었다.

임자년 10월에 사들인 식재료를 통해 제사음식을 추정해 보면 [표 1]과 같다. 먼저 과일로는 밤, 대추, 배, 홍시 등의 과일이 진설되었다.

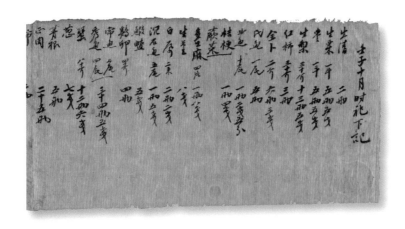

명재종가의 사하기　제수 물품을 구입한 목록을 적어둔 문서이다. 임자년 10월과 한식(寒食), 추석에 소용된 제사의 식재료와 수량, 구입 가격이 수록되어 있다

해산물로는 전복, 민어(民魚), 북어, 다시마, 침석어(沉石魚), 하해(鰕醢), 상어, 수어(秀魚), 해(蟹) 등이 다양하게 쓰였다.

육고기는 정육(正肉), 폐(肺), 회(膾), 계(鷄), 저육(猪肉) 등이 보인다.

채소류는 길경(桔梗), 궐채(蕨菜), 청근(菁根) 등이다.

떡과 과자류의 재료로는 맥아(麥芽), 진임(眞荏), 녹두, 적두, 채두(菜豆), 채록두(菜菉豆), 병미(餠米), 조청용 쌀 등 다양한 곡물이 사용되었다.

생강, 총(葱)은 양념으로 쓰였을 것이다.

표1 임자년 10월에 사들인 물품 목록

식재료	수량	가격	식재료	수량	가격
생청(生淸)		2냥	청근(菁根)		5냥
생밤	1두	5냥 5전	정육(正肉)		25냥
대추	1두	5냥 5전	폐(肺)		2냥
배	30개	13냥 5전	회(膾)		1냥 5전
홍시	30개	3냥	계(鷄)	3수	10냥
전복	2개	6냥 3전	저육(猪肉)		2냥
민어(民魚)	1미	5냥	맥아(麥芽)	4승	1냥 5푼
북어	10미	1냥 2전 5푼	진임(眞荏)	4승	3냥 6전
길경(桔梗)		1냥 4전	녹두	6승	3냥 9전
궐채(蕨菜)			적두	2두	10냥
다시마	4편	1냥 8전	채두(菜豆)	3승	1냥 5푼
생강		8전	채록두(菜菉豆)	1승	6전 5푼
침석어(沉石魚)	5미	1냥 5전	유(油)	3기	5냥
하해(鰕醢)		5전	소맥분	5승	2냥
계란	40개	4냥	두부	3괴塊	1냥 8전
상어	2미	34냥 5전	술 담그는 쌀	2두 5승	184냥 8전
수어(秀魚)	4미		병미(餠米)	5두	
해(蟹)	80개	12냥 6전	조청용 쌀	5승	
총(葱)		7전			

표2 한식에 사들인 물품 목록

식재료	수량	가격	식재료	수량	가격
북어	12미	1냥 5전	식해(食醢) 쌀	3승	1냥 5전
감	30개	1냥 5전	쌀	8승	1냥 5전
밤		2냥 5전	술 담그는 쌀	5승	2냥 5전

표3 추석에 사들인 물품 목록

식재료	수량	가격	식재료	수량	가격
북어	12미	1냥 5전	배	6개	3냥 5전
감		1냥	식해(食醢) 쌀	3승	
밤		8전	쌀	8승	
대추		8전	술 담그는 쌀	5승	
서고(西苽)	1개	1냥 2전 5푼			2냥 5전

관리가 보내준
제사음식

집안의 제사 때 관리가 보내 준 제사음식은 제천 한수 연안이씨 집안에 소장된 경인년 7월에 충주목사(忠州牧使)가 보내 준 제수단자를 통해 알 수 있다. 충주목사가 보내 준 제사음식은 국수, 떡, 약과, 중계(中桂), 다식, 산자, 대추, 호두, 배, 수박, 구이, 삶은 고기, 포, 문어, 전복, 식해, 정과, 간납(肝納), 회, 삶은 계란, 삶은 전복 각각 한 그릇씩과 탕 세 그릇, 그리고 청주, 침채, 상청(床淸), 상장(床醬), 초장 등이었다.

김홍욱 후손가의 제사상 진설방식

서산 대교 경주김씨 김홍욱 후손가에는 기제설찬도(忌祭設饌圖)가 남아 있어 제사 음식과 진설 방법을 알 수 있다. 앞서 제시한 『주자가례』와 『상례비요』의 진설도와 비교해 볼 때 김홍욱 후손가의 기제설찬도는 『주자가례』와 『상례비요』의 진설도를 충실히 따르고 있다. 기호사림 명문가에서 지내는 제사 진설방법의 전형적인 모습을 보여주는 사례라고 할 수 있다.

63

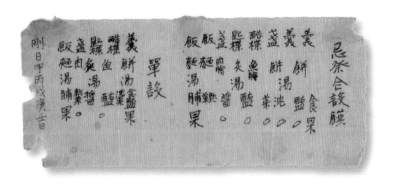

기제설찬도(忌祭設饌圖)　　경주김씨 김홍욱 후손가.
고위(考位)와 비위(妣位)를 함께 모시는
경우(합설)와 단독으로 모시는 경우(단설)로 나뉜다.

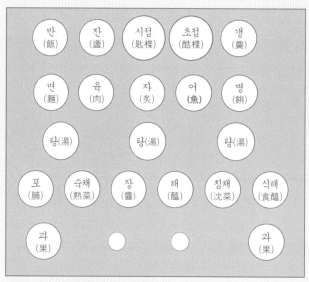

김홍욱 후손가의 기제 단설찬의 재구성

64

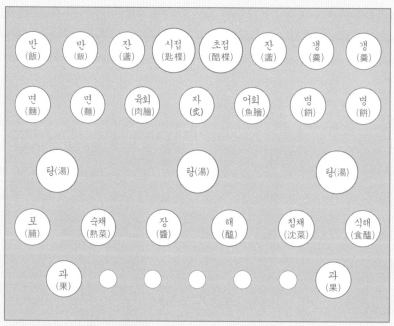

김홍욱 후손가의 기제 합설찬의 재구성

영남지역
명문가

영남지역 명문가의 제사상은 안동 풍산유씨 서애종가, 경주 옥산 여주이씨 독락당·치암 종택, 안동 송파 진주하씨 하위지 후손가의 고문서를 통해 재현할 수 있다. 이들 집안을 간단히 소개하면 다음과 같다.

먼저 안동 풍산유씨 서애종가이다. 종가가 위치한 경상북도 안동시 풍천면 하회마을은 풍산유씨 동족촌으로 유명하다. 이 마을에 풍산유씨가 터를 잡은 때는 고려말 조선초 유종혜(柳從惠)에 의해서였다. 현재 이 마을에는 입암(立庵) 유중(柳仲)의 고택인 양진당(養眞堂), 서애(西厓) 유성룡(柳成龍)의 종택(宗宅)인 충효당(忠孝堂), 유성룡의 위패를 모신 병산서원(屛山書院)이 함께 자리하고 있다. 영남의 유교문화를 대표하는 동족마을로서, 2010년 8월 1일 유네스코 세계문화유산에 등재된 곳이다.

다음은 경주 옥산 여주이씨 독락당·치암종택이다. 경상북도 경주시 안강읍 옥산리에 위치한 독락당(獨樂堂)은 조선시대 유학자인 회재 이언적(李彦迪, 1491~1553)이 기거하던 곳으로, 여주(驪州)이씨 가문의 종택 명칭이기도 하다. 장산서원(章山書院)은 이언적의 서자인 이전인(李全仁, 1516~1568)을 제향하기 위해 1780년(정조 4)에 건립되었다. 이전인은 비록 서자출신이긴 했지만 아버지가 정미사화(丁未士禍)에 연루되어 강계로 유배가게 되자 함께 동행하여 아버지를 지극정성으로 섬겼으며, 평생 동안 아버지의 학문과 행적을 알리는 데 온 힘

강물이 돌아나가는 안동 하회마을 전경

을 다하였으므로 대대로 칭송이 자자했다.

다음은 안동 송파 진주하씨 가문이다. 경상북도 안동시 서후면(西後面) 교동(校洞)에 위치한 안동 송파 진주하씨 가문은 사육신 하위지(河緯地, 1387~1456) 후손가이다. 정확히 말하면 하위지의 막내동생인 하소지(河紹地)의 후손가이다. 사육신 사건 이후 하위지 가문은 멸문지화에 이르렀는데, 하위지의 막내인 하소지는 사건 이전에 세상을 떠나 그 자제들은 화를 면할 수 있었다.

제수품의
구입목록

안동 풍산유씨 서애종가의 양진당(養眞堂), 충효당(忠孝堂), 병산
서원(屛山書院)에 소장된 고문서 중에 음식과 식재료가 수록된 자료는 용하기,
부조기(扶助記), 추원록(追遠錄), 제물의식(祭物儀式), 물목(物目), 서간 등이다.
제사 관련 식재료가 수록된 문서는 제물의식과 기유년 3월 4일 병산서원 제수물
목이다. 이중 제물의식에는 충효당 가문의 제사음식 특성이 잘 나타나 있다.

제물의식은 1598~1674년 사이에 유성룡의 손자 유원지(柳元之)가 작성한 절첩
형태의 고문헌이다. 서애종택에서 제사를 지낼 때 필요한 의례절차와 제물 등에
관해 적어놓은 것으로, 병산서원에 소장되어 있지만 내용상 서애종택인 충효당
고문헌이다.

제물의식에는 제사에 필요한 식재료의 물목과 산지를 함께 적어 놓고 있어서 주
목이 된다.

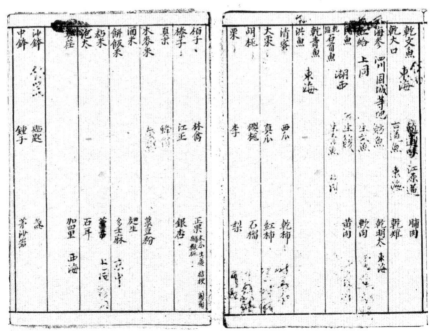

안동 하회유씨 충효당 가문의 제사음식을 기록해둔 제물의식(부분)

표4 제사에 필요한 식재료의 물목과 산지

식재료	산지	식재료	산지
건문어, 건대구	동해	서과(西瓜), 진과(眞瓜)	
고도어(古道魚)	동해	건시, 홍시	
건치(乾雉), 포육(脯肉)		호도, 밤	
해삼	사천, 고성 등지	앵도, 오얏(李)	
홍합	위와 같음	석류, 배	
방어 생문어		백자(柏子), 진자(榛子)	
건명태	동해	임금(林禽), 강정(江正)	
연육(軟肉)		정과(正果), 목과(木瓜), 생강(生姜), 길경(桔梗), 포도(葡萄), 미후도(獼猴桃), 은행(銀杏)	
민어, 건염석수어	호서	진말(辰末), 목맥미(木麥米)	
생복		국생(麴生), 다사마(多士麻)	서울
생청어	위와 같음	점미(粘米), 포태(泡太)	
황육		석이(石耳)	위와 같음
건청어, 홍어	동해	진임(眞荏)	
청밀, 대조		가사리(加四里)	서해

충효당 가문에서는 건문어, 건대구, 고도어(古道魚), 해삼, 홍합, 방어, 생문어, 건명태, 민어, 건염석수어, 생복, 생청어, 건청어, 홍어, 다사마, 가사리 등 풍부한 해산물과 대조, 서과(西瓜), 진과(眞瓜), 건시, 홍시, 호도, 밤, 앵도, 오얏, 석류, 배, 백자(柏子), 진자(榛子), 임금(林禽), 목과(木瓜), 포도(葡萄), 미후도(獼猴桃), 은행(銀杏) 등 풍성한 과일류를 제수음식에 사용하였다. 또한 제수용 식재료 중 필요한 것이 있으면 서해, 동해, 서울, 호서, 사천, 고성 등지에서 구입해서 제사에 충당하였다.

안동지역은 비록 산지로 둘러싸인 내륙지역이지만 신라시대부터 조선시대에 이르기까지 도호부가 설치된 영남의 주요 도시 중의 하나였다. 그렇기 때문에 사통팔달의 교통로가 예로부터 발달했는데, 그러한 이점을 이용하여 충효당 가문에서도 각종 제수용 식재료를 손쉽게 구입해 올 수 있었을 것으로 여겨진다.

송파 진주하씨 하위지 후손가에는 제수물목 9건과 용하기 3건이 있어 음식과 식재료 관련 내용을 알 수 있다. 이중 임진년 제수물목을 통해 제사에 사들인 제수물목과 수량, 가격을 알 수 있다.

임진년 제수물목은 임진년 10월 초10일에 송파 진주하씨 하위지 후손가에서 제사를 위해 관시(觀市)에서 제수를 사들인 목록이다. 북어, 상어, 가오리, 낙지, 열합(列蛤), 건문어, 석어(石魚), 방어, 고등어, 해의(海衣) 등 풍부한 수산물이 눈에 띈다.

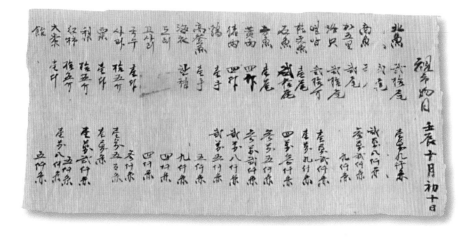

제수물목 안동 송파 진주하씨 하위지 후손가에서 임진년 10월 10일에 제수 준비를 위해 구입한 물건들을 기록한 고문서.

관리가 보내 준
제사음식

　　여주이씨 집안에 남아있는 물목 2건과 제수단자(祭需單子) 16건을 통해 음식과 식재료 관련 내용을 알 수 있는데, 이중 제수단자(祭需單子) 16건에는 경주부윤(慶州府尹)이 장산서원(章山書院)에 보내준 제수 물목이 수록되어 있다. 1799년 경주부윤(慶州府尹) 제수단자(祭需單子)를 중심으로 살펴보면 [표 5]와 같다.

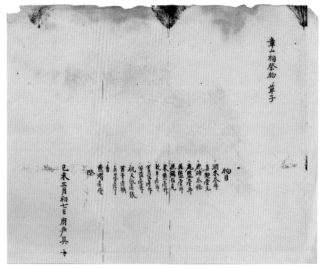

1799년 경주부윤 제수단자

표5 경주부윤이 장산서원에 보내준 제수 물목

제수물목	수량	제수물목	수량
주미(酒米)	3승(升)	어포(魚鯆)	5미(尾)
진국(眞麴)	1원(元)	율황(栗黃)	1승(升)
녹포(鹿脯)	3조(條)	건조(乾棗)	1승(升)
녹해(鹿醢)	1승(升)	청저(菁菹)	1승(升)
어해(魚醢)	1승(升)	근저(芹菹)	1승(升)

풍산유씨 서애종가의
제사상 진설방식

안동 풍산유씨 서애종가의 제물의식 내용 중 제물공일탁지도(祭物 共一卓之圖)에는 제사음식과 진설방법이 수록되어 있다.

충효당 가문은 고위(考位)와 비위(妣位)를 합쳐 상 하나에 음식을 진설한다.

앞에서 소개한 『주자가례』와 『상례비요』 기본 제사 상차림과 비교해 볼 때 충효당 제사 상차림은 기본적인 상차림이 같긴 하지만 세부적으로 다른 음식이 끼어 있음을 알 수 있다. 우선 바깥 줄에 과일 6기를 놓는 대신 조과(造果) 1기와 과일 5기를 놓았다. 다음 줄에는 포(脯), 숙채(熟菜), 청장(淸醬), 해(醢), 침채(沈菜)를 놓는 대신에 좌반, 숙채, 생채, 간장, 초채, 세지이, 장채, 식해, 침채를 놓았다.

다음 줄에 놓는 면(麵), 육(肉), 자(炙), 어(魚), 병(餠)은 제기를 엇갈려 놓긴 했지만 음식과 순서가 같다. 다만 병자(餠炙)를 병 옆에 놓은 게 다르다. 다음 줄에는 탕수(湯水) 10기를 진설하였는데, 이점 또한 다르다. 맨 안 줄에는 반(飯), 잔반(盞盤), 시저(匙筯), 초접(醋楪), 갱(羹)을 진설하는 대신에 시첩(匙貼)을 가운데 두고 반(飯), 잔반(盞盤), 갱(羹)을 나란히 놓았다. 충효당 가문의 제사상은 『주자가례』의 융통성이 적용된 모습을 잘 보여준다.

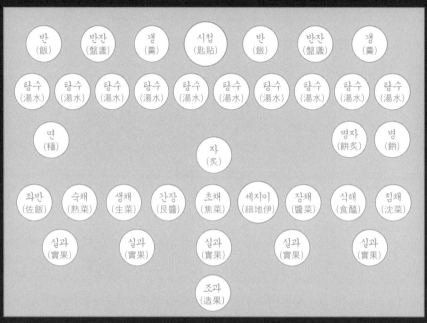

반
(飯)　반잔
(盤盞)　갱
(羹)　시첩
(匙貼)　반
(飯)　반잔
(盤盞)　갱
(羹)

탕수
(湯水)　탕수
(湯水)　탕수
(湯水)　탕수
(湯水)　탕수
(湯水)　탕수
(湯水)　탕수
(湯水)　탕수
(湯水)　탕수
(湯水)　탕수
(湯水)

면
(糆)　병자
(餅炙)　병
(餅)

자
(炙)

좌반
(佐飯)　숙채
(熟菜)　생채
(生菜)　간장
(艮醬)　초채
(焦菜)　세지이
(細地伊)　장채
(醬菜)　식해
(食醢)　침채
(沈菜)

실과
(實果)　실과
(實果)　실과
(實果)　실과
(實果)　실과
(實果)

조과
(造果)

충효당의 제사음식과 진설방법의 재구성

72

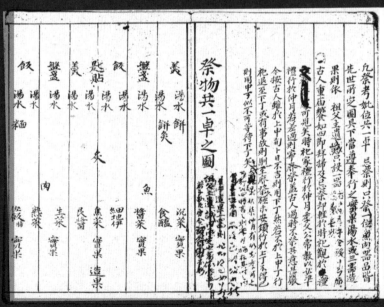

제물의식 중 제물공일탁지도에 수록된 충효당의 제사음식과 진설방법

호남지역의
명문가

　　호남지역의 명문가의 제사상은 해남윤씨의 종가 녹우당과, 영암 장암 남평문씨 가문의 고문서를 통해 재현할 수 있다.

이들 집안을 간단히 소개하면 다음과 같다. 전라남도 해남군 해남읍 연동리에 소재한 해남윤씨의 종가인 녹우당은 우리가 잘 알고 있는 고산 윤선도의 종가이다. 원래 이 대은 윤선도의 4대 조부인 어초은(漁樵隱) 윤효정(尹孝貞, 1476·1543)이 입향한 후 해남 윤씨의 세거지가 된 곳이다. 어초은을 중시조로 하였으므로, 해남 연동의 해남윤씨를 어초은공파(漁樵隱公派)라고 부른다.

녹우당(綠雨堂)은 해남 윤씨 어초은공파 종택의 이름이다. 원래는 효종(孝宗, 1619~1659, 재위 기간 1649~1659)이 스승 윤선도를 위해 수원에 지어준 집의 일부를 옮겨온 사랑채의 이름이었지만, 현재는 해남 윤씨의 종가 전체를 녹우당이라 부른다.

다음은 영암 장암 남평문씨 가문이다. 전라남도 영암군 영암읍 장암리에 세거하고 있는 영암 장암 남평문씨 가문은 문중 조직이 잘 발달한 가문으로 유명하다. 이 가문의 유명인물은 문서(文敘, ?~1452)와 문맹화(文孟和, ?~1487)이다. 문맹화 이후 영보(永保)에 세거해 오던 남평문씨는 그 일부가 장암(場巖)으로 옮겼으며, 이후 영암지방의 유력사족으로 부상하게 되었다. 원 거주지였던 영보와 이거해 온 장암의 문씨들이 중심이 되어 결성한 문중조직이 남평문씨 족계(族契)였다.

제수품의
구입 목록

　　해남 녹두당에 소장된 고문서 중에 음식과 식재료가 수록된 자료는 은사장, 밧자기, 용하기, 치부, 물목, 비망기, 조리기, 서간(한글간찰 포함) 등으로 여타 가문과 비교하여 볼 때 종류가 다양하고 수량도 가장 풍부하다.
이중 제사 관련 식재료가 수록된 문서는 안곡백포제수기(安谷白浦祭需記)이다. 안곡백포제수기는 해남 안곡과 백포에서 제사에 사용할 식재료를 사들인 목록으로, 식재료 종류와 가격이 수록되어 있다. 안곡과 백포는 해남윤씨 인물들이 거주하는 지역으로, 이중 백포는 공재 윤두서의 생가가 있는 곳이다.

표6 안곡과 백포에서 함께 사들인 물품 목록

식재료	수량	가격	식재료	수량	가격
문어	2개	2냥	건시	1접	1냥 5전
전복	6개	3냥	대조(大棗)	2승	1냥 6전
귤	50개	1냥 5전	생간(生干)		10전
편포(片脯)	5개	2냥 5전	배	13개	1전 3푼
건어	2미				

표7 안곡에서 사들인 물품 목록

식재료	수량	가격	식재료	수량	가격
엿쌀	1두		노어(鱸魚)	1미	9전
병미(餠米)	진미 2두, 백미 6두		계란	30개 중 7개	1전 4푼
흑임자	3승		생률	2승	
진임자	1두 5승 변유		배	25개	
유과용 쌀, 적두	쌀 1두, 적두 3두		감곽(甘藿)		
술 담그는 쌀	1두		낙지(洛池)	3속	9전
유자	2개		닭	1수	1냥
어물	10미	2전	홍시	10개	
전어(全魚)	1급(級)	3전 5푼	쌀	14두	14냥
노어(鱸魚, 농어)	1미	8전	임자		2냥

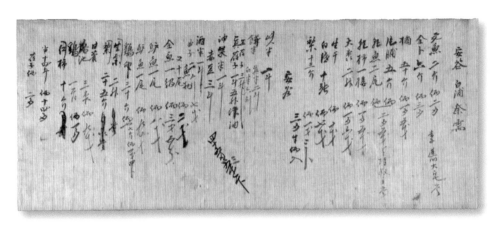

안곡백포제수기

비록 제사음식은 수록되지 않았지만, 위의 제수기를 통해 해남윤씨 가문의 제사음식을 추정할 수는 있다. 먼저 과일로는 귤, 건시, 대추, 배, 유자, 생률, 홍시 등이 진설되었을 가능성이 크다. 그 다음으로는 찹쌀과 백미, 흑임자, 깨로 만든 떡, 쌀과 적두로 만든 유과가 올랐다. 그리고 문어, 전복, 전어(全魚), 노어(鱸魚, 농어), 감곽(甘藿), 낙지(洛池) 등의 풍부한 해산물이 올랐다.

해남은 주변이 바다로 둘러싸여 있고, 한반도 남쪽에 위치하고 있어서 석류, 유자등의 아열대과일이 생산되고 각종 해산물이 풍부하게 잡혔다.

비록 자세한 제사음식 내용은 알 수 없지만, 안곡백포제수기를 통해 해남윤씨가문에서는 해남지역에서 생산되는 유자 등의 아열대과일과 각종 해산물을 제사상에 올렸음을 알 수 있다.

용어설명

고위(考位)	돌아가신 아버지의 위패
비위(妣位)	돌아가신 어머니의 위패
포(脯)	얇게 저며 말린 고기
숙채(熟菜)	익힌 나물
청장(淸醬)	맑은 간장
해(醢)	젓갈
침채(沈菜)	소금에 절인 채소. 김치
면(麵)	국수
육(肉)	고기
자(炙)	구운 고기나 산적, 누름적 등
어(魚)	생선
병(餠)	떡
반(飯)	밥
잔반(盞盤)	술잔과 받침
시저(匙筯)	숟가락, 젓가락
초접(醋楪)	식초접시
갱(羹)	국
입향조(入鄕祖)	마을에 처음으로 정착한 각 성씨의 조상
파조(派祖)	성씨 각 파의 처음을 이룬 조상
벌열(閥閱)	나라에 공을 세우거나 큰 벼슬을 지낸 사람이 많은 집안
하선장(下膳狀)	왕이 신하에게 반찬이나 고기를 내려주면서 함께 보낸 문서
사하기(祀下記)	제사에 소용된 식재료와 기물을 사들인 기록
제하기(祭下記)	제사에 쓴 식재료와 기물을 기록한 것
용하기(用下記)	비용의 지출내역을 적은 문서
침석어(沈石魚)	조기
하해(鰕醢)	새우젓
궐채(蕨菜)	고사리

진임(眞荏)	참깨
채두(菜豆)	강낭콩
채록두(菜菉豆)	녹두
병미(餠米)	떡만드는 쌀
총(葱)	파
중계(中桂)	밀가루를 꿀이나 조청, 참기름을 넣고 반죽하여 넓게 밀어서 1.5cm 두께의 길쭉한 네모꼴로 베어 끓는 기름에 노르스름하게 지져낸 음식
간납(肝納)	소의 간이나 처녑, 또는 생선살을 저며 기름에 지진 것
상청(床淸)	맑은 간장
상장(床醬)	간장, 된장
용하기(用下記)	비용의 지출내역을 적은 문서
부조기(扶助記)	초상이나 제사에 부조한 내역을 적은 문서
추원록(追遠錄)	조상의 내력과 묘지명 등을 수록한 책
고도어(古道魚)	고등어

慶外內 進饌時堂郞座目

大夫 行 兵 書 判 書 判 案

4

조선후기 한양의

유행 음식

주영하 — 한국학중앙연구원

양미경 — 한국전통문화대학교

조선후기 한양의 인구는 급격히 증가했다. 1648년에 95,569명이었던 한양 인구는 불과 20년 만에 두 배 이상 늘어났다. 당연히 시장이 확대되었고, 남대문과 동대문 밖에 활발한 시장이 형성되었다. 시장에서 판매하는 먹거리는 식생활에도 새로운 분위기를 몰고 왔다.

당연히 외식업도 활기를 띠게 되었다. 조리법 역시 이에 맞추어 새로워졌다. 확대되는 도시에서 음식업과 식재료의 유통은 한양을 중심으로 이루어졌다. 채소의 대량 유통뿐만 아니라 어류, 육류, 떡집 등이 한양의 새로운 유행을 주도하던 음식들이었다. 조선후기 한양에서는 바야흐로 근대 음식문화의 태동 분위기가 무르익어갔다. 이 글에서는 당시 한양의 분위기를 전하고, 새로운 식문화 탄생의 배경을 살펴보고자 한다.

18-19세기 한양의
새로운 면모

       조선을 건국한 위정자들은 농업을 바탕으로 한 성리학적 이상 국가를 표방하였던 탓에 상업을 천시하고 농업을 중시하였다. 그러다 보니 상업공간과 상업 활동에 있어서도 자연히 많은 제약이 뒤따르게 되었다. 조선시대 통치의 중심지였던 한양에서조차 상거래는 종로대로의 운종가에 마련된 시전행랑을 중심으로 한 한정된 공간에서만 이루어졌고, 그마저도 주로 왕실과 관아를 대상으로 이루어지는 정도에 머물렀다.

그러나 임진왜란과 병자호란을 겪은 이후 조선은 급격한 사회경제적 변화를 겪었다. 15세기까지 안정되었던 토지제도가 광작(廣作)의 성행으로 인해 무너지고, 이앙법과 견종법 같은 새로운 농사방법이 보급됨으로써 농촌의 노동력은 크게 감축되었다. 또한 17세기 후반 이후 대동법이 실시되고 금속화폐가 전국적으로 유통되면서 노동력이 하나의 상품으로 인식되기 시작하였다. 이에 따라 경작지를 잃은 잉여농민들이 일자리를 찾아 한양으로 대거 이사를 하였다. 그 결과 1648년(인조26) 95,569명에 불과했던 한양 인구가 불과 20년 만인 1669년(현종10)에는 194,030명으로 크게 늘어났다.

알다시피 조선시대 한양은 행정구역으로 한성부(漢城府)에 속해 있었다. 태조 때 한성부를 5부(部) 52방(坊)으로 나누었다. 정조 때인 1789년에 편찬한 『호구총수(戶口總數)』라는 책에서는 한성부를 5부 47방 338계(契)로 구분하였다. 한양에는 동서남북 네 방향에 큰 문이 있었고, 이 문과 문 사이를 이어서 성곽이 설치되어 있었다. 그렇다고 큰 문 안쪽만 한성부로 삼은 것은 아니었다. 성곽 주변의 약 10리가 한성부에 포함되었다. 그래서 동쪽으로는 지금의 서울 중랑구 면목동에 있었던 송계원(松溪院)이라는 숙소와 지금의 서울 성동구 금호동1가에서 옥수동으로 넘어가는 고개인 대현(大峴, 무쇠막고개)에까지 이르렀다. 서쪽으로는 지금의 서울 마포구 합정동 한강변에 있었던 나루인 양화도(楊花渡)와 지금의 서울 은평구 응암동에 있던 덕수원(德水院)이라는 숙소에까지 이르렀다. 남쪽으로는 한강과 서울 동작구 노량진에 있었던 나루인 노도(露渡)에까지 이르렀다.

17세기 이래 한양으로 몰려든 이주민들이 한양의 외곽을 확장시킨 결과였다. 이들은 한양을 둘러싼 성 주변의 산허리를 개간하여 거주하거나 도성 주변의 용산, 서강, 마포, 뚝섬, 왕십리 등지에 정착하였다. 이렇게 한양에 정착하게 된 이주민들은 호구지책으로 당시 천민들의 일로 여겨졌던 상업이나 임노동에 종사하였다. 초기에는 영세한 자금으로 시전에서 물건을 떼어다가 팔던 사상(私商)들이 점차 거리마다 난전(亂廛)을 벌여 시전에서만 팔 수 있는 전매품을 매매하기에 이르렀다. 그 중에서도 남대문 밖의 칠패(七牌, 지금의 서울역 부근)시장과 동대문 부근의 이현(梨峴, 배오개라고도 불림)시장은 18세기가 되면 시전과 더불어 한양의 3대 시장으로 불릴 정도가 규모가 커졌다.

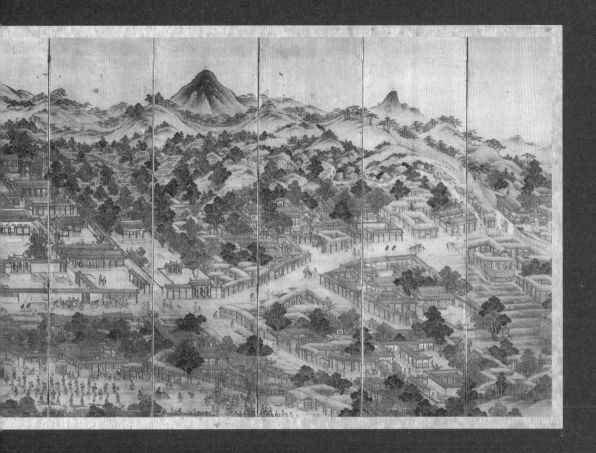

경기감영도 작가미상 19세기. 현재 서대문 적십자병원 자리에 있었던 경기감영과 경기감사의 행차를 그림으로 그렸다. 조선후기 한양의 모습이 잘 표현되어 있다. 그림 속에는 쌀가게, 신발가게, 붓과 종이 가게 등도 표시되어 있고, 상점의 앞에 차양이 드리워진 모습도 확인할 수 있다.

한양의 채소 시장

      인구가 증가하면 먹을거리를 자급자족하기가 어렵게 된다. 이미 조선초기부터 한양에는 각종 식재료를 공급하는 전문적인 상인이 있었다. 그러니 배추는 일반 백성도 쉽게 구할 수 있는 채소였다. 하지만 당시의 배추는 요사이 시장에서 구입하는 것과 달리 속이 꽉 차지 않은 것이었다.

18세기에 한양사람들이 먹을거리를 구하는 데 난전의 역할이 컸다. 그 중에서도 서소문과 남대문 사이(서울 중구 봉래동 일대)에서 번성한 칠패시장은 서울의 관문인 경강(京江) 지역과 가깝기 때문에 서해에서 들어오는 각종 어물과 미곡 등이 판매되는 시장이었다. 반면, 동대문 안쪽 현재 광장시장 근처에 존재했던 이현시장은 동북지역에서 서울로 향하는 상품이 1차로 모이는 시장이어서 함경도지역에서 운반된 북어와 서울 근교에서 상업적 농업으로 재배된 채소들이 주로 팔렸다.

18세기 사람 우하영(禹夏永, 1741~1812)은 『천일록(千一錄)』이란 책에서 "미나리 2마지기를 심으면 벼 10마지기 심어서 얻는 이익을 올릴 수 있고, 채소 2마지기를 심으면 보리 10마지기를 심어 수확하는 것과 같은 이익을 올릴 수 있다"고 적었다. 정약용(丁若鏞, 1762~1836) 역시 "서울 안팎의 파밭, 마늘밭, 배추밭, 오이밭에서는 상지상답(上之上畓)의 벼농사에 비해 10배 이상의 이익이 있다"고 했다. 한양의 성문 밖에서 재배된 농산물은 성안 시장으로 들어와서 큰돈이 되었다. 그런 탓에 "동부의 채소(東部菜), 칠패의 생선(七牌魚)"이라는 말이 있었다.

한양 토박이 홍석모(洪錫謨, 1781~1857)는 음력을 기준으로 하여 월별로 당시 한양의 세시풍속을 적은 『동국세시기(東國歲時記)』란 필사본의 3월 항목에서 다음과 같은 내용을 적어 두었다.

매채한(賣菜漢)이 배추뿌리 새싹을 지고 무리를 이루어 판다고 고함을 지른다. 이를 일러 청근상(靑根商)이라고 부른다. 이들은 총각무가 새로 나오면 또 판다고 소리를 친다.

여기에서 '매채한'은 채소를 파는 남자 상인을 가리킨다. 대량으로 판매하는 '매채한'들은 채소를 지게에 지고 다니며 팔았지만, 여성 채소장수는 종다래끼에 담아서 팔았다.

숭례문 안의 칠패시장. 20세기 초.

한양의 어물 시장

또 『동국세시기』 3월 항목에 이런 이야기도 적어 두었다.

계란을 끓는 물에 넣어 반숙을 만들어 초장을 친 것을 수란(水卵)이라 부른다. 황저합(黃苧蛤, 황조개)과 석수어(石首魚, 조기)로 국을 끓여서 먹는다. 소어(蘇魚, 밴댕이)는 안산 앞바다에서 나고, 제(鮆, 웅어)는 사람들이 위어(葦魚)라고 부르는데 한강 하류인 고양의 행주에서 난다. 늦은 봄 사옹원의 관리들이 그물을 던져 잡아서 진상한다. 어상(漁商)이 거리를 돌아다니면서 횟감 사라고 소리치며 판다. 복사꽃이 떨어지기 전에 하돈(河豚, 복어)에 미나리, 기름, 간장을 넣고 국을 끓이면 그 맛이 매우 좋다. 복어 중에는 노호(露湖, 노량진)에서 나오는 것이 제일 먼저 시장에 들어온다. 복어의 독을 꺼리는 사람은 독미어(禿尾魚, 도미)로 대신 끓이는데, 독미(禿尾) 역시 시절 생선으로 품질이 매우 좋다.

당시의 생선장사 모습은 혜원(蕙園) 신윤복(申潤福, 1758~?)이 그린 풍속화에도 나온다. 신윤복보다 20여 살이 어린 홍석모가 마치 그림이라도 본 듯 글로 이렇게 묘사를 해 두었다.

이렇듯이 바다 삼면에서 잡히는 생선은 왕실이 있는 한양으로 모여들었다. 서해에서 잡힌 어물은 주로 염어(鹽魚), 침어(侵魚), 좌반(佐飯) 등이었다. 배로 한강까지 옮겨졌다. 동해에서 잡힌 어물은 건어(乾魚)인 북어가 가장 핵심이었다. 주로 함경도 해안에서 잡힌 북어는 겨우내 말이나 소로 한양까지 운송되었다. 남해에서 잡힌 어물은 그 먼 거리로 인해서 많은 양이 한양으로 올라오지 못했다.

그래도 서해에서 잡힌 어물이 가장 많이 한양으로 운송되었다. 서해어물은 주로 외방에 나가 어물을 구입하여 경강에서 판매하는 외방선상과 경강에서 직접 잡은 고기를 판매하는 어부들에 의해 마포나루로 운송되었다. 그러면 여객주인이 시전상인인 어물전에게 알려 어물전에서 마포에 나가 가격을 논하여 어물을 구매하는 것이 일반적이었다. 이 경우 여객주인은 일종의 매개인으로서, 선상들의 어물을 보관해주고 어물이 팔릴 때까지 그들에게 술과 안주를 제공하여 접대하는 한편, 상품매매를 중개하고는 그 대가로 보통 상품매매가격의 10분의 1을 수수료

어물장수
신윤복, 비단에 채색, 28.1×19.1cm, 국립중앙박물관 소장.

로 챙겼다.

동해에서 생산되어 한양에 반입되는 어물은 대부분 마른 명태인 북어로, 이는 한양에서 소비가 가장 많은 어물 중에 하나였다. 명태는 가을과 겨울에는 생어(生魚)인 채로 한양까지 운송되는 경우도 있었지만, 운송기간이 길기 때문에 대부분 말려서 북어의 형태로 한양에 반입되었다. 동북지역의 건어들은 주로 원산에 집하된 뒤 동북어상들에 의해 육로로 운송되었는데, 한양에 반입된 후 서해 어물과 마찬가지로 여객주인의 관할 하에 놓이게 되었다.

그러나 18세기 후반이 되면, 꼭 어물전을 경유하지 않고서도 외방 포구에서 바로 칠패 객주나 중간도매상격인 중도아(中都兒)를 거쳐서 유통될 수 있는 유통경로가 만들어졌다. 어물은 원래 내어물전이라 하여 종로 시전거리에 있는 육의전에 한해서 판매가 허용되었던 품목이지만, 흉년이 계속되어 한양의 도시빈민들이 생계를 유지할 방편이 없게 되자 조정에서는 1794년에 어물전의 금난전권을 해제하였다. 이는 굶주린 백성들이 어물의 판매를 통해 생계를 유지할 수 있도록 하기 위함이었다. 이렇게 해서 18세기 후반에는 어물전 → 칠패, 이현(중도아, 중간도매시장) → 소매상(행상) → 소비자로 이어지는 어물의 유통경로가 형성되었다.

한양의 고기 시장

한양사람들은 어물을 '고기'라고 불렀다. 생선임에도 불구하고 이렇게 고기라고 부른 이유는 진짜 고기를 먹기가 쉽지 않기 때문이다. 조선왕조에서는 소의 노동 가치를 생각하여 우금(牛禁), 곧 소를 잡지 못하도록 법규로 정해 두고 감시까지 하였다. 그래도 각종 왕실 제사에서 쇠고기는 필수품이었다. 그래서 성균관 주변에 있는 반촌(泮村)에 사는 반인(伴人) 중에서 백정을 뽑아 제사용 소를 잡도록 했다. 반촌 주민들은 본래 개성 출신의 성균관 노비로, 성균관 제사에서부터 유생들의 시중을 들며 성균관 내 잡일을 맡아 보았다. 당시 성균관에서는 계절마다 공자를 비롯한 성리학 성현들에게 제사를 지냈는데, 제물로 소나 돼지를 잡는 것 또한 반인들의 업무 중 하나였다.

반인들은 성균관 재(기숙사)에 들지 못한 유생들을 위해 하숙집을 운영하거나 과거를 보러 온 유생들을 대상으로 여관이나 식당을 차려서 생계를 유지하였다. 하지만 반인들의 숫자가 늘고 성균관에 대한 국가의 지원이 줄어들게 되자, 국가에서는 반인에게 소를 도살할 수 있는 허가권과 함께 푸줏간을 운영할

한양의 푸줏간. 진열되어 있는 소머리가 인상적이다. 20세기 초의 사진.

수 있는 권한을 내주었다. 이들이 운영하는 푸줏간은 소를 잡아 매달기 때문에 현방(懸房)이라고 불렀다.

조선 후기 한양에서는 성균관에 소재한 현방 외에도 중부(하량교, 履廛, 승내동, 향교동, 수표교)에 5곳, 동부(광례교, 二橋, 왕십리)에 3곳, 서부(태평관 소의문밖 정릉동 근처 병문, 冶鑄峴, 육조 앞, 마포 등)에 7곳, 남부(광통교, 저동, 회현동, 의금부)에 4곳, 북부(의정부, 수진방, 안국방)에 3곳까지 총 23곳에서 푸줏간이 운영되고 있었다.

이렇게 푸줏간에 물량이 공급될 수 있었던 배경에는 설날을 앞두고 우금을 해제해 주었기 때문에 가능했다. 김매순(金邁淳, 1776~1840)은 『열양세시기(冽陽歲時記)』에서 다음과 같은 내용을 적어두었다.

모든 법사에서는 금지 조항을 두고 있는데, 이중 우금이 가장 크다. 이를 지키지 않으면 해당 기관에서 패를 내어 잡아 조치한다. 그러나 매년 설을 맞이하여 간혹 특지(特旨)로 3일간 패를 깊이 보관하고 사용하지 않기 때문에 민간에서는 슴김없이 소를 잡아 팔 수 있으므로 큰 고기 덩어리를 시내 곳곳에서 많이 볼 수 있다. 저암(著庵) 유한준(兪漢雋)의 「원일잡시(元日雜詩)」에 '동쪽 교외 소는 흥인문으로, 남쪽 교외 소는 숭례문으로, 양쪽 문으로 들어오는 소가 하루에 천 마리인데 도성 안에 살아남은 소는 한 마리도 없다'고 하였는데, 속담에 가까운 말이긴 하나 실상을 말한 것이라 할 수 있다.

이와 같이 쇠고기가 18-19세기 한양에서 공공연히 판매된 사실은 20세기 이후의 기록에 나오는 서울음식의 기원을 짐작하게 만든다. 20세기 초의 기록에 나오듯이 서울의 음식점에서 팔렸던 장국밥·설렁탕·선지국 따위가 모두 쇠고기를 주재료로 한다는 점도 이러한 쇠고기 유통과 관련이 있다. 심지어 쇠고기 판매를 독점했던 반인들은 추어탕도 잘 끓였다. 이렇듯이 이들 반인들의 손에 의해서 18-19세기 한양의 음식점과 주점도 제법 큰 성업을 했을 것이라 여겨진다.

한양의 떡집

　　18-19세기 한양은 그 이전과 확연히 달랐다. 인구의 증가는 자연스럽게 먹을거리의 유통을 그 전보다 훨씬 활발하게 만들었다. 또 전문적인 음식 판매점도 성업을 하였다. 그러한 정황을 홍석모(洪錫謨, 1781~1857)는 『동국세시기(東國歲時記)』에서 잘 묘사했다. 그는 당시의 한양 속담에 '남주북병(南酒北餅)'이란 것이 있다고 적었다. 남산 아래 마을에서는 술을 잘 빚었고 청계천 북쪽 마을에서는 맛좋은 떡을 만들어서 팔았기 때문에 생긴 말이었다 떡집은 하자로 매병가(賣餠家)라 했다. 떡집뿐만 아니라, 행상도 있었다. 나이 오십의 노처녀 '삼월이'는 처녀처럼 곱게 화장을 하고 한양 골목을 다니면서 떡과 엿을 팔아 그 이름을 모르는 이가 없을 정도였다.

알다시피 떡의 주재료는 멥쌀이나 찹쌀이었다. 하지만 계절마다 나는 열매나 채소, 심지어 약초가 부재료로 쓰였다. 사실 멥쌀은 주식인 밥을 만드는 곡물이라 일 년 내내 떡을 먹을 수 있는 사람은 많지 않았다. 그래도 계절이 바뀔 때마다 나는 재료로 떡을 만들어 먹는 재미는 당시 한양사람이나 시골사람이나 가릴 것 없이 가장 큰 즐거움이었다. 특히 명절이 되면 떡이 넘쳐났다. 계절이 바뀔 때를 축하하거나 새로운 계절을 앞두고 안녕을 빌거나 아니면 그 철에 나는 약초로 건강을 지키기 위해 떡을 만들어 먹었다.

하지만 한양사람들은 자급자족을 하기 어려워서 떡을 사서 먹었다. 그러한 사정이 『동국세시기』란 책에 자세하게 나온다.

일 년이 시작되는 설날에 먹는 떡국을 당시 한양사람 중에서는 떡집에서 사는 경우도 많았다. 왜냐하면 가래떡 만들기가 여간 번거로운 것이 아니었기 때문이다. 멥쌀가루를 쪄서 안반 위에 놓고 떡메라는 것으로 무수히 쳐서 손으로 길게 늘려 만드는 가래떡은 제법 부잣집이 아니면 사서 먹는 편이 더 수월했다. 설날 차례에도 올려야 했고 손님이 오면 대접도 해야 하니, 아예 떡집에서 사는 사람들이 많았다.

더욱이 당시 사람들 풍속에 설날에 떡국을 먹으면서 몇 살 먹었다고 했으니 더욱 그랬다. 또 당시 어린아이를 둔 집에서는 설날을 앞두고 떡집에서 각종 떡을 사놓아야 했다. 설날 오후에 스님들이 북을 치며 시주를 오면 떡 두 개를 스님이 가진

떡 하나와 바꾸었다. 그리고는 스님에게서 받은 떡을 어린아이에게 곧장 먹였다. 그러면 그 무서운 홍역이 생겨도 큰 고생을 하지 않고 쉽게 지나간다고 믿었다.

음력 2월 1일을 당시 사람들은 중화절(中和節)이라고 불렀다. 이 날로부터 농사일이 시작되기 때문에 시골에서는 노비들에게 송편을 만들어 먹였다. 한양의 떡집에서도 이 떡을 팔았다. 다만 시골의 송편과 달리 한양의 떡집에서는 값어치를 높이기 위해서 팥, 검은 콩, 푸른 콩 따위를 소로 넣었다. 아예 이들 소를 꿀로 버무려 넣기도 했다. 또 찐 대추나 삶은 미나리를 소로 넣은 송편도 팔았다.

당시 사람들은 음력 3월 3일이 되면 진달래꽃으로 화전을 지져 먹기를 즐겼다. 시골 사람들이야 집에서 화전을 직접 만들었지만, 한양 사람들은 떡집에서 파는 다른 떡을 사서 먹었다. 바로 한자로 산병(散餠), 한글로 꼽장떡이라고 불리는 떡이었다. 멥쌀가루를 반죽하여 방울 모양의 떡도 있었다. 그 속에는 콩으로 만든 소를 넣고 끝을 오므린 다음에 다섯 가지 색을 들여서 마치 구슬에 꿴 것처럼 붙여서 팔았다. 혹은 청백색으로 반달 모양의 떡을 만들어서 작은 것은 다섯 개를, 큰 것은 두세 개를 이어 붙여 파는 떡집도 있었다. 또 소나무 껍질과 쑥을 섞어 둥근 떡을 만들어 팔기도 했다. 이것의 이름은 한자로 환병(環餠)이었지만, 큰 떡은 말굽떡이라고 불렀다. 찹쌀에 씨를 뺀 대추를 섞고 찐 시루떡도 팔았다. 그야말로 봄을 맞이하여 먹는 형형색색의 달콤한 떡이었다.

떡집에서는 음력 4월이 되면 대추떡을 팔았다. 찹쌀가루를 반죽하여 납작하게 뗀 조각들을 여러 번 쳐서 방울 모양으로 만든 다음 술을 넣어 쪘다. 여기에 삶은 콩에 꿀을 버무려 만든 소를 그 안에 넣었다. 이렇게 흰떡을 만들기도 했지만, 당귀 잎 가루를 섞어 푸른색이 나게 만들기도 했다. 그 위에 씨를 빼낸 대추를 붙여 시루에 찌면 대추떡이 완성되었다. 건강에도 좋으면서 달콤한 떡맛이 한양사람들의 입맛을 사로잡았다.

음력 6월 15일은 일 년 중 가장 무더운 때이다. 부인들은 계곡에 가서 머리를 감았다. 그래서 이 날을 유두일(流頭日)이라고 불렀다. 이 때가 되면 겨울밀이 수확을 할 때다. 밀가루를 반죽하여 꿀에 버무린 콩이나 깨를 그 속에 넣어 찐 상화병(霜花餠)을 떡집에서 팔았다. 또 밀가루를 반죽하여 기름에 지진 다음 오이로 만든 소를 넣거나 콩과 깨에 꿀을 섞은 소를 넣어 여러 가지 모양으로 오므려 만든 연병(連餠)이라는 떡도 인기를 모았다.

음력 8월이 되면 햅쌀이 나와서 한양 사람들의 입맛을 사로잡았다. 떡집에서는 햅쌀 송편과 무와 호박을 넣은 시루떡을 만들어 팔았다. 또 찹쌀가루를 찐 다음 그것을 쳐서 떡을 만들고 거기에 볶은 검은 콩가루나 누런 콩가루 혹은 참깨가루를 묻힌 인절미도 이때가 제철이었다. 검은 재료가 들어간 인절미는 장수를 위한 떡이었다. 밤 역시 그런 효능이 있었다. 찹쌀가루를 쪄서 계란같이 둥근 떡을 만들고 삶은 밤을 으깨서 꿀에 버무린 다음 겉에 붙여서 만든 밤단자도 이때가 아니면 먹을 수 없는 떡이었다.

음력 10월이 되면 쑥의 새순이 돋았다. 이것을 찧어서 찹쌀가루에 섞어 동그란 떡을 만든 다음 겉에 삶은 콩가루와 꿀을 바른 쑥단자도 인기가 있었다. 그래도 밀단고의 인기를 넘지는 못했다. 밀단고는 찹쌀가루로 동그란 떡을 만든 다음에 그 겉에 삶은 콩과 꿀을 버무려 입히면 된다. 꿀맛 때문에 잘 팔렸다.

이렇듯이 19세기 중반 한양의 북촌 떡집에서는 계절마다 나는 재료로 온갖 모양의 맛있는 떡을 팔았다. 세상살이가 고달파도 가난한 사람들은 떡집에서 한 두 개의 떡이라도 사서 먹어야 그 고단함을 잊을 수 있었다. 돌이나 혼례, 그리고 회갑 잔치라도 있으면 30cm가 넘게 떡을 높게 쌓아서 축하를 하였다. 심지어 신령에게 집안의 안녕을 빌 때도 시루떡은 빠지지 않았다. 더욱이 날씨가 바뀌면 떡으로 건강을 챙기기도 했다. 그래서 매일 먹는 밥보다 떡이 훨씬 좋다는 의미의 '밥 위에 떡'이란 속담도 생겨났다.

한양음식, 서울음식

　　조선시대 유학자들은 마을이 입지하기 가장 좋은 조건을 배산임수 (背山臨水)라고 생각했다. 마을이나 집이 북으로 산을 지고 있으면서 남으로 강이 흐르는 형국이다. 마을의 뒤에 있는 산을 주산(主山)이라고 불렀고, 마을 남쪽의 들판 너머에 있는 산을 안산(案山)이라고 불렀다. 이러한 관념은 중국의 풍수지리에서 영향을 받은 것이다. 하지만 조선시대 유학자들은 여기에 자연과의 일치를 원하는 도학적(道學的) 입장을 넣어서 마을을 만들었다. 고려시대에는 주로 교통로의 중심에 있는 도시를 중심으로 사람들이 마을을 형성한 데 비해서, 조선시대에는 이와 같은 배산임수의 마을이 행정 중심지에서 벗어난 곳에 자리를 잡았다.

다시 말하면, 조선시대의 양반들 마을인 반촌(班村)은 행정 기관에서 약 10~30km 정도 떨어진 곳에 남쪽에 논이 있고 북쪽에 산이 있는 구릉지에 자리를 잡았다. 일반 백성들의 민촌 역시 양반들 마을을 모방하여 이러한 위치에 마을을 구성하였다. 따라서 조선시대 산은 마을을 형성시켜주는 중요한 근거지 역할을 했다. 오늘날의 메트로폴리탄인 서울이 세계에서 보기 드물게 북쪽에 높은 산들로 둘러싸여 있는 이유 역시 이러한 공간에 대한 관념 때문이다.

앞에서 살핀 『동국세시기』를 비롯한 19세기 자료를 보면, 떡을 판매하는 매병가(賣餅家)가 청계천 북쪽에 자리 잡고 있었다. 술을 판매하는 매주가(賣酒家) 역시 이곳과 함께 지금의 마포구 공덕동에서 대흥동 일대에서 성업을 하였다. 당연히 반촌(泮村)의 반인들은 육고기 유통을 책임졌다. 한강 마포나루 등지에는 생선장사와 소금장사 등이 거주하면서 수시로 사대문 안으로 들어와서 영업을 하였다. 종루 근처에는 어용상인과 개인 상인이 자리를 잡고 여러 가지 식재료와 식기를 판매하였다. 인구 30만 명의 식생활은 조선 후기에 꽃을 피웠다. 당연히 내외주점과 같은 술집이 북촌의 입구나 마을 안에 자리를 잡고 있었다. 주막은 서울로 들어오는 여러 나루에서 성업을 하였다.

이런 의미에서 조선시대 음식업과 식재료의 유통은 한양을 중심으로 이루어졌음을 확인할 수 있다. 모름지기 외식업은 인구의 집중과 관련이 있다. 중국의 남송수도였던 지금의 항주(杭州)나 일본의 에도시대 지금의 도쿄에는 거의 100만 명이 넘는 인구가 살고 있었다. 당연히 외식업이 매우 번창하였다. 외식업의 번창은 음식의 종류를 다양하게 만든다. 조리법 역시 이에 맞추어 새로운 발명이 일어난다. 오늘날 일본의 전통음식이 에도시대 도쿄에서 출발했다고 하는 말은 이러한 배경에서 나온 것이다. 조선시대 한양 역시 그 규모에서는 항주나 도쿄를 따라가지 못했지만, 20세기 서울음식의 출발지임에는 틀림없다.

95

참 고 문 헌

≪경향신문≫

≪별건곤≫

고동환, 「18세기 서울에서의 魚物流通構造」, 『韓國史學』, 서울대학교 인문대학 국사학과, 1992.

고동환, 「조선후기 서울의 生業과 경제활동」, 『서울학연구』9, 서울시립대학교 부설 서울학연구소, 1998.

이경택, 「서울의 都市景觀 形成과 變化에 관한 動因 硏究」, 고려대학교대학원 박사학위청구논문, 2012.

이규태, 『이규태 코너(1991~1995)』, 조선일보사, 1998.

주영하, 『음식전쟁 문화전쟁』, 사계절, 2000.

주영하, 『그림 속의 음식, 음식 속의 역사』, 사계절, 2005.

주영하, 『음식인문학』, 휴머니스트, 2011.

진경환, 『서울·세사·한시』, 보고사, 2003.

최완기, 「朝鮮後期 漢陽의 經濟的 成長과 그 意味」, 『梨花史學硏究』20·21, 이화여자대학교 사학연구소, 1993.

한영우, 『다시 찾는 우리역사』, 경세원, 2000.

홍석모(최대림 譯解), 『東國歲時記』, 홍신문화사, 2006.

조선 백성의 밥상

2부

삶의 곡절과 음식 이야기

1

임진왜란

전쟁 중의

밥상

이 성 임 — 규 장 각

조선은 500여 년 동안 임진왜란과 병자호란이라는 두 차례의 커다란 전란을 겪었다. 전쟁이 나자 백성들이 겪은 고통은 실로 참혹한 것이 있나. 가족이 근거지를 떠나 뿔뿔이 흩어져 많은 고통을 겪었는데, 그 중에 먹고사는 것이 가장 큰 문제였다. 양반은 아는 사람이 있는 곳으로 피난이라도 할 수 있었지만, 일반 백성들은 이마저도 여의치 않아 유리걸식할 수밖에 없었다.

임진왜란 당시의 상황은 이순신의 『난중일기』를 비롯하여 몇몇 사람들의 일기 속에 상세히 남아 있다. 특히 오희문의 『쇄미록(鎖尾錄)』은 장수나 관료가 아니라 피란길에 나선 평범한 양반 계층의 한 사람이 적은 일기라서 피난 생활이 더욱 적나라하다. 쇄미(鎖尾)란 『시경(詩經)』의 '쇄혜미혜 유리지자(鎖兮尾兮 遊離之子)'라는 구절에서 따온 말로, '초라하고 보잘것없이 떠도는 나그네'란 뜻이다. 그러니 쇄미록은 떠도는 자의 기록 혹은 피란기라는 의미이다.

이 속에는 당연히 먹거리에 대한 이야기가 많다. 그래서 전쟁 중에 사람들이 어떻게 먹거리를 해결하고 살아남을 수 있었는지 구체적으로 알 수 있다. 이 글에서는 쇄미록을 통하여 전란기에 조선 사람들이 어떻게 먹고 살았는지 그들의 식생활을 살펴보고자 한다.

불안정한
식생활

조선 중기의 학자 오희문(吳希文, 1539~1613)은 뜻하지 않게 전쟁과 맞닥뜨렸다. 전라도 장수에서 처남 이빈을 만나 잘 먹고 지내다가 전쟁이 발발했다는 소식을 접하였다. 이후 그는 10여 년 동안 장수 → 홍주 → 임천 → 평강을 거쳐 서울로 돌아온다. 특히 임천과 평강에서는 각각 4년 동안 머물면서 비교적 안정된 경제생활을 영위하였다.

그러나 피란 초기에는 많은 어려움을 겪었다. 양식걱정과 헤어진 가족걱정도 떠나지 않았다. 사방으로 수소문해서 결국 9개월 만에 어머니와 동생을 만난다. 그러나 피란기 내내 오희문의 식생활은 불안정하였다. 자신의 근거지를 떠나 있다 보니 자급할 여력이 전혀 없었다. 오로지 주위의 도움에 의존할 수밖에 없었는데 전쟁이 길어지면서 양식을 구하기도 쉽지 않았다. 당시 사람들은 처음에 전쟁이 길어질 것이라고 생각하지는 않았던 것 같다. 따라서 지방관들은 자신의 군현에 누군가 찾아오면 후하게 대접하였다. 그러나 전쟁이 길어지고 피란민이 많아지면서 인심은 점차 야박해져 갔다.

오희문의 피란행렬은 적게는 10명, 많게는 20명 정도였다. 피란기간 동안 이합집산이 많았는데 이는 식구가 한꺼번에 움직이기가 어려웠기 때문이었다. 오희문은 식구를 계층에 따라 상하로 구분하였다. 상식솔은 오희문의 친인척과 지인으로 양반을 말하며, 하식솔은 노비를 일컫는 것이다. 이들은 같은 집에서 함께 생활했지만 먹는 음식이 서로 달랐다. 양반과 노비, 양반 중에서도 양반 남성과 나머지 식구들이 먹는 음식이 달랐다. 오희문은 모든 식구들이 죽을 먹어도 자신은 죽을 싫어한다며 밥을 해먹고, 상식솔이 죽으로 연명할 때는 하식솔은 굶었다. 그러므로 하층민은 양반에 비하여 여러 가지 질병에 쉽게 노출되었고 어이없게 죽어나갔다. 양반들은 기본적으로 상하식솔의 생계를 떠맡았다. 그러나 양식이 떨어져 노비를 거둘 수 없을 경우에는 이들을 풀어줌으로 책임을 면하고자 하였다. 이는 유리걸식이라도 하여 생명을 보존하라는 뜻이었다.

이제 오희문의 피난길을 쫓아가 보자. 그가 길을 떠난 것은 수령으로 있는 친인척도 만나고 노비 신공(身貢)도 걷기 위한 것이었다. 그러나 장수에 머무를 당시 뜻

표1 오희문의 지인들이 보내준 음식들

식재료	수량
홍주목사	쌀 1섬, 조기 20마리, 민어 3마리, 게 30개
아들 윤겸	떡 1상자, 소 앞다리 한 개, 술 2병, 감장(甘醬) 2말, 닭 1마리, 간장 2되, 참기름 1되
부여	닭 2마리, 조기 1묶음, 떡 한봉
본도 도사	쌀 5말, 조기 3묶음, 감장 2말
체찰부사의 부탁	쌀 1섬, 콩 1섬
통판	백미 10두, 콩 10두, 조기 4묶음, 게 30개, 소금 1되
윤함의 처가	정조 30두

하지 않게 전쟁과 맞닥뜨렸다. 전쟁이 터지자 오희문은 하는 수 없이 영취산으로 들어가(1592년 7월) 이곳에서 86일간을 생활한다. 처남은 오희문의 산속생활에 많은 도움을 주었다. 그는 식량을 보내주고 전황도 알려주었다. 이로 인하여 오희문은 일본군의 약진도 파악하고 이순신의 승전보도 들을 수 있었다. 산속생활이 답답하긴 해도 그래도 견딜만 하였다. 그는 때때로 산에서 버섯과 나물을 채취하여 먹었다. 표고를 따다 국을 끓이고, 산채를 뜯어 무쳐먹었다.

전쟁이 길어질 것 같자 오희문은 거처를 옮기기로 결정한다. 부인과 어머니, 동생를 비롯한 헤어진 식구들에 대한 걱정도 컸기 때문이다. 이에 충청도 홍주로 옮기기로 한다. 처남 이빈은 오희문에게 많은 도움을 주었다. 오희문은 처남이 마련해준 말을 타고 홍주 계당에 이르러 작은 토막집을 짓는데, 이곳에서 겨울을 나려는 생각에서였다. 홍주목사도 여러 가지 물품을 보내오는 등 비교적 잘 대해주었다. 그도 그럴 것이 홍주목사의 처가 오희문과 7촌간이었던 것이다.

전쟁이 길어지자 상황은 바뀌었다. 여기저기서 죽은 사람에 대한 소식이 들려왔다. 오희문의 가까운 친인척으로 영암 누이 남편과 처남도 사망하였다. 이 와중에 오희문은 그동안 찾아 헤매던 어머니와 동생의 소식을 듣게 된다. 어머니와 동생 희철은 강화로 피란했다가 영암 누이의 집으로 옮겨간 상황이었다. 12월 중순 오희문은 헤어진 지 9개월 만에 그리운 어머니를 만났다. 어머니와 동생을 만난 것은 정말 다행스런 일이었다. 그러나 식구가 많아지다 보니 끼니를 잇는 것이

쇄미록

오희문이 임진왜란 당시 생활을 적은 일기.
오희문은 본가가 서울에, 처가는 경기도 용인에
근거한 근기사족(近畿士族)이다. 본관은 해주로
그의 아버지는 장성현감과 사헌부감찰을 지냈다.
어머니는 고성남씨로 외가는 충청도 황간에
위치한다. 외숙 남지원(南知遠)은 여러 고을의 수령을
역임하였다. 해주오씨가 용인에 대대로 살게 된 것은
오희문이 이정수(李廷秀)의 사위가 되었기 때문이다.
이연수는 문천군수 등을 역임하였다.
오희문은 관직에 나아가지는 않았으나 유교적
소양이 깊은 인물이었다. 임희중(任希重)에게
수학하였고 우계 성혼(成渾, 1535~1598)과 친분을
가지고 있었다. 그는 성혼을 만난 적은 없지만 평생
우러러 흠모한다고 하였다. 아들 오윤겸(吳允謙,
1559~1636)은 인조반정으로 서인정권이
들어서면서 대사헌을 시작으로 이조판서와
좌의정·영의정 등 중앙의 요직을 두루 역임하였다.
손자 오달제(吳達濟, 1609~1637)가 병자호란 당시
청나라에 끌려가 처형당한 '삼학사(三學士)'의 한
사람이다.

어렵게 되었다. 이에 주변의 아는 사람을 찾아가 양식을 구하였다.

주위에서 보내온 물품은 다양했다. 쌀·떡·콩·소고기·닭·조기·민어·게·참기름·감장(甘醬)·간장·소금 등 모두 생활에 필요한 것이었다. 그러나 이러한 물품은 가끔 선물로 보내진 것이었다. 이를 통해 안정적인 생활을 유지할 수는 없었다. 오희문은 어머니가 입에 맞는 반찬이 없어 식사를 못하시는 것을 안타까워 했다. 이와 같이 영양이 좋지 않다보니 자연히 질병에 노출될 수밖에 없었다. 이 때 오희문도 병을 얻어 3개월 동안 일기를 작성하지 못하기도 하였다. 이 때부터 살아가는 것이 더욱 어려워졌다. 양식을 구해야 하는데 이것이 쉽지 않았다.

이러한 때에 좋은 소식이 들려온다. 아들 오윤겸의 친구인 함열태수 신응구(申應榘, 1553~1623)가 자신이 수령으로 있는 곳에 와서 살라고 한 것이다. 이에 오희문은 1593년 6월 충청도 함열과 가까운 임천으로 이사를 한다. 이 때부터는 그나마 함열현감이 정기적으로 물품을 보내와 어느 정도 연명할 수 있었다.

함열현감이 오희문의 큰사위가 되면서부터는 물품이 더욱 많아졌다. 그러나 이것으로 오희문 집 상하식솔 모두의 배를 채우기는 어려웠다. 오희문은 양식이 떨어지면 잡곡밥이나 죽으로 연명하였다. 오희문 일가에서는 인맥을 동원하여 양식을 구하였다. 그러나 모든 지방관이 환대하는 것은 아니었다. 기대했던 사람이 박대하는 경우도 있었고, 여러번 청하자 싫어하는 기색을 보이기도 하였다.

이 곳은 군(郡)과의 거리가 멀지도 않은데, 태수(任克)가 한 번도 사람을 보내서 문안을 들이지 않고 곤궁함이 이와 같은데도 돌아볼 생각도 하지 않고 물 한 그릇도 도와주지 않으니 어찌 인정이 여기에 이르렀는가. 다른 사람이라도 오히려 불쌍히 여겨 도와주는데 하물며 절친한 사이에 큰 고을의 수령으로 와서 이같이 소활(疏豁)하니 비단 야박할 뿐만 아니라 차마 할 수 없는 것이다. 몹시 서운하도다.

내가 돌아올 때 부여군수 박동도(朴東燾)가 한 가지 물건도 주지 않았는데 이것은 지난 달에 사람을 보내고, 이제 또 직접 왔기에 필시 싫어하는 마음이 생겨나서 그런 것이다. 몹시 부끄럽다. 처자들은 내가 오기를 기다려 먹을 것을 바라는 마음이 간절한데 끝내 그대로 돌아오니 한편으로는 우스운 일이다. 타향에 떠돌아 사방을 돌아보아도 친척이 없고 굶주림이 날로 박두한 채 곳곳에 구차히 굴어 매양 얼굴을 붉히니 아무리 탄식한들 어찌

하리요. 만일 함열의 구원이 없으면 나는 구렁에 묻힌 귀신이 될 것이다.

임천군수 임극(任克)은 오희문의 처조카였다. 오희문이 찾아가도 만나주지 않을 뿐만 아니라, 아무것도 도와주지 않자 무심한 사람이라고 섭섭함을 토로했다. 부여군수 박동도는 오희문이 여러차례 양식을 얻으러 오자 싫은 내색을 하였다. 집에서 처자가 먹을 것을 얻어올 것으로 굳게 믿고 있는데 끝내 빈손으로 돌아가니 그 마음이 어떠했을지 짐작되고도 남는다.

양식을 구하기 어렵게 되자 이제 값나가는 물건을 팔거나 장사를 하였다. 즉, 포목과 활 등을 곡식으로 바꾸었다. 누룩과 쌀을 얻어 술과 떡을 빚어 여종으로 하여금 시장에 내다 팔게 하였다. 이제는 술을 팔아 양식에 보태야 하는 처지였다. 그는 술을 보고도 마실 수 없는 자신의 처지를 한탄하였다. 또한 여자아이들에게 행전을 만들게 하여 비(婢)로 하여금 시장에 내다 팔게 하였다. 양식를 얻기 위하여 무엇이라도 할 참이었다.

표2 어머니의 병환을 치료하기 위한 음식들

날짜(1593년)	음식
8월 2일	수박에 얼음 꿀물
8월 4일	얼음물에 말은 밥, 흰죽, 꿩고기 조금
8월 5일	흰죽
8월 6일	미역국에 꿩고기 조금
8월 7일	흰죽 한 대접, 메밀가루(木末)와 건각(乾角), 수제비 한 대접
8월 9일	수제비 한 대접, 녹두죽 반대접, 흰죽
8월 10일	물만 밥, 박죽(朴粥) 반접시
8월 11일	김칫국물[沈菜水]에 밥을 말아 먹음, 수제비 조금
8월 12일	수제비에 밥을 말아 반 대접, 소고기적 반 꼬지
8월 13일	뜨거운 수반, 생하탕(生鰕湯), 밥
8월 14일	백반과 민어탕, 백반과 붕어찜, 생선탕
8월 16일	죽이나 밥을 하루에 4, 5차례
8월 19일	밥 1/3 대접, 죽이나 밥을 하루에 4, 5차례

이러한 중에도 오희문은 가끔 양반가에 초대받아 진수성찬을 대접받기도 했다. 6월 10일 찰방댁에 가서 찐 닭과 적을 먹고 오랫동안 보지 못하던 차에 얻어 보니 팔진미를 대한 것과 같다고 하였다. 또한 당시 양반들은 수반(水飯)을 많이 먹었는데 이는 '끓인 밥'이나 '물만 밥'으로 찬이 없이 간단히 요기할 수 있었다.

1593년 8월 오희문의 어머니가 이질과 종기에 걸렸다. 이에 오희문은 보름 이상 어머니의 식사에 신경을 쓰게 된다. 약을 구하기가 어려운 상황이 되자 잘 섭생을 함으로서 병을 치료하고자 했다. 약으로 병을 치료하는 것이 아니라 음식으로서 치료하는 것이다.

[표 2]의 식단은 환자를 위한 치료식이다. 이를 통해 16세기 후반 양반들의 일상적 식생활 패턴을 짐작해 볼 수 있다. 주식으로 밥, 죽, 수제비 등이, 반찬으로 침채, 꿩고기, 소고기, 새우탕, 붕어찜, 생선탕 등이 확인된다. 수제비는 여러 차례 등장한다. 이는 밀가루나 메밀가루를 재료로 한 귀한 음식이었다. 지금은 수제비가 손쉬운 간단한 음식으로 치부되지만 밀을 흔히 재배하지 않던 조선사회에서는 매우 귀한 음식이었다. 침채는 오늘날의 김치를 말한다. 당시 김치는 고춧가루나 젓갈을 사용하지 않고 순수하게 채소를 소금에 절인 것이다. 재료는 각종 야채로 무·파·토란·오이 등이 사용되었다. 고기류는 소고기와 꿩고기가 보인다. 특히 꿩은 돼지고기나 닭고기 대신에 많이 사용되었다. 꿩사냥의 연원은 고려말 원압제기로 올라간다. 이후로 조선에서도 많이 먹게 되었다. 그 밖에 생선류가 많이 등장한다. 민어·붕어·생새우 등이 있다. 이는 찜이나 탕으로 해서 먹었음을 알 수 있다. 특히나 소화기능이 떨어지는 노인의 치료식인만큼 죽종류가 많다. 흰죽·녹두죽·박죽 등이 있다. 여기에는 등장하지 않지만 보양식으로 타락죽이 선호되었다. 타락죽은 우유를 넣어 끓인 것이다.

하층민의 먹거리

오희문의 집에서는 피란기간 내내 양식걱정이 떠나지 않았으며, 전란 초기 홍주와 임천 피란시에는 그 정도가 더욱 심하였다. 특히 4월과 5월은 견디기가 더욱 어려웠다. 이 때를 흔히 보릿고개라 하는데 양식은 떨어지고 보리는 아직 익지 않은 시기를 말한다.

이른 아침에 윤해가 편지를 하여 한 진사한테 벼 2말을 꾸어다가 더운 솥에 넣고 말려 찧어서 먹으니 해가 이미 정오이다. 상하가 굶주림이 매우 심한데 얻을 것이 적어서 한 되의 쌀을 세 사람이 나누어 먹으니 탄식한들 무엇하랴.

세후로부터 한 집안의 상하가 죽만 마시고 밥을 지을 때가 없었더니 근래는 더 심하다. 또 간장과 소금물도 얻지 못한 채 산나물과 쌀을 섞어서 죽을 쑤어 모두 반 그릇씩만 먹으므로 아이들이 배고픔을 참지 못하니 차마 볼 수가 없다고 한다.

아침식사는 보리 몇 되를 가루로 만들어 나뭇잎과 섞어서 국을 끓여 상하가 나누어 먹었다. 저녁에는 쌀 한 되 반을 꾸어다가 삶은 쑥을 섞어서 밥을 지어 모시잎에 싸서 먹었다. 또한 장을 얻지 못해서 소금을 찍어서 삼키니 죽지 않으려는 것이지 먹는 것이라 할 수 있으랴.

오희문은 하루끼니도 잇기 어려운 상황이었다. 아침에 먹을 것이 없어 굶주리던 차에 쌀이나 벼를 얻어오자 이를 솥에 넣고 쪄서 껍질을 벗긴 다음 급하게 밥을 지어먹었다. 쌀이 없어 죽으로 연명하기도 하고, 보리에 나뭇잎을 섞어 국을 끓였다.

오희문이 먹은 죽은 기호식이 아니라 구황식이었다. 죽은 곡물의 양을 늘리기 위하여 물을 많이 잡아 뭉근하게 쑨 것을 말한다. 대개 일식사죽(一飯四粥)이라 하는데, 한 사발의 밥에 부재료를 넣으면 네 명이 먹을 만한 양이 된다는 뜻이다. 그러나 곡물이 부족할 경우 죽의 농도는 더욱 낮아지게 되었다. 그야말로 멀건 죽이 되는 것이다. 죽은 사용하는 재료와 쑤는 방식에 따라 구분된다. 곡물로만 쑤기도 하고, 곡물에 여러 가지 부재료를 넣기도 한다. 곡물죽으로는 쌀로 쑨 흰죽과 콩으로 쑨 콩죽, 겉보리를 가루내어 쑨 보리죽이 있었으며, 야채죽에는 깻잎·쑥·산채·콩잎·무청 등이 들어갔다.

오희문은 보리철(5~6월)이 되면 보리를 사두기 위하여 많은 노력을 하였다. 보리는 쌀보다는 훨씬 가격이 낮았다. 더군다나 보리가 가장 많이 나는 보리철에 가격이 가장 낮게 형성되었다. 상행위를 하기 위해 멀리 교역하러 떠난 노(奴)가 제때에 돌아오지 않자 오희문은 보리철이 지날까봐 걱정이라며 조바심하였다. 이들 보리는 기본적으로 노비들의 식사와 농사지을 양식이었다. 오희문은 논매기, 밭갈이 등 농업노동에 동원된 자들에게 두 끼의 식사와 임금으로 보리 5승을 지급하였다. 그러나 양식이 떨어지면 양반도 보리를 먹을 수밖에 없었다.

오희문은 노비로 하여금 산에 올라가 송피(松皮, 소나무 속껍질)를 벗겨오게 하였다. 기본적으로 송피는 노비들의 양식이었다. 그러나 보릿고개에는 오희문도 송피를 먹을 수밖에 없었다.

요새 양식이 떨어져 어찌할 방법이 없어 다만 송피만으로 상하가 씹으면서 긴 해를 보내고 있으니 한탄한들 무엇하랴.

아침에 먹을 것이 없어서 송피 몇 덩어리를 잘게 쪼갠 후 삶고 찧어서 쌀가루 반 되와 섞어서 여러 아이들과 나누어 먹었는데 오히려 그것도 달게 먹고 싫증이 나지 않으니 탄식할 일이다.

여린 송피는 여러 가지로 쓸모가 있었다. 그러나 이는 양반보다는 노비들의 먹거리였다. 그러나 전란기에는 상하 식솔에 별다른 구분이 없었다. 송피를 날로 씹는가 하면 메밀가루·도토리·콩을 섞어 쪄먹었다. 또한 느티나무 잎사귀에 콩가루를 묻혀 찌기도 하고, 메밀과 나뭇잎을 섞어서 탕을 끓였다. 송피나 풀뿌리를 소금에 절이면 훌륭한 구황식이 되었다. 또한 반찬거리가 되기도 하였다. 19세기에 간행된 『찬송방(餐松方)』에는 송저(松菹)가 소개되어 있다. 이는 어린 솔잎을 썰어 더운물을 붓고 김치를 담근 것이다.

오희문은 종자로 두었던 차조를 먹기도 하였다. 차조를 쌀로 바꿔 새알심을 만들어 국을 끓였다. 당시 오희문은 내년 농사까지 생각할 여력이 없었다. 이것도 떨어지자 이제는 무우를 캐다가 탕을 끓였다. 별로 맛이 있었을 것 같지는 않지만 삶은 무로 어느 정도 허기는 면할 수 있었을 것이다. 이러한 시절에 반찬이라는 것은

동래부순절도 선조 25년(1592) 4월 15일, 임진왜란 당시 왜군이
부산진에 이어 동래부를 공략할 당시의 기록화.
후대의 영조 36년(1760년) 동래부 소속 화가인
변박의 작품이다. 동래부를 포위하여 공격하는 왜군,
뒷문으로 달아나는 조선의 장수, 끝까지 남아서
목숨을 버린 당시 동래부사 송상현 등을 역동적으로
묘사하였다. 견본채색, 145 X 96cm, 육군사관학교
박물관 소장.

더욱 볼품이 없었다. 무우를 소금에 절인 짠지와 콩을 간장에 볶은 콩장을 먹었으며, 간장이나 소금도 떨어져 소금기 없이 죽을 먹기도 하였다.

봄철의 어린 순·잎·열매·뿌리·나무껍질 등은 대표적인 구황식이었다. 흔히 구황식이라 하면 감자·고구마·옥수수 등을 거론하지만 이는 실제와 많이 다르다. 조선시대 내내 이러한 작물이 구황식이었던 적은 거의 없었다. 감자나 고구마가 18세기에 들어오지만 이것이 널리 재배되지는 못하였다. 대신 우리나라는 산에 많고, 지천에 자라는 풀이 진정한 의미의 구황식이었다.

그러므로 『증보산림경제』에서는 먹을 수 있는 봄나물은 헤아릴 수 없으며, 일상적으로 먹어도 좋은 것을 30종 가까이 들고 있다. 우리나라 산과 들에는 먹을 수 있는 풀이 850종에 이르며, 지금도 300여 종이 자란다고 하였다. 『성호사설』에서는 우리나라 사람들은 채소의 향이 좋아 잎으로 쌈싸먹기를 좋아한다고 하였다. 그러나 이것도 결국은 곡물 대신 채소를 많이 섭취해 허기를 메우려는 고육책이었다.

109

2　어우야담의

음식

이야기

신
익
철
—
한
국
학
중
앙
연
구
원

백성들의 일상적인 먹거리 이야기는 특별히 기록이 많이 남아있지 않다. 그러나 '붓 가는 대로 잡다하게 기록한 글'인 필기잡록류의 글에는 음식 이야기가 더러 전해진다. 필기잡록류의 대표작이라 할 수 있는 유몽인의 『어우야담』에도 재미있는 음식 이야기가 많다.

복날이면 성균관 유생들에게 개고기를 대접한 이야기, 자하젓 김치에 감동한 중국 사신 이야기, 목숨을 걸고 오이지 담그는 법을 누설하지 않은 용인의 어느 노복 이야기 등은 그 자체로 재미있는 이야기이기도 하지만, 조선의 가장 평범한 식생활을 엿볼 수 있는 자료이기도 하다.

이 글에서는 유몽인의 『어우야담』 속에 들어있는 몇 가지 음식 이야기를 통해서 당시 식생활의 면모를 생각해보고, 음식과 토착 문화에 대한 당시 사람들의 생각이 어떠했는지도 살펴보고자 한다.

금강산 유점사 유점사는 금강산 4대 사찰 중의 하나로 유서 깊은 사찰이다. 유몽인이 관직에서 물러난 후 이곳에서 『어우야담』을 집필했다고 전한다. 한국전쟁 당시의 폭격으로 인해 현재는 남아있지 않다.

필기잡록의 전통과
『어우야담』

우리의 고전 가운데에는 필기잡록(筆記雜錄)류의 저작이 상당수 포함되어 전한다. 이 자리에서 다루고자 하는 음식 관련 문헌들 중에도 필기잡록의 전통 속에서 출현한 것들이 적지 않다. 대충 꼽아보아도 강희맹(姜希孟)의 『금양잡록(衿陽雜錄)』, 허균(許筠)의 『도문대작(屠門大嚼)』, 이시필(李時弼)의 『소문사설(謏聞事說)』, 이옥(李鈺)의 『백운필(白雲筆)』 등을 떠올린 수 있다. '필기잡록'이란 '붓 가는 대로 잡다하게 기록한다'는 뜻으로 문사철(文史哲)의 교양을 지닌 사대부 지식인이 자신의 관심사를 자유로운 형식으로 기술한 것을 말한다. 그 내용은 대부분 일상생활에서 견문한 사실이나 독서 생활을 통해 접한 지식 중에서 뽑은 것이다. 인간의 삶을 영위함에 있어 가장 중요한 문제인 음식에 대한 관심이 없을 수 없기에, 이에 대한 내용 또한 자연스레 사대부의 필기잡록 속에 담기게 된다.

113

『어우야담(於于野譚)』은 선조·광해군 연간에 활동한 어우당(於于堂) 유몽인(柳夢寅, 1559~1623)이 저술한 야담집이다. 야담은 필기잡록의 전통 속에서 조선 중·후기의 특수한 역사 상황을 반영해서 출현한 문학 양식이다. 유몽인이 살았던 시대는 임진왜란의 대전란으로 조선왕조의 정치사회가 뿌리채 뒤흔들리던 시기였다. 사실성을 중시하는 필기잡록에 비해서 문학적 허구성이 강화되고 이야기를 중시하는 것이 야담의 특징이다.

유몽인은 임진왜란으로 대표되는 격변기의 사회상을 날카롭게 관찰하고 증언하면서 기존의 필기잡록의 글쓰기 방식을 변모시키며 야담이라는 새로운 서사 양식을 창출한 것으로 평가받는 문장가이다. 『어우야담』에는 사대부 사회의 알려지지 않은 흥미로운 이야기들[逸話], 한시의 창작과 비평을 둘러싼 이야기[詩話], 여러 문헌에서 관심사를 뽑아 기록한 고증류의 기록들, 귀신에 관한 이야기나 소화(笑話) 등 다양한 성격의 기록이 뒤섞여 있다. 이야기 제재의 다채로움과 서사 방식의 다양성은 『어우야담』의 주요 특징인데, 이는 '야담'이란 명칭을 처음으로 사용한 초기 야담집으로서의 특성으로 이해된다.

현전하는 『어우야담』의 이본은 30여 종을 상회하는데, 이는 타의 추종을 불허하는 많은 종류이다. 그만큼 『어우야담』이 조선시대 내내 관심을 끌며 널리 읽혔음을 말해주는 것이다. 이처럼 광범위한 독자층이 존재하게 된 근본 동인은 이야기 작가 유몽인의 탁월한 솜씨에서 연유한다. 현실에서 의미 있는 제재를 포착해 내고 이를 특유의 서사방식으로 풀어내며 독자로 하여금 긴장을 놓지 못하게 하는 것이다. 이는 음식에 관한 이야기에서도 마찬가지이다. 총 558화에 이르는 『어우야담』에서 음식명이 언급된 이야기는 48편 가량 된다. 이 중에서 음식이 주요 제재로 다루어진 이야기는 10여 편 정도에 달하는데, 여기에는 음식과 관련한 당대의 사회상이 흥미롭게 기술되어 있다. 이를 통해 우리는 조선 중기의 식생활 풍습과 구체적으로 마주할 수 있을 것이다.

복날에
성균관 유생들, 개고기와 소주를 먹다

유몽인은 사람들이 자신의 특별한 기예를 업(業)으로 삼기 위해 다른 이에게 전수하지 않는 풍조를 말하면서, 음식으로 서울의 사면(絲麵, 실국수), 개성의 교면(蕎麵, 메밀국수), 전주의 백산자(白散子), 안동의 다식(茶食), 성주의 백자병(柏子餅) 등을 그 예로 들었다. 우리에게 당시 각 지방의 음식으로 유명한 것 몇 가지를 알려주고 있는데, 이 중 전주의 백산자와 안동의 다식은 허균의 『두문대작(屠門大嚼)』에서도 거론되고 있는 것이다. 그러면서 그는 음식의 비법이 그 지역에서만 전수될 수 있었던 실례를 용인현의 오이지를 통해 말하고 있다.

옛날 용인현의 한 노복이 오이지[瓜菹]를 잘 담아 그 기법을 대대로 전하였는데, 이웃 읍에서 그것을 본받아 배우려고 했으나 전수받을 수가 없었다. 금천현감(衿川縣監)이 용인에 특사를 보내 용인 현령에게 그 기법을 배울 수 있게 해달라고 간청하자, 용인현의 노복이 뜰에 엎드려 말하였다.

"우리 읍에는 다른 반찬이라곤 없고 오직 오이지 하나가 이름이 났을 뿐입니다. 지금 그 기법을 다른 읍에 전해주신다고 하시니 죽음으로써 사양하고자 하옵니다."

현령은 억지로 전해주게 할 수 없었다. (496쪽)

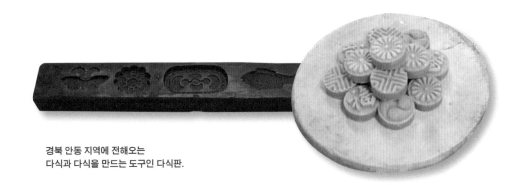

**경북 안동 지역에 전해오는
다식과 다식을 만드는 도구인 다식판.**

1766년(영조 42)에 유중림(柳重臨)이 편찬한『증보산림경제』에도 당시 유명한 오이지 제조법으로 황과저법(黃瓜菹法)·황과함저법(黃瓜鹹菹法)·용인담과저법(龍仁淡瓜菹法) 등을 소개하고 있는 것이 보인다. '용인담과저법(龍仁淡瓜菹法)'이란 말에서 당시까지 용인 지방의 오이지가 대대로 이름이 났음을 알 수 있다. 죽음을 자청하면서 오이지 제조법의 유출을 막고자 한 용인현 노복의 심사가 무엇 때문인지 짐작하기 어려우나, 덕분에 용인현의 오이지는 오늘날까지 명성을 떨치고 있다.

위 인용문 다음에는 충청도 여산의 명주인 호산춘이 평안북도 삭주에 전해지게 된 연유를 소개하고 있다.

여산(礪山)에 호산춘(壺山春)이라는 술이 있어 맛이 가장 뛰어났는데 이웃 읍에서도 술 빚는 법을 배울 수 없었다. 그 고을의 계집종이 무인 나준룡(羅俊龍)의 첩이 되었는데, 나준룡이 삭주(朔州) 태수가 되어 그 술 빚는 법을 삭주에 전수해주었기에 지금 삭주의 술은 진한 향기가 호산춘과 똑같다.

흥미로운 것은 허균의『도문대작』에서 술로 삭주의 술을 소개하고 있다는 점이다.

개성부에서 빚는 태상주(太常酒)가 가장 좋은데 자주(煮酒)는 더욱 좋다. 그 다음은 삭주(朔州) 것이 역시 좋다.

허균이 말한 삭주의 명주란 아마도 호산춘을 일컫는 것으로 추측되니, 호산춘이『산림경제』나『주방문(酒方文)』등에도 이름난 술로 소개되고 있기 때문이다. 유몽인보다 열 살 아래로 같은 시대를 살았던 허균(1569~1618)이지만 삭주 술의 유래에 대해서는 미처 몰랐던 듯하다.

이 외에 기력이 약해진다는 사람에게 상추쌈에 구운 밴댕이를 함께 먹으라고 처방을 내리는 태의(太醫) 양예수(楊禮壽)의 발언(305화「태의(太醫) 양예수의 신술」)이나, 함경도에서는 중들이 뱅어국을 초식(草食)으로 여기며 먹는다는 이야기(515화「뱅어와 초식(草食)」), 자라탕을 못 먹는 이제신(李濟臣)이 친구들의 꾐

입학도 왕세자 입학도첩 중. 34.1x46.5cm.
고려대학교박물관 소장.
왕세자가 성균관에 입학하는 의례를 그린 그림.
왕세자가 스승에게 예물 바치는 일을 끝낸 후,
명륜당에서 박사에게 교육을 받는 장면이다. 뜰에는
의례에 참석한 성균관 유생들의 모습이 보인다.

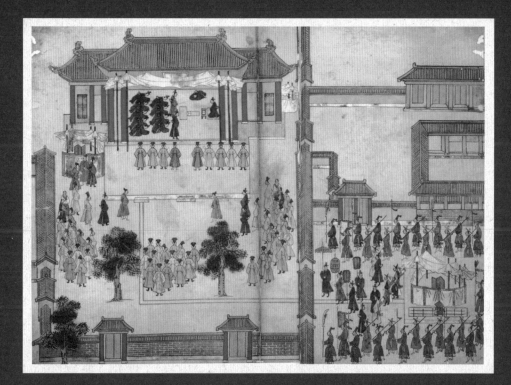

에 빠져 이를 먹고는 가장 즐기는 음식이 되었다는 이야기(276화 「닭죽과 자라탕」) 등에서 당시 식생활 풍습의 일면을 엿볼 수 있다.

한편 다음과 같은 이야기에서는 당시의 사회상을 기술하는 대목에서 음식에 관한 일화를 삽입하였다. 이는 6월 보름날 성균관에서 유생들에게 개고기를 접대하는 풍속이 있었음을 알려주는 최초의 이야기로 보이는 흥미로운 내용이기에, 다소 길지만 아래에 소개한다.

만력(萬曆) 무인년(1578, 선조 11) 6월 보름에 성균관 관원이 소주와 삶은 개고기를 마련하여 유생들을 먹였다. 생원 중 장언구(張彦球)라는 사람이 있었는데 그는 호남 사람으로 진사간에 거거하고 있었다. 이날 여러 벗들이 권하는 소주를 마시다가 과음하여 죽고 말았다. 이듬해 6월 보름에 성균관 관원이 다시 소주와 개고기를 준비하여 선비들을 먹였다. 그 하루 전날 밤 진사 이철광(李哲光)이 진사간에서 잠을 자는데, 평소 알지 못하던 한 선비가 꿈에 나타나 그에게 말하였다.

"나는 생원 장언구요. 내일 성균관 관원이 술과 고기를 마련하여 선비들을 먹일 것인데, 나에게도 나누어 먹을 수 있도록 해주기 바라오."

이철광이 꿈을 깨고는 이상하게 여겨 같이 잤던 사람에게 물었다.

"생원 중에 장언구라는 사람이 있습니까?"

모두들 말하였다.

"그렇소."

이철광이 묻기를,

"내일 성균관 관원이 술과 고기로 선비들을 대접합니까?"

라고 하자, 모두들 말하였다.

"그렇소."

"장언구가 살아 있습니까?"

라고 묻자 모두들 말하였다.

"지난해에 소주를 과음하여 이곳에서 죽었소."

이철광이 두려움에 크게 놀라며 꿈 이야기를 했다. 이튿날 아침 이철광은 먹고 마시는 자리에 참여하여 따로 한 그릇에 개고기를 담고, 다른 그릇에는 소주를 받았다. 좌중에 꼿꼿이 허리를 편 채 두 손을 마주잡고 꿇어앉아 자신은 한 꿰미의 고기, 한 잔의 술도 마

시지 않았다. (266~267쪽)

성균관에 귀신이 자주 출현한다는 사실을 말한 이야기의 한 대목이다. 이 앞은 성균관 진사간에서 수려한 외모의 젊은 선비가 동성애자들의 다툼으로 죽었으며, 이후 귀신이 자주 출현한다는 내용이다. 인용문 또한 성균관에 귀신이 자주 출현한다는 사실을 말하기 위해 서술된 것인데, 우리는 여기에서 6월 보름에 성균관 유생들에게 개고기와 소주를 먹였다는 사실을 알 수 있다.

6월 보름은 24절기의 하나인 유두날이다. 유두는 신라 때부터 전해 온 명절로 고려 명종 때 학자 김극기(金克己)의 문집에는 이렇게 기록되어 있다.

경주 풍속에 6월 보름에 동쪽으로 흐르는 물에 머리를 감아 불길한 것을 씻어 버린다. 그리고 액막이로 모여서 술을 마시는 계음(禊飲)을 유두연(流頭宴)이라 한다.

고려시대와 조선시대의 각종 문집에는 유두연의 서정을 읊은 시문들이 수록되어 있는데, 개고기를 먹는 풍습은 보이지 않는다. 유몽인의 기록에서도 6월 보름이라고만 했지, 유두에 대한 언급은 없다. 유몽인은 다른 기록에서 우리나라 사람은 수단(水團)을 각서(角黍)로 여기면서 유두일(流頭日)에 그것을 먹는다고 했으니(272화 「수단과 각서(角黍)」), 개고기를 먹는 풍습과 유두는 전혀 상관이 없어 보인다. 6월 보름은 대략 중복을 전후한 날에 해당되는데, 개고기를 먹는 것으로 미루어 여기에서는 성균관에서 복날 이를 먹는 풍습을 말한 것으로 보는 것이 온당할 것이다. 이러한 추정은 윤기(尹愭, 1741~1826)가 성균관의 초복 풍경을 노래한 시를 통해 확인된다.

선비를 기르느라 잘게 찢은 개고기를 내리니, 사람으로 하여금 커다란 술잔 생각나게 한다네.(養士均頒狗炒細, 令人却憶酒盃寬.)
(『무명자집(無名子集)』 권1, 「泮齋初伏次人韻」)

이 시구를 통해 성균관에서 초복 때 개고기와 술을 먹은 것이 여실히 확인된다. 윤기는 1773년(영조 49)에 사마시에 합격하여 성균관에 들어가 20여 년간 수학하다가 1792년(정조 16)에 식년문과에 병과로 급제한 것으로 알려져 있다. 성균관의 복날 개고기 특식의 전통은 최소한 이백여 년의 전통이 이어졌음을 알 수 있는 것이다. 인용한 이야기는 물론이고 윤기의 시구를 통해서도 성균관에 기숙하면서 대과를 준비하는 배고픈 수험생들에게 복날 먹는 개고기와 소주가 얼마나 별미였는지 충분히 짐작이 간다 하겠다.

자하젓 김치에 감동한
중국 사신

    유몽인은 임진왜란의 전란 중에 3차례나 순무어사직을 수행하면서 전쟁의 참상을 생생하게 체험한 인물이다. 『어우야담』에는 이에 대해 상세히 기록하고 있거니와, 전란과 함께 찾아온 기근으로 인해 심지어 인육을 먹는 현실까지 증언하는 기사(547화 「전란의 굶주림과 식인」)도 실려 있다.

임진왜란 시기에는 원병으로 온 명나라 군대가 대거 장기 주둔함으로써 중국과 우리나라의 식생활 풍습 또한 자연스레 비교될 기회가 많았을 것이다. 유몽인은 명나라 경략(經略) 송응창(宋應昌)의 요청에 의해 황신(黃愼), 이정구(李廷龜) 등과 함께 송응창의 막부로 가서 경전을 토론하기도 하였던 터라 명군과 접촉할 기회 또한 많았다.

이 때문인지 『어우야담』에는 중국과 우리나라의 식생활의 차이를 다룬 이야기가 여럿 보인다. 그 내용은 대략 중국인이 차를 많이 마시고, 쌀 음식과 밀 음식을 따로 먹으며, 반역자의 인육을 먹으며, 회나 처녑을 먹지 않는다는 것 등이다. 그러면서 중국인들이 회나 처녑을 먹는 것을 추하게 여겨 "소의 양과 처녑은 모두 더러운 것을 싸고 있는 것인데, 썰어서 회로 만들면 어찌 뱃속이 편안하겠는가?"라고 비난하자, "회든 구운 것이든 고인이 좋아하였고 고서에 많이 보이는데 무엇이 해롭겠는가?"라고 우리나라 사람이 응대하는 말을 소개하기도 하였다. 그러면서 음식은 풍토에 따른 것이기에 자신이 먹는 것을 고집하면서 시비를 따질 문제가 아니라는 관점을 보여주었다.

이러한 차이점은 지금의 우리로서도 대개 수긍할 만한 것들인데, 다음 이야기는 젓갈로 담근 김치와 관련된 것이라 특히 주목된다.

자하젓으로 김치를 담근 것을 세속에서는 이른 바 '감동해(感動醢)'라고 하는데 우리나라에서는 별로 쳐주지 않는 것이다. 예전에 중국 사신이 해주(海州)를 지나다가 자하젓으로 담근 김치를 먹다가 울음을 삼키며 차마 먹지를 못하였다. 원접사(遠接使)가 괴이하게 여겨 까닭을 물어보니 중국 사신이 말하였다.

"나에게는 노모가 계시는데 만리 밖에 있습니다. 이 맛이 참으로 진귀한지라 차마 목구멍으로 삼칠 수가 없군요."

원접사가 해주 관원을 찾아 그것을 진상하도록 하자, 중국사신이 말하길

"감동을 이기지 못하겠소"

라고 하였다. 이러한 연유로 이를 이름하여 '감동저(感動葅)'라 한 것이다.(444쪽)

자하젓[紫蝦醢]은 새우류의 젓갈로 곤쟁이젓, 혹은 감동젓이라고도 불리는데, 감동젓이란 이름이 여기에서 연유한 것임을 알려준다. 이 당시 중국인들이 과연 젓갈 김치를 먹었는지는 의문이나, 이야기에 등장하는 중국 사신은 진미로 여기며 감동을 이기지 못하겠다고 하였다. 아마도 이국의 낯선 음식이 입맛에 꼭 맞아 노모를 떠올린 것인지도 모르겠다. 이야기의 말미에서 유몽인은

『예기(禮記)』「내칙(內則)」편에는 팔진미(八珍味)의 이름이 나오는데 노인을 봉양하기 위해 차리는 것이다. 그런데 지금 그것을 먹어보면 모두 진귀한 맛이 아니다. 지금 우리나라의 바다와 물에서 나는 음식물은 이루 다 기록할 수 없다. 산 사람이나 중들이 먹는 소박한 것들 중에도 빼어난 맛이 있다.(445쪽)

고 하면서, 지리산의 대나무 열매 밥[竹實飯]과 팔미차(八味茶), 묘향산과 금강산의 송이버섯구이를 진귀한 음식으로 꼽고 이를 만드는 방법을 자세히 소개하였다.

한편 같은 음식을 두고 중국과 우리나라의 명칭이 달라 벌어지는 오해에 대해서도 말하였으니, 다음 이야기가 그러하다.

만력(萬曆) 무술(1598)과 기해(1599) 년간에 중국 장수가 경성에 많이 있었다. 남이신(南以信)이 예방 승지(禮房承旨)로 있었는데, 한 중국 장수가 하인을 시켜서 승정원에 고하도록 하였다.

"바야흐로 봄철로 이 나라에는 긴맛[蟶]이 많은데 맛이 무척 달고 비위(脾胃)에도 맞아 장군께서 맛보시기를 원합니다. 접대도감(接待都監)에 말하였으나 도감께서 굴이 꺼려하며 내주지 않으니 청컨대 국왕에게 계를 올려 알려주십시오."

……

자하젓의 재료가 되는 민물새우

토화(미네굴)

남이신이 자세히 살펴보니 바로 토화(土花)였다. 남이신이 크게 웃으며 말하길,
"우리나라에서는 이것을 토화라고 하니 긴맛이라고 해서는 알 수 없지. 이것은 우리나라
에 아주 흔한 산물이네."
라고 하고는 도감으로 하여금 양껏 보내도록 했다.(447~448쪽)

긴맛[蟶]은 『본초강목』에 "바다에서 나는 작은 조개로 크기와 길이가 여러 가지
이며 종류가 매우 많다. … 민월(閩粤) 지역의 사람은 밭에다 심는데 조수를 살펴
갯벌을 막고 이를 정전(蟶田)이라 부른다"(『본초강목(本草綱目)』권46)고 나와 있
다. 그 설명으로 보아 우리나라에서 긴맛, 혹은 가리맛이라 부르는 조개를 일컫는
말임이 분명해 보인다.
이에 비해 토화(土花)는 중국에서 조개나 굴을 지칭하는 용례가 없으며, 이끼나
금속 그릇 표면에 부식되어 나타나는 흔적 등을 가리키는 용례가 있을 뿐이다.
따라서 굴을 가리키는 토화란 말은 우리나라 한자어로 보인다. 이옥의 『백운필
(白雲筆)』에서는 토화와 석화를 구별하여 풀이하고, 중국 서적을 인용하여 굴의

특성을 설명하였다.

흙에 붙은 것을 '토화(土花)'라고 하고, 돌에 붙은 것을 '석화(石花)'라고 한다. 석화는 『본초』에 모려(牡蠣)라고 되어 잇는데, 우리말로는 '굴(屈)'이라고 부른다. 『유양잡조(酉陽雜俎)』에서는 '짠물이 맺혀 생겨난 것이다'라고 하였고, 『남월지(南粤志)』에서는 '그 형태가 말굽과 같고, 그 맛이 조금 짜지만 매우 담백하여, 식초와 섞어 먹으면 술을 깨는 데 더욱 적합하며, 추운 겨울에는 더욱 깨끗하고 시원하게 느껴진다'고 하였다.

그렇지만 중국에서도 석화와 토화를 구분하여 지칭하는지에 대해서는 달리 언급하고 있지 않다. 지역에 따라 음식명이 다르고, 같은 산물이라도 그 생김새가 다를 수도 있을 것이기에 이러한 오해는 실상 얼마든지 일어날 수 있는 일일 것이다. 『어우야담』에는 이 외에 수단(水團)과 각서(角黍), 순채(蓴菜)와 농어에 대해 중국과 우리나라의 명칭이 다르다는 사실을 소개하고 있다.

풍속의 차이와
음식

유몽인은 우리나라는 지세가 바다와 육지가 교차되는 곳이어서 생선과 고기를 위주로 음식을 먹기에 삼년상의 어려움을 말하면서 이를 준수하려다가 일찍 죽은 사례를 소개하였다. 그러면서 삼년상에 소식(素食)을 하는 것이 반드시 필요한 규범인가에 대해 의문을 제기하기도 하였다.(7화 「삼년상의 어려움」)

당시 절대적인 당위로 여겨졌던 삼년상의 예법 또한 현실적인 관점에서 의문을 제기한 데에서, 그가 규범에 얽매이지 않고 현실적으로 사고하였음을 알 수 있다. 화폐가 유통되지 않아 먼 길을 여행할 때면 음식물을 바리바리 싸들고 다녀야 하는 현실을 개탄하면서 한 서생이 여행길에 간편한 음식을 마련해 먹는 방법을 소개한 것(282화 「행장이 단출한 서생」)도 이러한 현실적 사고의 소치에 따른 것으로 이해된다.

중국과 우리나라의 식풍속의 차이를 소개하고 나서는 자신의 식습관만을 절대시하면서 다른 것을 용납하지 않는 태도에 대해 "뜨거운 국에 데어서 찬 나물도 불어 먹는 것이고 목이 멘다고 하여 아예 음식을 먹지 않는 격"(270화 「풍속에 따른 음식의 차이」)이라고 통렬하게 비판하기도 하였다. 지역에 따라 물산이 다르고, 이에 따른 식풍속의 차이는 자연스럽게 받아들여야 함을 말한 이 발언은 현실에 맞게 사고하면서 개방적인 태도를 지닌 음식에 대한 그의 생각을 잘 보여준다.

125

참고문헌

허균, 『성소부부고(惺所覆瓿藁)』, 『한국문집총간』 74집, 민족문화추진회, 1991.

유중림, 『증보산림경제(增補山林經濟)』, 농촌진흥청, 2002.

윤기, 『무명자집(無名子集)』, 한국문집총간 256집, 민족문화추진회, 2000.

유몽인 지음, 신익철·이형대·조융희·노영미 옮김, 『어우야담』, 돌베개, 2006

이옥 지음, 실시학사 고전문학연구회 옮기고 엮음, 『완역 이옥전집』, 휴머니스트, 2009.

3 난로회와

매화음

이종묵 │ 서울대학교

마음 맞는 벗을 만나 술잔을 나누고 시를 읊으며 고기를 굽는 조선시대 문인들의 겨울 풍경은 지금은 찾아볼 수 없는 조선의 독특한 문화였다. 그들이 남긴 시를 통해 당시의 풍경을 재구성해 보는 것이 이 글의 목적이다.

당시 문인들의 회식은 난로회라는 이름의 그림으로 남아 있고, 그 자리에서 그들이 서로 주고받은 시 속에 그 정경이 고스란히 담겨 있다. 추운 겨울날, 갓을 엎어놓은 것처럼 생긴 솥을 걸고 숯불을 피운 뒤, 술안주로 고기를 구웠고, 함께 얼음이 서린 냉면도 곁들였다. 마침 겨울이라 문인들이 사랑했던 매화 감상도 중요한 주제였다. 매화를 감상하기 위한 모임을 매화음이라 하였다.

난로회와 매화음은 조선시대 문인들의 풍류를 보여주는 풍경이면서 동시에 음식과 관련된 문화의 한 측면을 엿볼 수 있는 주제이기도 하다.

야연 작자미상, 견본채색 76.0 X 39.0cm,
국립중앙박물관 소장

난로회의
풍경

겨울 하늘이 찌푸린 날에는 마음에 드는 벗들과 따뜻한 숯불 앞에 둘러앉아 삼겹살을 구워 먹으며 소주 한잔 하고 싶은 마음이 절로 들 것이다. 18세기의 청류(淸流)를 자처하던 문인 김종수(金鍾秀, 1728~1799)는 마흔을 바라보던 어느 겨울날 벗들과 둘러 앉아 한 때를 즐기면서 다음과 같은 시를 지었다.

우리 마을은 다른 풍속이 없고	吾村無他俗
그저 술만 천성으로 좋아한다네.	惟酒性所愛
술이 있으면 마음이 활발하지만	有酒心活潑
술이 없으면 마음이 시들시들.	無酒心細碎
그저 한스럽네, 가난한 선비 많아	只恨多窮士
빈 술병을 벽에다 걸어놓다니.	空壺壁上在
옛 벗은 다섯 필 말을 타고 와	故人五馬出
내 오랜 술 소갈증 불쌍히 여겨	憐我久渴肺
술값으로 푸른 동전을 가져와	酒債有靑蚨
술동이를 즐겁게 마주할 수 있었네.	朋樽兩兩對
한 잔에 주름진 얼굴이 펴지고	一盃皺顔舒
두 잔에 추운 날씨가 풀리며	二盃天寒退
석 잔에 더욱 마음이 훈훈하여	三盃轉陶陶
가슴 속에 한 점 티끌이 없다네.	胷中無一礙
서로 잘났다 다투며 청담을 펼치니	談鋒互崢嶸
희희낙락 절로 감당하지 못하겠네.	笑傲自不耐
손과 주인 모두 술이 거나하니	賓主盡酩酊
누가 취한 추태 다시 조롱하겠나?	誰復嘲醉態
화로에 둘러 앉아 연한 고기 굽고	圍爐貢軟肉
시골 맛으로 채소까지 더하였네.	野味兼蔬菜
그저 매일 술이나 마시게 하면	但令日飮酒

늘 가난하여도 내 후회하지 않으리.　　　　　　　　長貧吾不悔

김종수, 「진주목사 조덕수가 개울 북쪽을 지나다 술값을 주어 고기 구워 먹는 작은 모임을 가졌다(晉牧趙道源德洙過溪北, 贈酒債, 賣肉小集)」(『몽어집』 권1)

가난하여 술을 마음 놓고 먹지 못하다가 마침 먼저 벼슬길에 나간 지인이 술값을 보태었기에 김종수는 술과 고기를 사서 마을 사람들과 어울려 한바탕 술추렴을 할 수 있었다. 한 잔 술에 세사에 대한 스트레스가 풀리고 두 잔 술에 겨울바람조차 차게 느껴지지 않는다. 석 잔을 마셔 얼큰하니 마음이 절로 훈훈하다. 내친김에 세사에 대해 강개하기도 하고 서로 잘났다고 어스대기도 한다.

이 시에서 보는 것처럼 화로에 솥뚜껑을 올려놓고 고기를 구워먹는 일을 예전에 난로회(煖爐會), 혹은 철립위(鐵笠圍)라고 불렀다. 『동국세시기(東國歲時記)』에 따르면 한양의 풍속에 숯불을 화로에 피워놓고 번철(燔鐵)을 올린 다음 쇠고기에 갖은 계란과 파, 마늘, 후추 등을 양념을 더하여 구우면서 둘러앉아 먹는 것을 난로회라 한다고 하는데 철립위(鐵笠圍)라고도 부른다고 하였다. 또 번철은 전을 부치거나 고기를 볶는 데 쓰는 무쇠 그릇으로 전철(煎鐵)이라 하는데 갓을 엎어 놓은 듯한 모양이라고 한다. 그 주위에 둘러앉아 술안주로 고기를 구워 먹었던 것이다.

김종수와 비슷한 시대를 살다 간 이덕무(李德懋)도 벗들과 이서구(李書九)의 집 소완정(素玩亭)에서 한 겨울에 작은 술자리를 갖고 쓴 시 「소완정에서 겨울밤 작은 모임을 갖고서(素玩亭冬夜小集)」(『청장관전서』 권10)에서 "서양의 거울이 희니 눈동자에 현기증이 이는데, 남국의 솥이 붉으니 걸신 든 위가 든든하겠네(西洋鏡白眸開眩 南國鍋紅胃鎭饞)"라고 한 것을 보면, 철립은 남국와(南國鍋)라고도 한 모양이다. 이 시의 주석에는 "솥은 삿갓처럼 생겼는데 고기를 구워서 난로회를 갖는다. 이 풍속은 일본에서 온 것이다."라 되어 있다. 일제강점기의 학자 문일평(文一平)은 조선일보에서 연재한 「사외이문(史外異聞)」에서 이 구절을 들어 난로회에 대해 소개하고, 이 음식이 전골, 곧 일본의 스끼야끼와 유사하다 하였으며, 혹 일본통신사에 의하여 일본에서 전래한 것이 아닌가 하였다.

소완정 모임에 출입하였던 박지원(朴趾源) 역시 「만휴당기(晩休堂記)」(『연암집』

권3)에서 벗과 함께 눈 내리던 날 화로를 마주하고 고기를 구우며 난로회를 가졌는데, 온 방안이 연기로 후끈하고 파와 마늘 냄새, 고기 누린내가 몸에 배었다고 한 것을 보면, 오늘날의 삼겹살집과 풍경이 그리 다르지 않았던 모양이다.

그러나 난로회는 한겨울 벗과의 운치 있는 만남의 장이었다. 박지원은 1777년 겨울 개성유수(開城留守)로 있던 절친한 벗 유언호(兪彦鎬)를 찾아갔다.

내가 왕명을 받아 개성으로 왔다. 나의 벗 박미중(朴美仲, 趾源)이 연암(燕巖)에 새로 지은 집과는 30리도 되지 않는 가까운 거리였다. 미중이 출입할 때 개성의 관아를 문득 지나면서도 나에게 알리지 않았고 나 또한 강제로 오게 하지 않았다. 공무가 끝나고 마침 혼자 앉아 있는데 어떤 객이 빙그레 웃으면서 방으로 들어왔다. 바로 미중이었다. 서로 보고 매우 기뻤다.

이에 화로에 들러앉아 난로회를 하였다. 술이 얼큰해지자 각기 지은 시문을 꺼내어 목을 뽑아 길게 읊조렸다. 소리가 씩씩하고 트였다. 또 종이를 받아들고는 산과 물과 나무와 바위를 그렸는데 시원스럽게 운치가 있었다. 분명 예전 금강산 마하연(摩訶衍)에 함께 놀러 갔을 때의 일을 그린 것이리라. 이윽고 초승달이 막 떠올랐다. 나무 그림자가 흐릿하였다. 함께 일어나 정원 한 가운데로 걸어갔다가 문에서 전송하였다.

유언호, 「개성에서의 작은 모임(西京小集記)」(『연석』 제2책)

박지원은 벗의 권고에 따라 권신 홍국영(洪國榮)의 눈을 피해 개성 외곽의 연암협(燕巖峽)으로 들어가 숨어살았다. 이 고달픈 시절에 그 벗이 개성유수로 왔으니 얼마나 반가웠겠는가? 그러나 박지원은 가끔 개성의 성 안을 출입하면서도 유언호를 찾지 않았고 유언호 역시 억지로 그를 부르지 않았다. 서로 부담을 주지 않으려는 배려였다. 그러다 하루는 박지원이 무작정 유언호의 집을 찾아 갔다. 기쁜 마음에 화로 곁에 마주 앉아 난로회를 가졌다. 그리고 술이 얼큰해지자 각기 지은 시문을 꺼내어 목을 들어 높게 읊조렸다. 막 초승달이 오른 뜰을 말없이 거닐다 헤어졌다. 난로회에서 두 사람의 신교(神交)가 이러 하였다.

시원한 냉면과
따끈한 술

　　난로회는 18세기 무렵부터 한양에서 크게 유행하였다. 그러면서 난
로회에서 고기를 구워먹으면서 술을 마실 때 함께 시원한 냉면을 먹는 장면이 등
장한다. 18세기 무렵부터 관서 지역의 냉면이 세상에 널리 알려졌다. 정약용(丁若
鏞)은 관서 땅의 음식 문화를 다음과 같이 증언한 바 있다.

관서 땅은 시월에 눈이 한 자 넘게 쌓이면	西關十月雪盈尺
겹겹의 휘장에 폭신한 담요 깔아 손님을 잡아두고	複帳軟氍留欸客
삿갓 모양 솥뚜껑에 노루고기 구워놓고	笠樣溫銚鹿臠紅
가지 꺾어 냉면에다 파란 배추절임 먹는다네.	拉條冷麪菘葅碧

정약용, 「장난삼아 서흥도호부사 임성운 군에게 주다(戲贈瑞興都護林君性運)」(『다산시
문집』 권3)

1798년 곡산부사(谷山府使)로 나가 있을 때, 해주에 있는 황해도 감영에서 치른
과거 시험 채점을 하러 갔다가 돌아가는 벗을 전송하면서 지은 작품이다. 이 무렵
정약용과 가끔 어울렸던 임성운(林性運)은 질펀한 풍류를 즐긴 인물이다. 그래서
임지인 서흥으로 돌아가면 바로 노루고기 구이로 난로회를 열고 풍류를 즐길 것
이라 한 것이다. 한겨울 눈이 수북하게 내린 날 커튼을 치고 담요를 깐 따뜻한 방
에서 솥을 엎어 노루고기를 굽고 냉면을 먹는다. 술이 절로 맛이 있었을 것이다.
　　우리 문헌에 냉면이 명시적으로 등장하는 것은 이 무렵이지만, 임진왜란과 병자
호란의 어지러운 시대를 살았던 이안눌(李安訥)의 시에서도 냉면 비슷한 음식이
등장한다.

느지막이 잠에서 막 깨니	日晚眠初覺
날이 개고 눈은 수북하오.	天晴雪正堆
사방은 천 겹의 옥이요	四隣千嶂玉

언덕은 만 그루의 매화라.	一岸萬株梅
메밀국수는 옥가루가 날리고	麥麪方飛屑
솔 막걸리는 익어 넘치려 하오.	松醪且潑醅
눈 속의 흥이 일어났다 하여	山陰好乘興
문에서 돌아가지 마소서.	莫作到門廻

이안눌, 「12월 17일 안산 사또 유공에게 편지를 보내다(十二月十七日奉簡柳安山)」(『동악집』권16)

이안눌은 한겨울에 벗에게 편지를 보내 메밀국수와 솔 막걸리를 준비하였으니 놀러오라고 청하였다. 한겨울 하얀 얼음이 덮인 메밀국수는 오늘날의 냉면과 크게 다르지 않은 것으로 짐작된다.

냉면이 조선에서 크게 유행한 것은 18세기 무렵 서도(西道) 지역에서부터인 듯하다. 이 무렵에 냉면을 노래한 시가 본격적으로 등장한다. 유득공(柳得恭)이 평양의 풍속을 시로 노래한 「서경잡절(西京雜絶)」에서는 "냉면 때문에 돼지 수육 값이 막 올랐다네(冷麪蒸豚價始騰)"라 하였고, 이면백(李勉伯)이 평양의 풍물을 노래한 「기성잡시(箕城雜詩)」에서는 "얼음 넣은 냉면에 뜨끈한 홍로주(冷麪氷入紅露熱)"라 하였으니 평양 일대에서 냉면이 별미로 환영받았음을 알 수 있다. 홍로주는 감홍로(甘紅露), 감홍주(甘紅酒)라고도 하는데 중국과 조선에서 겨울철 날이 추울 때 주로 마시는 독주의 일종이다. 『오주연문장전산고(五洲衍文長箋散稿)』에 따르면 평양의 감홍로주(甘紅露酒)가 명품이었다 한다. 찬 냉면을 안주로 삼아 뜨거운 홍로주를 마시는 것이 겨울철의 별미였던 것이다.

냉면은 개성 것도 명성을 얻었고, 차츰 한양까지 퍼진 것으로 보인다. 정약용의 후학인 조두순(趙斗淳)의 시에서 이러한 상황이 잘 드러난다.

풍악소리 서쪽 누각에 요란하게 울리는데	笙簫迭發鬧西樓
소나기에 저녁 바람 불자 가을처럼 시원하네.	驟雨斜風颯似秋
고운 이웃 여인의 새로운 솜씨에 힘입은	賴有芳隣新手法
개성 냉면이 사람의 목구멍을 시원하게 하네.	箕城冷麵沃人喉

조두순, 「삼호의 세심정에서 현석의 소동루로 거처를 옮기고서(自三湖洗心亭, 移卜玄石之小東樓, 今二年矣, 而前冬信宿殆恩恩, 癸卯五月, 得更來錄雜識)」(『심암유고』 권7)

조두순의 벗 김대연(金大淵)은 마포의 영파정(映波亭)에 살고 있었는데, 조두순의 세심정 바로 곁이었다. 김대연이 데리고 살던 개성 출신의 첩은 냉면을 잘 만들어 늘 조두순에게 대접하곤 하였다. 그 냉면을 먹고 조두순은 목구멍이 시원하였던 것이다. 비슷한 시기에 윤정현(尹定鉉)은 죽은 아내를 애도하는 글에서 "화로에 술 데워 조금씩 잔에 따라 마시면, 냉면과 신 김치가 차례로 나왔다네(爐中煖酒淺斟杯, 冷麵酸菹次第開)"라 회상한 바 있으니, 일반 가정부터 한양의 양반가까지도 겨울철 따끈한 술과 시원한 냉면이 널리 퍼졌음을 확인할 수 있다.

또 이유원(李裕元)의 『임하필기(林下筆記)』에 따르면 순조가 젊은 시절 장교들을 불러놓고 달구경을 하곤 하였는데, 하루는 한 장교에게 냉면이 먹고 싶다며 사오게 하였더니 냉면과 함께 돼지고기를 사 왔다. 냉면에 넣어 먹으려고 한 것이었다. 그러나 순조는 이를 사치라 하여 그 장교에게만 냉면을 나누어주지 않았다고 한다. 순조의 청빈을 칭송하기 위하여 적은 글이지만, 당시에는 냉면에 돼지고기를 곁들여 먹는 것이 유행이었던 모양이다.

오늘날 냉면과 가장 유사하면서도 가장 구체적으로 묘사된 시는 1898년에 오횡묵(吳宖默)의 작품을 들 수 있다.

134

누가 메밀국수를 교묘하게 잘게 뽑아내고	誰翻佛飥巧抽纖
후추와 잣, 소금, 매실 얹어 색색으로 꾸몄는가.	椒栢塩梅色色箋
큰 사발에 부어 넣자 펑퍼짐하게 오므라드는데	着入大椀盤縮緖
젓가락 둘 잡으니 굼틀굼틀 따라서 올라오네.	夾持雙箸動隨拈
맛을 보니 창자까지 그저 시원한 줄 알겠는데	試嘗便覺偏醒胃
오래 씹다 수염에 슬쩍 붙은들 무엇이 대수랴.	長啜何嫌薄汚髥
게다가 세밑에 차가운 등불 아래서	況玆歲暮寒燈夜
기이한 맛과 향기까지 더하니 얼마나 좋은가.	異味奇香一倍添

오횡묵, 「관아의 주방에서 냉면을 내어왔기에 자리에 함께한 사람들과 품평을 하다(冷麵

매화서옥 전기, 지본담채, 124x60.5cm, 간송미술관 소장

135

自官廚至與一座評品)」(『총쇄록』권6)

메밀국수는 불타(不托, 佛飥)라고도 불렸는데 이를 가지고 냉면을 만들었다. 소금과 매실 식초로 간을 하고, 후추와 잣을 띄워 멋을 부렸다. 규장각에 소장되어 있는 『부인필지(婦人必知)』에는 "동치밋국에 국수를 말고 무와 배와 유자를 얇게 저며 넣고 제육을 썰고 계란을 부쳐 채 처넣고 후추와 실백자(잣)를 넣으면 이름하여 냉면이라" 하였다. 이 책은 19세기에 서유본(徐有本)의 아내 빙허각(憑虛閣) 이씨(李氏)가 편찬한 『규합총서(閨閤叢書)』를 옮긴 것이니, 그 무렵의 냉면 제조법이 이러하였던 것이다.

매화 구경과
술

　　앞서 본 대로 김종수는 우정을 매개로 한 운치 있는 난로회를 여러
차례 가졌다. 김종수는 1751년 절친한 벗 이윤영(李胤永) 등 6명이 단양(丹陽)에
서 만나 한바탕 즐거운 시주(詩酒)의 모임을 가졌던 적이 있었다.
그 후 1759년 이윤영이 먼저 저세상으로 가버렸고 함께 놀던 벗들도 다 흩어져
오래 만나지 못하였다. 그러다가 1766년 11월 우연찮게 5인이 서울에서 다시 모이
게 되었다. 이윤영은 먼저 세상을 떴고 나머지 벗들도 머리가 희끗희끗해지기 시
작하였다. 젊은 시절의 풍류는 다시 누리기 어렵고, 만나면 다시 헤어져야 하는
세사에 마음이 울컥하였다. 그래서 한강이 내려다보이는 풍광이 아름다운 벗의
누각에서 사흘 동안 함께 머물렀고 마지막 날 헤어지기에 앞서 난로회를 열었다.

겨울이 벌써 반이나 지났는데 날씨는 마침 춥지 않았다. 비가 내리다가 눈이 내리다가
하다가 밤이 되자 다시 달이 떴다. 누각에 올라 강을 바라보고 지팡이를 끌면서 정원을
거닐었다. 화로에 둘러 앉아 고기를 구웠다. 상을 마주하고 함께 노래를 불렀다. 각기 하
고 싶은 대로 하였다. 감실 안에 있는 작은 매화는 올 때에 피지 않은 꽃봉우리가 별처럼
수북하더니 돌아갈 때가 되자 너덧 송이가 꽃을 피웠다. 사흘 동안 오직 예전에 마구잡
이로 한 이야기가 화제의 중심이었고 시는 한 구도 짓지 않았으니, 혹 참뜻을 손상할까
해서였다. (『몽어집』 권1)

일행은 헤어지기에 앞서 말을 세우고 각기 한 수의 시를 지었는데 그 시 제목의
일부가 이러하다. 김종수는 벗들과 옛 추억을 이야기하면서 노변정담(爐邊情談)
을 나누었다. 그 멋에 계절에 앞서 매화도 꽃망울을 터뜨렸다. 아름다운 난로회의
풍경이다. 앞서 본 김종수의 시도 이러한 분위기에서 지은 작품이기도 하다.
조선시대 난로회는 눈 속에 핀 매화를 구경하기 위한 모임이었다. 설중매(雪中梅)
를 즐기는 술자리를 매화음(梅花飮)이라 하였다. 당(唐) 두목(杜牧)이 「혼자 술
을 마시면서(獨酌)」에서 "창밖에 눈바람 몰아치는데, 화로 끼고 술동이 열어젖히
노라(窓外正風雪, 擁爐開酒缸)"라고 한 운치를 누리고자 한 것이다. 바깥에는 펑

평 눈이 내리는데 따뜻한 방안에서 활짝 핀 매화를 감상하면서 술 한 잔 한다는 것은 참으로 즐거운 일이었으리라.

그러나 매화음이 난로회를 겸하다 보니, 매화의 품위가 크게 손상되었다. 이인상은 술과 고기로 인하여 매화가 고생하는 상황을 이렇게 기록하고 있다.

근년 이래 매화가 성황을 이루어 부호(富豪)의 집에서 한 그루 기르지 않는 일이 없다. 겨울철이 될 때마다 손님과 벗들을 불러 모아 양 창자 같은 화로 위에 올려놓은 벙거지 같은 무쇠를 끼고 앉아, 화하음(花下飲)을 한다. 술과 고기 냄새가 잔뜩 배고 기름기가 진득하여 온 사방이 번들거린다. 매화가 마침내 일찍 피었는데 10월에 벌써 지더니 겨울에 꼭지가 맺히고 섣달에 새잎이 벌써 생겨났다.

— 이인상, 「박매화문(駁梅花文)」(『뇌상관고』 권5)

당시 매화 화분이 크게 인기를 끌었다. 『호산외기(壺山外記)』에 따르면 화가 김홍도(金弘道)는 자신의 그림을 30냥에 팔아 매화꽃이 핀 화분 하나를 구입하는 데 20냥을 썼다고 한다. 1냥이 지금 화폐로 5만원 정도라는 보고서가 있으니, 매화 화분이 얼마나 비쌌는지 짐작할 수 있다. 그래도 행세깨나 하려면 매화 화분이 필수적이었다. 화분의 매화가 꽃이 피도록 하기 위하여 화로를 벌겋게 하였고 그 김에 고기를 구워 먹느라 온 방이 연기로 매캐하고 기름이 번들거렸던 것이다. 가히 매화의 재앙이라 할 만하다.

그래서 운치 있는 문인들은 다른 방식을 고안하였다. 이인상과 이윤영 등은 매화를 감상할 때에 독특한 방법을 사용하였다. 그 방법은 「얼음 등불을 읊조려 석정연구시에 차운하다(賦氷燈次石鼎聯句詩韻)」(『단릉유고』 권10)의 서문에 자세하다.

지난 기사년 겨울 오경보(吳敬父, 瓚)가 매화가 피었다고 하기에 나와 원령(元靈, 이인상) 등 여러 사람들이 산천재(山天齋)로 가서 모였다. 매화 감실에 둥근 구멍을 뚫고 운모(雲母)로 막았더니 흰 꽃잎이 훤하여 마치 달빛 아래 보는 듯하였다. 그 곁에 문왕정(文王鼎)을 올려놓았는데 다른 석기(石器) 몇 종도 또한 청초하여 마음에 맞았다. 함께 문학과 역사에 대해 담론하였다. 한밤이 되자 경보(敬父)가 백자(白磁) 큰 사발 하나를

137

가져오더니 맑을 물을 담아 문밖에 내다놓았다. 한참 지나고 보니 얼음이 2할 정도 두께로 얼었다. 그 가운데 구멍을 내고 물을 부은 다음 사발을 덮고 대 위에 올려놓았더니, 흰하여 마치 은으로 만든 병 같았다. 구멍을 통하여 촛불을 넣고 불을 밝혔다. 불그스름 밝은 기운이 빛을 태어 통쾌하기가 이루 말로 할 수 없었다. 서로 돌아보고 웃었다. 술을 가져오게 하여 마시니 무척 즐거웠다.

1749년 백악 아래 계산동(桂山洞) 오찬(吳瓚)의 산천재(山天齋)에 이윤영, 이인상, 김상묵(金尙黙) 등이 모여 매화음을 즐긴 풍경이다. 매화 감실에 구멍을 내고 운모로 막은 다음 이를 통하여 그 안에 핀 매화를 본 것이다. 투명한 운모로 만든 작은 병풍을 둘렀기에 그 빛에 의하여 달빛 비친 매화처럼 보였다. 더욱 품위를 더하려고 당시 중국에서 유행하던 주공(周公)이 문왕(文王)을 위하여 만든 문왕정(文王鼎)을 본떠 만든 솥과 그밖에 다른 골동품도 함께 진열하였다. 이 자리에 함께 한 이인상의 시를 보면 오찬이 솥 모양의 술잔인 동작(銅爵)을 새로 주조하여 감상하였다고 하니, 이윤영이 이것을 문왕정이라 한 모양이다. 또 소라껍질로 만든 술잔에 술을 따라 마셨다고 한다. 다음은 이인상이 이 때 쓴 시이다.

138

오래된 그릇 마음에 맞게 만들고	古器稱心製
좋은 음식 장만하여 벗을 불렀네.	嘉餐賴友來
얼음 등불엔 촛불을 넣어 맑은데	氷燈淸耐燭
소라 껍질로 만든 술잔 예쁘장하네.	螺甲巧成杯
술 취한 창자는 정말 강철로 만들었나	醉肚眞成鐵
헛된 명성은 정말 재처럼 허무한 법.	浮名極似灰
별과 은하수 찬란한 이 밤	峥嵘星漢夜
고요히 찬 매화를 바라보노라.	寥落看寒梅

이인상, 「오경부의 산천재에서 새로 주조한 동작(銅爵)을 구경하고, 얼음 등불을 걸고 매화를 구경하였다. 소라껍질을 가져다가 술을 마셨다. 진사(進士) 김백우(金伯愚, 尙黙)도 술통을 들고 왔다(吳敬父山天齋, 觀新鑄銅爵, 懸氷燈賞梅, 取螺甲飮酒, 金進士伯愚尙黙, 亦攜壺榼而來)」(『능호집』 권1)

설송도 능호관 이인상, 지본담채, 117.4×52.7cm,
간송미술관 소장.

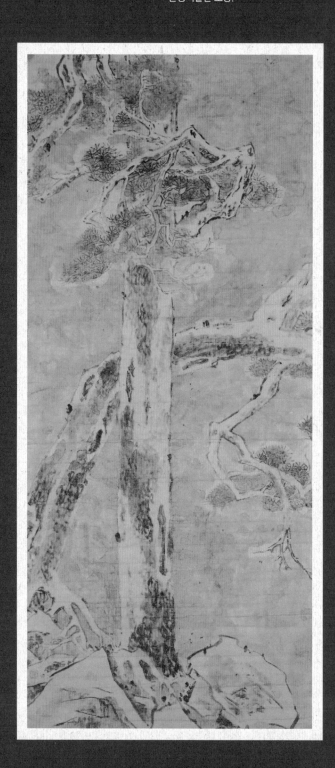

조선 후기 문인들의 골동 취향이 매화 감상과 어우러지면서 이러한 풍경을 만들어낸 것이다. 이보다 앞서 1744년 이인상은 오찬의 계산동 집에서 그 조카 오재순(吳載純), 오재유(吳載維)와 함께 독서를 하였는데 이윤영, 김순택(金純澤) 등도 자리를 함께 하였다. 이들은 경서(經書)를 읽는 여가에 매화와 대나무, 파초를 완상하였다. "매화 감실과 대나무와 바위를 옮겨 자리 귀퉁이에 놓아두고 화분의 파초로 짝을 맞추었다. 방이 매우 따뜻하여 파초는 잎이 싱싱하게 푸르러 시들지 않았다. 어항에는 무늬가 있는 붕어를 여섯 마리 길렀는데 팔팔해서 즐길만하였다. 향을 피우는 솥과 별 무늬를 새긴 칼, 우아한 문방구 등을 다 갖추어 두고 때때로 평가를 하고 즐기면서 시간을 보내었다."라는 기록을 함께 본다면, 이인상 등의 운치 있는 매화음을 상상할 수 있을 것이다. 이래야 운치 있는 선비의 술자리라 할 것이다.

이종묵, 「조선 선비의 꽃구경과 운치 있는 시회」, 『한국한시연구』 20집, 2012.

이종묵, 『한시마중』, 태학사, 2012.

* 이 글은 위의 논문과 책에 실린 내용의 일부를 개고한 것임을 밝혀둔다.

조선 백성의 밥상

3부 미식가 열전

1 고려의 애주가

이규보

김지영 ─ 한국학중앙연구원

고려시대의 정치 관련 자료에서는 일상음식에 대한 내용을 발견하기가 매우 어렵다. 그러나 다행히 문인들의 시나 문학 작품에서는 오히려 일상생활에 관한 내용이 적지 않다. 여기에 주목한다면 수백 년 전의 고려시대의 식생활이 어떠했는지, 한식의 오래 전 모습은 어떤 풍경이었는지 편린을 엿볼 수 있다.

이규보는 고려시대의 문인들 중에서도 특히 많은 문학작품을 남겼다. 곡절이 많은 그의 삶이나 그가 살았던 시대의 역정은 오히려 뛰어난 문학가에게 풍부한 성찰의 계기를 만들어주었는지도 모른다. 그는 일생토록 문학뿐만 아니라 술 또한 곁에 두고 살았다.

그러기에 우리는 적어도 고려시대에 어떤 술이 존재했는지, 어떤 술이 명주였고, 어떤 술이 흔했는지도 알 수 있다. 이 글에서는 특히 술을 좋아했던 이규보의 문학 작품을 통해 후대인 조선시대까지 큰 영향을 미친 고려시대의 술문화에 대해서 조사해 보았다.

삼혹호선생이 즐긴
술과 안주

이규보는 '백운거사(白雲居士)'라는 호로 익히 알려져 있다. 이는 '흰 구름 속에 사는 은자(隱者)'라는 뜻으로 그가 개경의 천마산에 은거한 이후 사용했던 호칭이다. 그 이전에는 '삼혹호선생(三酷好先生)'이라고 스스로 호를 정했다. '삼혹호'는 세 가지의 것을 특히 좋아한다는 의미를 담고 있는데, 여기서 세 가지가 가리키는 것은 시(詩)와 거문고[琴], 그리고 술[酒]이다.

삼혹호선생 이규보의 술 사랑은『동국이상국집』에서 단연 돋보이는 소재이다. '맛 좋은 술은 신부와 같아, 마주하고 있으면 피곤한 줄도 모른다(美酒如新婦, 相對 不知疲)'(전집 권11, 〈통수좌를 찾아가 취하도록 마시고 붓 가는 대로 쓰다〉)는 말이 대변하듯, 그는 여러 시에서 거듭 술에 대한 애정을 드러냈다. 그의 술 사랑과 관련하여 재미있는 시가 전한다.

네 나이 어린데 벌써 술을 마시니	汝今乳齒已傾觴
조만간 장이 상할까봐 두렵구나.	心恐年來必腐腸
늘 취해 쓰러지는 아비를 배우지 마라.	莫學乃翁長醉倒
일평생 남들이 미치광이라 했단다.	一生人道太顚狂
일생 몸 망친 것이 다 술 때문인데	一生誤身全是酒
너마저 마시기 좋아함은 또 어째서냐?	汝今好飮又何哉
삼백이라 이름한 것 이제야 뉘우치나니	命名三百吾方悔
매일 삼백 잔씩 마실까 걱정이구나.	恐爾日傾三百杯

- 전집 권5, 〈아들 삼백이 술을 마시다(兒三百飮酒)〉

어린 아들이 술 마시는 것을 걱정한 시다. 이규보는 술로 인해 아들의 몸이 상하진 않을까, 늘 술에 취해 있어 남들에게 미치광이라고 불렸던 자신의 전철을 밟지는 않을까 두려워했다. 게다가 아들의 이름은 '삼백(三百)'이다. 아들이 그 이름대로 매일 삼백 잔씩 술 마시게 되는 건 아닐까 하며 아들의 이름을 삼백이라 한 일을 후회했다.

표1 『동국이상국집』에 등장하는 술의 종류

술 이름	출처
아황(鵝黃)	전집 권2, 술병을 얻어 일어나지 못하는 벗에게 장난삼아 지어 주다[戱友人病酒未起]
	전집 권8, 다시 윤공(尹公)에게 지어주다[又贈尹公]
계주(桂酒)	전집 권6, 19일 미륵원(彌勒院)에서 잤는데, 본래 면식이 없던 스님이 주찬(酒饌)을 베풀고 위로하므로 시를 주어 사례하다[十九日宿彌勒院, 有僧素所未識, 置酒饌慰訊, 以詩謝之]
친일주(丁口酒)	전집 권7, 앞의 운을 따르다[同前]
	전집 권10, 동방급제(同榜及第)한 노씨(盧氏)가 술을 가지고 찾아의 지은 시에 차운하다[次韻盧同午携酒見訪有詩]
	전집 권15, 금주(衿州)에 퇴거(退去)하는 강씨(姜氏) 어르신이 술을 보내왔기에 사례하다[謝衿州退老姜大丈惠酒]
약하춘(若下春)	전집 권9, 귤잔(橘盞)
상록(湘淥)	전집 권11, 진군(陳君)이 다시 화답하기에 또 차운하여 주다[陳君復和, 又次韻贈之] 전집 권32, 정월 초하루에 보낸 하장(賀狀)[正旦賀狀] 제1수
초상(椒觴)	전집 권17, 사문(私門)의 춘첩자(春帖子)[私門春帖子]
	전집 권32, 앞의 운을 따라 동계병마사(東界兵馬使)에게 주다[同前東界兵馬使]
	전집 권32, 정월 초하루에 보낸 하장(賀狀)[正旦賀狀] 제1수
초화(椒花)	후집 권5, 학사(學士) 이백전(李百全)이 정공(丁公)의 시운을 쓴 것에 차운(次韻)하고, 또 동지력(冬至曆)과 감자(柑子) 보내준 것에 사례하다[次韻李學士用丁公韻, 亦謝冬至曆柑子]
초화주(椒花酒)	후집 권8, 바로 붓을 들어 하 낭중(河郎中)의 화답시에 차운하다[走筆次韻河郎中見和]
황국주(黃菊酒)	전집 권16, 9일(九日)
두강주(杜康酒)	후집 권1, 사직하려는 마음이 일어 짓다[有乞退心有作]
인면주(人面酒)	후집 권2, 기주(起注) 박문수(朴文秀)와 시랑(侍郎) 이수(李需)가 영백시(詠白詩)에 화답한 것에 차운하다[次韻朴起注李侍郎和詠白詩]
죽엽(竹葉)	후집 권2, 시랑(侍郎) 이수(李需)가 또 이전의 시운을 가지고 황(黃)·홍(紅)·청(靑) 세 가지 색을 읊어 보내온 시에 차운하다. 모두 방운(旁韻)으로 압운(押韻)했다[次韻李侍郎又以前韻詠黃紅靑三色見寄, 皆押旁韻]
백주(白酒)	전집 권6, 배에서 또 읊다[舟中又吟]
	전집 권25, 몽험기(夢驗記)
	후집 권3, 백주시(白酒詩)
송료(松醪)	전집 권9, 이튿날 떠날 때에 과객(過客)이 남긴 시에 차운해서 주다[明日臨行, 用過客所留詩贈之]
료(醪)	전집 권15, 황보 서기(皇甫書記)가 수량사유제(壽量寺留題) 시에 화운했기에 다시 이전의 시운을 가지고 짓다[皇甫書記見和壽量寺留題, 復用前韻]
	후집 권3, 술 거르는 것을 보고 백낙천(白樂天)의 시운을 써서 짓다[看汁酒, 用樂天韻]

박주(薄酒)	전집 권6, 9월 15일 상주(尙州)를 떠나며 짓다[九月十五日, 發尙州]
	전집 권16, 입궐(入闕)하여 시연(侍宴)하다[入闕侍宴]
예주(醴酒)	전집 권17, 주서(注書) 이지(李)가 임원(林園)에서 술 마시자고 청하다[李注書邀飮林園]
청주(淸酒)	후집 권1, 국령(國令)을 내려 농민들에게 청주(淸酒)와 쌀밥 먹는 것을 금하였다는 소식을 듣고 짓다[聞國令禁農餉淸酒白飯]
국(麴), 차(醝), 혹(酷), 포(醽), 역(醳), 현(賢), 익(酨), 두(酘), 앙( ), 임(醂), 추( ), 만(醹), 엄( )	전집 권20, 국선생전(麴先生傳)

'삼백'이라는 이름은 이백(李白)이 「술을 권하며(將進酒)」에서 '한 번 마시면 마땅히 삼백 잔은 마셔야 하지 않겠나(會須一飮三百盃)'라고 한 말을 떠올리게 한다. 위 시의 마지막 두 구도 바로 이 시구를 두고 한 말이다. 술을 좋아하여 항상 이백에 비견되었던 미치광이[太顚狂] 이규보인지라 '삼백'이라는 아들의 이름이 더욱 그럴듯하게 느껴진다. 제5구에서 일생에 자신의 몸을 망친 것이 곧 술이라고 볼멘소리를 하였으나, 오히려 이 말은 그의 지독한 술 사랑을 입증한다.

그렇다면 그는 어떤 술과 안주를 즐겼을까? 보통명사인 '주(酒)'자만 사용한 경우를 제외하고 『동국이상국집』에 보이는 술 관련 기록 전부를 정리하면 [표 1]과 같다.

[표 1]에는 아황주(鵝黃酒)·상록주(湘淥酒)·초주(椒酒)·천일주(千日酒)·약하춘(若下春)·계주(桂酒)·두강주(杜康酒)·인면주(人面酒)와 같은 여러 종류의 술 명칭이 보인다.

아황주는 술의 빛깔이 거위 새끼 빛의 담황색(淡黃色)을 띤다고 하여 이름 붙인 술로 조선시대에는 궁중에서 음용되기도 했다. 이규보가 은거할 때 자주 마셨던 것으로 보아 당시 민간에서도 널리 음용되었음을 알 수 있다.

초주는 산초(山椒)를 넣어 빚은 술로, '초상(椒觴)', '초화(椒花)', '초화주(椒花酒)'라는 표현은 모두 이 술을 가리킨다. 여기에는 정월 초하루에 초주를 올려 축수(祝壽)한 일이 기록되어 있다. 동시대 문인 이곡(李穀, 1298~1351)이 지은 시에도 '올 새해엔 상서로운 기운이 많으니, 초주(椒酒)와 함께 민요도 올리고자 하네(便是新年多瑞氣, 願隨椒酒進民謠)'(『가정집』권17, 「정월 초하루의 눈」)라고 하여, 정월 초하루에 임금이나 웃어른께 장수하시라는 뜻으로 초주를 올려 하례하는 풍속이 있었음을 알 수 있다. 홍석모(洪錫謨, 1781~1850)의 『동국세시기(東國歲時記)』에는 설날에 조상께 제사지내며 초백주(椒栢酒)를 마시던 것이 세주(歲酒)의 시초라고 하였으니, 정월 초하루에 초주를 마시는 풍습이 조선시대까지도 이어졌음을 볼 수 있다. 이와 마찬가지로 중구일(重九日)에 황국주(黃菊酒)를 마시는 일도 절기 풍속으로 지속되었다.

이 시기에는 청주(淸酒)와 탁주(濁酒), 예주(醴酒)가 있었다. '백주(白酒)', '료(醪)', '박주(薄酒)'라고 표현한 것이 탁주를 가리킨다. 탁주는 술의 색깔이 뿌옇기 때문에 '백주'라고도 했으며, 술기운이 박하다고 해서 '박주'라고도 했다. '료'는 술지게미를 가리키는 말로, 흐린 색의 술로 술지게미에 물을 부은 것을 '탁료(濁醪)'라고 했다. '송료(松醪)'는 솔을 넣고 빚은 탁주를 가리킨다.

한편, 표에 기록된 것 외에 두주(杜酒)나 가온(家醞)이라는 표현도 보이는데(전집 권6의 「9월 13일 여사(旅舍)에 손을 모아 놓고 여러 선배에게 보이다」, 전집 권15의 「황보 서기가 수량사의 유제에 화운하였으므로 다시 전운으로 짓다」), 이는 집에서 빚은 술이라는 뜻으로 변변치 않다는 의미를 내포한다. 보통 이규보가 가난할 때 박주를 마셨다고 한 것으로 보아, 당시 일반 백성들이 일상적으로 빚어 마신 술은 탁주였던 것으로 보인다. 따라서 '두주'나 '가온' 역시 탁주를 가리켰을 것이다. 아래 「백주시(白酒詩)」의 일부를 소개한다.

내 예전 벼슬 없이 떠돌던 때는	我昔浪遊時
마시는 것 오로지 막걸리뿐이라서	所飮惟賢耳
어쩌다 맑은 술을 만나면	時或値聖者
수이 취하지 않을 수 없었는데	無奈易昏醉
높은 벼슬자리에 올라서는	及涉地位高
막걸리 마시려도 있을 리 없었지.	飮濁無是理
이제 물러난 늙은이가 되고 보니	今者作退翁
녹봉 적어 먹을 것 자주 떨어지네.	俸少家屢匱
좋은 술 계속 있지 않아	綠醹斷復連
막걸리를 먹는 일 또 잦구나.	篘飮亦多矣
체하여 가슴이 막히는 듯하니	滯在胃隔間
독우가 나쁘단 말 이제 알겠네.	始覺督郵鄙

- 후집 권3, 〈백주시(白酒詩)〉 제1~12구

이 시에서는 벼슬에 오르기 전엔 청주(淸酒)를 보기가 어려웠고, 높은 자리에 올라서는 오히려 탁주(濁酒)를 마시기 어려웠다고 말하였다. 고관귀족과 일반 백성들이 즐겨 마셨던 술이 청주와 탁주로 거의 양분화되어 있었음을 확인할 수 있다. 2·3구에서 청주와 탁주를 각각 성(聖)·현(賢)에 비유하거나, 12구에서 탁주를 '독우(督郵)'라 지칭한 것도 위(魏)나라 서막(徐邈)의 고사, 진(晉)나라 환공(桓公) 때의 고사를 인용한 것으로, 청주와 탁주를 좋은 술과 나쁜 술로 분명히 구분했음을 보여준다. 탁주는 쌀로 빚은 청주를 걸러낸 뒤 남은 술지게미에 물을 부어서 만들 수도 있고, 청주를 걸러내지 않은 채 만들 수도 있다. 당시 청주는 일반 서민들이 가양주(家釀酒)로 먹기 어려웠던 고급술이었으므로, 주로 술지게미를 얻거나 잡곡을 사용해서 탁주를 만들어 마셨던 것으로 보인다.

『동국이상국집』에는 위와 같이 청주나 탁주에 대한 언급이 있지만, 증류주인 소주(燒酒)를 마셨다는 기록은 보이지 않는다. 소주는 충렬왕(忠烈王) 때 몽고군에 의해 우리나라에 전래되었다. 이규보 때에는 소주가 아직 전래되기 이전이라서 이에 대한 기록이 보이지 않는 것이다. 그보다 조금 후대 문인인 이색(李穡, 1328~ 1396)의 『목은시고(牧隱詩藁)』에는 소주를 마신 기록이 보인다.(『목은시고』권 33, 「서린의 조판사가 아라길을 가지고 왔는데, 그 이름을 천길이라 하였다」) 그의 시에서는 소주를 '소주'라 적지 않고 '아라길(阿剌吉)', '천길(天吉)'이라 하였다. '아라길(阿剌吉)'이라는 명칭은 알코올을 가리키는 아랍어인 '아라그(Arag)'를 한역(漢譯)한 것이다. 또, 『고려사(高麗史)』 우왕(禑王) 원년(1375년)의 기록에 따르면, 사람들이 검소할 줄 모르고 소주 등에 재산을 탕진하여서 이를 일절 금했다고 한다. 소주는 전래된 뒤에 재산을 탕진하는 데 이를 정도로 많은 이들의 사랑을 받았던 듯하다. 한 해 뒤인 『동사강목(東史綱目)』의 1376년 기록에 따르면, 당시 경상도 원수 김진(金鎭)은 소주에 탐닉하여 휘하의 사람들과 밤낮으로 술을 마셨기에 군중들이 이들을 '소주도(燒酒徒)'라고 불렀다고 한다. 소주의 파급 효과가 이와 같이 컸음을 볼 때, 만약 이규보 생전에 소주가 전래되었다면 애주가 이규보가 이 소주도의 주인공이 되었을지도 모를 일이다.

이규보가 술과 함께 곁들인 안주로는 소채(蔬菜)와 어회(魚膾) 등이 보인다. 전집 권14의 「어부를 보고 지은 시 네 수[漁父四首]」에서는 '술 있다면야 안주 걱정 무에 하리, 여울가 물고기 회쳐오면 된다네(自言有酒何憂佐, 灘下群魚作膾來)'라고 하였고, 전집 권15의 「7월 25일 선법사 주지가 전별연을 열어 나를 초대하고 시를 청하다」에서는 '채마밭의 소채와 들나물도 술에 곁들일 만하네(園蔬野菜酒堪佐)'라고 하였다. 생선회나 채소는 서민들이 일상적으로 먹을 수 있었던 소소한 안주거리이다. 특히 이규보는 후집 권4의 「집 채마밭에서 지은 시 여섯 수[家圃六詠]」에서 볼 수 있듯 직접 채마밭을 일구어 밭 채소를 안주 삼는 등 주변에서 쉽게 얻을 수 있는 식재료를 술안주로 즐겼다. 그러나 그가 가장 좋은 술안주로 꼽았던 것은 게[蟹]였다.

달고 살진 게를 하얗게 쪼개놓으니	糖蟹螯肥堪斫雪
다행히 왼손이 성하여 집을 수 있네.	左手幸完猶可持
술에 취해 잠들면 아픈 줄도 모르니	被酒酣眠不覺痛
진정 나의 의원은 뜸도 침도 아니로다.	非灸非砭眞我醫

항상 글을 쓰는 터라 손에 병이 났는데, 게를 안주삼아 술을 마시고 취해 잠들어 손의 아픔을 잊는다고 하였다. 이규보에게 있어 아픔을 덜어주는 것은 뜸도 침도 아닌 게를 놓은 술상이었다. 삼혹호선생이란 호칭에 어울리는 표현이다. 또 다른 시에서는 '게는 금액이고 술은 봉래주니, 무엇하러 약 먹고 신선을 구하리오?(蟹 卽金液糟蓬萊, 何必服藥求仙哉)'(전집 권7, 〈찐 게를 먹으며〉)라고 하여 찐 게와 술을 신선들이 먹는다는 단약과 음료에 비유하기도 했다.

게를 술안주로 즐긴 일은 '오른손으로 술잔 잡고 왼손으로 게를 쥐고서 술 배에서 마시고 놀면 일생에 만족할 것'이라고 말했던 진(晉)나라 필탁(畢卓)의 고사에서 비롯된다. 고려와 조선의 문인들도 술과 함께 찐 게 먹는 것을 즐겼다. 필탁에게서 비롯한 '술잔에 게 다리 안주'가 고려와 조선의 문인들에게는 강호를 호탕하게 노니는 풍류로 인식되었기 때문이다. 문인들은 게를 안주 삼아 술 마신 일을 특별히 노래하거나(『사가집』권5, 「어떤 사람이 술과 게를 보내준 것을 기뻐하다」) 게 그림을 보면서 새로 막 걸러낸 술과 함께 먹는 게살의 풍미를 상상하여 시를 짓기도 했다.(『퇴계집』별집 권1, 「蝤蛑詩」)

그러나 당시 게 안주를 쉽게 먹을 수 있었던 것은 아닌 듯하다. 게는 제철이 정해져 있을뿐더러 대게의 경우 생산되는 지역도 한정적이기 때문이다. 서거정이 아는 사람이 게를 보내준 것에 크게 기뻐하며 시를 지었던 것은 이러한 상황을 반증한다.

또, 이규보는 전집 권6의 「작은 배를 띄우다[泛小船]」에서 특별히 '단제해(團臍 蟹)'를 언급했다. 이것은 음력 8월 벼가 익어갈 즈음에 잡히는 암게를 가리킨다. 이 시기의 암게는 알을 배고 살이 통통한데, 조선시대에도 술상에서 특히 사랑받았던 안주로 알려져 있다.

술과 주기(酒器)의
문학적 형상화

　　문학적 발상이나 자유로운 상상력을 활용하여 작가가 객관적 사물을 자신의 주관에 맞게 변형시키는 것을 문학적 변용이라 한다. 이는 해당 사물에 대한 관심과 깊이 있는 이해를 바탕으로 한다. 애주가였던 이규보는 술을 문학적 변용의 대상으로 삼아 의인화하여 그 일대기를 그렸다. 이른바 국선생(麴先生)의 전기(傳記),「국선생전(麴先生傳)」이다.

국성(麴聖)은 자가 중지(中之)로, 주천(酒泉) 고을 사람이다. 어렸을 때 서막(徐邈)에게 사랑받아, 서막이 이름과 자를 지어 주었다. 조상은 본래 온(溫) 땅 사람으로 항상 농사에 힘써 자급(自給)하였는데, 정(鄭)나라가 주(周)나라를 칠 때에 잡혀와 귀의해서 그 자손이 혹 정 나라에 퍼져 있기도 하다. 증조(曾祖)는 역사에 그 이름이 빠졌고, 조부 모(牟)가 주천(酒泉)으로 이사하여 거기서 눌러 살아 드디어 주천 고을 사람이 되었다. 아비 차(醝)에 이르러 비로소 벼슬하여 평원독우(平原督郵)가 되었고, 사농경(司農卿) 곡씨(穀氏)의 딸과 결혼하여 성(聖)을 낳았다.

주인공의 이름은 국성(麴聖)이다. 국(麴)은 누룩으로 이 인물이 술을 의인화한 것임을 의미하며, 성(聖)은 청주(淸酒)를 가리킨다. 국성, 즉 청주의 관향(貫鄕)으로 기록한 주천(酒泉)은 춘추전국 시대 주(周)나라에 있던 지명으로, 이곳의 물로 술을 빚으면 술맛이 좋았다고 한다. 국성을 사랑하여 그 이름과 자를 지어주었다는 서막(徐邈)은 삼국시대 위(魏)나라 사람으로 지독한 애주가여서 금주령이 내렸을 때도 술을 마셨다는 인물이다. 또, 국성의 조상은 온(溫) 땅 사람이라고 하였는데, 이는 따뜻한 곳에서 누룩이 잘 발효됨을 의미한다. 국성의 부친인 차(醝)는 백주(白酒)를, 모친인 곡씨(穀氏)는 곡식을 의미한다. 이는 청주를 만드는 과정을 살펴보면 이해할 수 있다. 청주는 백주(白酒)에 용수를 박아 맑게 걸러낸 술이고, 무엇보다 술의 바탕은 곡식이기 때문이다.
국성의 성격이나 그의 관직 또한 술의 특성이나 술이 필요한 자리를 가지고 효과적으로 묘사했다.

국성은 어려서부터 이미 깊은 국량이 있었다. 손님이 그의 아버지를 보러 왔다가 국성을 보고 사랑스럽게 여겨 말하기를, "이 아이의 심기(心器)가 넘실거림이 마치 만경(萬頃)의 물결과 같아 맑게 하려해도 맑아지지 않고, 뒤흔들어도 흐려지지 않으니, 그대와 함께 이야기함이 성(聖)과 즐김만 못하구려."라고 하였다. …… (임금이 국성을) 곧 주객낭중(主客郎中)에 임명하고, 이윽고 국자좨주(國子祭酒)로 옮겨 예의사(禮儀使)를 겸하게 하니, 무릇 조회(朝會)의 연향(宴饗)과 종묘(宗廟)의 모든 제사에서 술을 올리는 예(禮)를 맡아 임금의 뜻에 맞지 않음이 없었다.

국성의 심기(心器)가 넘실거려 만경의 물과 같다는 말은 술이 동이에 차서 찰랑이는 모습을 형용한 것이다. 그의 관직 '주객낭중(主客郎中)'은 손님을 접대하는 직책이다. 또, 좨주(祭酒)는 잔치를 베풀 때 나이 많은 어른이 먼저 술을 땅에 따라서 신에게 제사 지낸 데서 나온 말로, 후에 벼슬의 명칭으로도 쓰였다. 손님을 대접할 때는 술을 내놓아야 하고, 좨주 역시 술로 제사 지내는 일을 가리킨다는 사실을 볼 때 입전 대상에 딱 들어맞는 표현이다.

아들 혹(酷)·포(醶)·역(醳)이 아비의 총애를 믿고 자못 방자하였다. …… (국성의) 아우 현(賢)은 벼슬이 이천석(二千石)에 이르렀고, 그 아들 익(酕)·두(酘)·앙(醠)·임(醂)은 도화즙(桃花汁)을 마셔 신선술(神仙術)을 배웠다. 족자(族子) 추(醜)·만(醶)·엄(釅)은 모두 평씨(萍氏)에 입적(入籍)하였다고 한다.

청주 걸러 뜨는 모습

국성의 후손에 대한 묘사도 눈여겨볼 만하다. 국성의 아들은 혹(酷)·포(醭)·역(醳)인데, 이는 각각 독한 술, 진한 술, 쓴 술을 가리키는 말이다. 〈국선생전〉에서는 이들이 아비의 총애를 믿어 방자했다고 그 성격을 묘사했으니, 술의 맛을 사람의 성격과 연결시켜 나타낸 것이다.

국성의 아우는 '현(賢)'으로 곧, 탁주를 가리킨다. 쌀로 빚은 청주를 걸러낸 다음에 남은 술지게미에 물을 부어서 만든 술이 바로 탁주임을 생각할 때, 적실한 표현이라 하겠다. 위에서 국성의 아버지로 언급한 차(醝)와 비교한다면, 용수를 박아 청주를 걸러내기 전 상태의 흰 술을 백주로, 청주를 걸러낸 다음 남은 술지게미에 물을 부어서 만든 술을 탁주로 나누어 볼 수 있을 듯하다.

또, 현의 아들은 익(酏)·두(酘)·앙(醠)·임(醂)이라 하였는데, 익은 색주(色酒), 두는 중양주(重釀酒), 앙은 순탁주(純濁酒), 임은 과주(果酒)를 가리킨다. 족자(族子)로 언급된 '만(醨)'과 '엄(醃)'은 술이 오래되어 낀 곰팡이나 초가 다 된 신 술을 의미한다. 술이 오래 묵은 상태를 한 가문의 세대가 오래도록 이어져 내려간 상황과 절묘하게 결합시켰다.

이들이 입적한 가문은 평씨(萍氏)로 나온다. 고대 중국의 삼황오제(三皇五帝) 시절에 술에 관련된 직책인 기주(幾酒)를 맡은 것이 평씨(萍氏)였다. 부평초[萍]에 술기운을 제어하는 성질이 있다고 알려져 있었기 때문이다.

「국선생전」은 임춘(林椿)의 「국순전(麴醇傳)」에서 영향을 받아 지은 글이다. 글의 전체적인 얼개와 내용의 부분 부분을 「국순전」에서 가져왔다. 그러나 「국순전」에서는 국순이 전횡을 일삼고 돈을 축재한 부정적 인물로 다루어진 반면, 「국선생전」의 국성은 세 아들의 방종으로 인해 탄핵당하여 서인(庶人)이 되었다가 도둑떼가 창궐하자 다시 등용되어 충성을 다해 나라를 안정시킨 긍정적 인물로 다루어졌다. 이는 술을 애호했던 이규보 개인의 기호에 따른 것으로 보인다.

이외 음식명이 직접적으로 언급된 것은 아니지만 술 마실 때 필요한 기물을 노래한 글도 몇 편 보인다. 「질그릇으로 된 술항아리를 노래함[陶甖賦]」(전집 권1), 「술동이에 새긴 글[樽銘]」, 「칠을 하여 만든 술병에 새긴 글[漆壺銘]」 등이다. 아래는 술동이에 새긴 글이다.

네게 넣어둔 것을 옮겨다   移爾所蓄

155

사람의 뱃속에 넣는구나.	納人之腹
너는 가득차면 덜어내서 넘치지 않는데	汝盈而能損故不溢
사람은 가득차도 살필 줄 몰라 수이 넘어진다.	人滿而不省故易仆

- 전집 권19, 〈술동이에 새긴 글[樽銘]〉

이 시에서는 술로 가득 찼던 술동이가 비워지는 것을 보며, 욕심으로 가득 찼는
데도 이를 비우고 반성할 줄 몰라 쉽게 넘어지고 마는 인간들의 작태를 탄식했
다. 이규보는 이와 같은 글귀를 술동이에 새기고 술을 마실 때마다 자신의 사욕
(私慾)도 함께 비우고자 마음먹었을 것이다. 이 글에서는 술동이를 '너[爾, 汝]'라
고 친근하게 부르고 있다. 한낱 사물임에도 이를 아껴 친근히 대하고, 자신이 가
지고 있는 주기(酒器)에 글을 지어 새겨 넣은 모습에서 애주가로서의 면모가 드
러난다. 술병에는 아래와 같은 글을 새겼다.

박을 가지고 술병 만들어	自瓠就壺
술 담는 데 사용하네.	貯酒是資
목이 길고 배가 커서	頸長腹枵
목 막히지도 소리 크지도 않지.	不咽不歌
내 특히 보배로 여겨	我故寶之
옻칠하여 광채 나게 했노라.	漆以光之
술통이나 술독	惟樽惟罍
술단지나 술항아리는	曰甒曰甀
가까이 있을 땐	其在于邇
내 마음대로 쓰지만	惟我所麾
멀리 나가게 되면	其適于遠
너무 커서 가져 갈 수 없네.	偃蹇莫隨
어여쁘구나, 이 병은	憐哉是壺
내게서 감히 떠나지 않누나.	不我敢離
남쪽으로 만 리 길 갔을 땐	南行萬里

길도 험하였는데,	道路欽崎
앞에 시원한 샘물도 없고	前無冷泉
뒤로 맑은 연못도 없었지.	後絶淸池
오로지 네가 저장한 것으로	獨爾所貯
내 입술을 적셨노라.	我吻是滋
뒤 수레에 실으니	載於後乘
술 담는 자루 무에 필요하랴?	何必鴟夷
너의 공을 갚으려니	報汝之功
어찌해야 좋을지 몰라	未識何宜
호공(壺公)에 책봉(冊封)하여	冊爲壺公
주관(酒官)을 맡기노라.	酒官是司

– 전집 권19, 〈옻칠한 술병에 새긴 글[漆壺銘]〉

이규보는 직접 바가지로 술병을 만들고, 옻칠까지 하여 광채가 나게 했다. 큰 술
독이나 술단지 같이 무거운 것은 들고 다니기가 어려웠기에 가볍게 휴대하기 좋
도록 만든 것이다. 위의 글에서는 술병이 감히 자신의 몸에서 떠날 생각을 하지
않는다고 했지만, 반대로 그 자신이 술과 항상 함께 하고 싶어 손수 만든 기물이
었다. 그는 이전에 남쪽으로 먼 길을 다녀올 때 술병 덕분에 목을 축일 수 있었다
며 그 공을 치하하고, 술병을 '호공(壺公)'이라 높여 불렀다. 마지막 두 구는 자신
의 애호를 문학적인 상상력으로 표출한 결과이다. 기물을 공(公)으로 책봉하고
관직을 맡기겠다는 작자의 생각이 흥미롭다.

『동국이상국집』에 등장하는 음식 관련 기록의 가치

　　술을 매우 즐겨서 자신이 지나치게 좋아하는 세 가지 중 하나로 술을 꼽았던 '삼혹호선생' 이규보, 그의 『동국이상국집』에는 호칭에 걸맞게 술과 관련된 여러 기록들이 보인다. 이들 기록을 바탕으로 당시 민가에서 일상적으로 마셨던 술은 탁주이고, 고관귀족들은 청주를 즐겼음을 알 수 있다. 또, 가장 좋은 술안주로 꼽았던 음식이 무엇인지, 민간에서는 어떤 음식을 안주로 즐겨 먹었는지 살펴볼 수 있다. 게는 당시 귀하게 여긴 상등(上等)의 술안주였고, 일상적으로는 쉽게 얻을 수 있는 밭의 채소나 생선회 등이 술상에 오른 것이 보인다. 또, 초주, 황국주 등을 절기주로 마신 풍속이 이때에도 있었음을 확인할 수 있다. 이들 기록은 술의 향유가 그 종류에 따라, 시대에 따라, 그리고 향유하는 이의 사회적 위치에 따라 어떻게 계속되고 변화되었는지 또, 어떤 차이를 보이는지 가늠할 수 있게 한다.

이규보는 당대의 주요 정치가이면서 조선 문단에까지 영향을 끼친 뛰어난 문인이기도 했다. 그는 「국선생전」, 「준명」, 「칠호명」 등을 통해 술에 대한 애호를 문학적으로 형상화했다. 특히 〈국선생전〉은 술을 만드는 바탕으로부터, 술의 성질과 특징, 술이 삭고 술기운이 사그라지기까지 양주(釀酒)와 음주(飮酒)의 총체적인 과정을 담고 있다. 여기에 술과 관련된 여러 인물고사들을 두루 섭렵하여 적재적소에 사용하였다. 이규보가 지녔던 술에 대한 이해와 관심도가 집약된 작품이라 하겠다. 이러한 작품은 문학작품으로서도 그 가치가 크지만 술에 대한 당시인의 전반적인 인식과 태도를 보여준다는 점에서 음식 관련 기록으로서도 의미가 있다.

이규보는 일찍 과거에 급제했으나 대신들의 반대로 관직을 얻지 못해 젊었을 때는 천마산에 은거하며 평범한 서민으로서의 삶을 살았고, 최충헌(崔忠獻)의 눈에 든 뒤로는 승승장구하여 재상의 자리에 오름으로써 고관대작으로서의 삶을 살기도 했다. 『동국이상국집』의 시문에는 이 두 시기의 생활이 모두 반영되어 있어, 당대인의 생활상을 두루 살펴볼 수 있다는 데 충분한 연구 가치가 있다. 무엇보다 『동국이상국집』에 실려 있는 음식 관련 기록은 본고에서 언급한 술에만 국한되는 것이 아니다. 본고에서는 지면상 술과 관련된 음식과 식재료에 한정하여 살폈지만, 이외에도 여러 음식과 다양한 식재료가 기록되어 있다. 이는 조선시대 문집에 기록된 이들 음식과 식재료에 대한 통시적 정보를 얻는 데 있어 기초자료로 활용할 수 있을 것이다.

참 고 문 헌

『삼국지(三國志)』

『세설신어(世說新語)』

『진서(晉書)』

『고려사(高麗史)』

『동국이상국집(東國李相國集)』

『가정집(稼亭集)』

『사가집(四佳集)』

『퇴계집(退溪集)』

『연암집(燕巖集)』

『서하집(西河集)』

『성소부부고(惺所覆瓿藁)』

『기아(箕雅)』

『농암집(農巖集)』

『동국세시기(東國歲時記)』

『동사강목(東史綱目)』!김명배, 「이규보의 다도(茶道) 연구(研究)」, 『한국차학회지』 4권 1호, 한국차학회, 1998.

정영호, 「이규보 다시(茶詩) 연구-불교적 다시를 중심으로-」, 『한국차학회지』 6권 3호, 한국차학회, 2000.

고연희, 「그림 속 미각(味覺)」, 『한국학, 그림과 만나다』, 네이버캐스트, 2012.

김영원, 「동국이상국집의 편찬과 간행에 관한 서지적 연구」, 성균관대학교대학원석사학위논문, 2012.

김지룡, 「소주-칭기즈칸이 마시던 아라크」, 『사물의 민낯』, 애플북스, 2012.

이수민·유가효, 「이규보 다시를 통해 본 다사(茶事)와 다덕(茶德)」, 『한국차학회지』 18권 3호, 한국차학회, 2012.

2

소박한 미식가

성호 이익

김은슬 — 한국학중앙연구원

시대별로 음식에 대한 생각은 달라지게 마련이다. 물론 조선시대 사람들에게 요즘처럼 맛집이 주요 관심사였을리는 없다. 그렇다면 성리학의 시대였던 조선시대의 유학사들은 음식에 대해서 어떤 생각을 가졌을까? 대표적인 실학자였던 성호 이익의 글을 통해서 우리는 당시 성리학자의 관심사를 이해할 수 있다.

이익은 박학한 독서 기록을 남겼는데, 그 중에서는 구체적인 음식명이나 물선에 대한 기록도 포함되어 있다. 이 자료들을 종합해 보면, 이익은 소박한 상차림에 관심이 있었다. 적게 먹는 것이 오히려 건강에도 좋다는 관점을 일관되게 견지했던 것이다. 술 또한 마찬가지로, 취하기보다는 조금씩 음미하는 것이 선비의 태도에 알맞다고 보았다.

대다수가 살림이 곤궁했던 조선시대의 현실 속에서 소식으로 건강과 경제에 도움이 된다는 그의 관념은 과연 실학자다운 생각이었다. 구황에 대한 그의 관심 또한 그러한 현실을 반영하고 있다.

성리학자 이익(李瀷)과
음식

『성호사설(星湖僿說)』은 조선의 문신이자 학자인 성호(星湖) 이익 (李瀷, 1681-1763)이 독서한 후 잊지 않기 위하여 기록한 짤막한 글을 내용에 따라 정리한 책이다.

성호 이익은 1681년(숙종 7)에 부친 이하진(李夏鎭)과 그의 후처 안동권씨(安東權氏) 사이에서 태어났다. 이하진의 유배지(流配地)인 평안도 운산(雲山)에서 이익이 태어난 이듬해 6월에, 이하진은 55세를 일기로 별세하였다. 그 후 안산(安山) 첨성리(瞻星里)의 성호장(星湖莊)에 살면서 호를 성호라고 하였다. 현재 서울의 정릉동(貞陵洞)에 세거지(世居地)가 있었다고 전해진다. 그가 살아온 지역을 미루어 짐작해보건대, 이익은 주로 서울과 안산 일대의 음식을 접하였을 것으로 보인다.

『성호사설』의 「만물문(萬物門)」과 「인사문(人事門)」에는 음식 관련 내용이 포함되어 있다. 「만물문」 권4~6에는 구체적인 음식명이나 물선(物膳)에 대한 기록이 실려 있다. 「인사문」 권7, 9~12, 14~17에는 주로 제사 의례나 음식을 먹는 풍습, 식습관에 대한 기록이 실려 있다. 어떤 음식이나 음식에 얽힌 의례나 풍습을 주로 언급하고 있다. 이익은 이 때에 다른 글을 인용하고 있다. 그 전거는 주로 중국의 경전이며, 그 문헌에 나타난 음식명과 조선의 음식을 연관짓고 음식 명칭에 대하여 고증하고자 하는 태도에서 유학자의 상고주의적 면모가 드러난다.

그러나 『성호사설』에는 이익의 상고주의적 면모를 살펴볼 수 있는 자료 외에도 이익이 음식에 대하여 어떤 생각을 가지고 있는지를 엿볼 수 있는 자료 또한 포함되어 있다. 이 글에서는 『성호사설』「만물문」과 「인사문」의 내용 중 이익이 음식에 대하여 평소 어떤 생각을 가지고 있었는지 드러나는 내용을 살펴보고자 한다.

소박한 상차림과
구황(救荒)

다음은 원나라 사람인 양윤부(楊允孚, ?~?)가 쓴 시를 옮겨 적고, 이에 대한 이익의 생각을 덧붙인 글이다.

원(元) 나라 사람 양윤부(楊允孚)의 시에, 고려 식품 중에 맛 좋은 생채를 다시 이야기하니(更說高麗生菜美) 향기로운 여러 채소를 모두 수입해 들여온다(撫輸山後蘼菰香)하고, 스스로 주하기를, '고려 사람은 생나물로 밥을 싸 먹는다.' 하였다. 조선 풍속은 지금까지도 오히려 그러해서 소채 중에 잎이 큰 것은 모두 쌈을 싸서 먹는데, 상추쌈을 제일로 여기고 집집마다 심으니, 이는 쌈을 싸 먹기 위함이다. ❶

위 기록을 통하여 고려시대부터 채소에 밥을 싸서 먹었음을 알 수 있다. 이 내용은 『해동역사(海東繹史)』 권26 채류(菜類)에도 실려 있는데, 출전은 청대(淸代) 고사립(顧嗣立, 1669~1722)이 편찬한 『원시선(元詩選)』으로 되어 있다. 시 뒤에는 상추쌈을 먹으려고 상추를 많이 심는다는 그 당시 식습관을 이어 기록하였다. 다음 글을 보아도 이익은 상추쌈과 같은 소박한 상차림을 좋아했던 것으로 여겨진다.

밥에는 반드시 찬이 있어 간을 맞추어 먹기 마련이다. 성인도 "고기가 비록 많더라도 밥의 분량보다 적게 먹는다." 하였으니, 식사는 밥을 주로 삼는 것이다. 사치하는 집에서는 하루에 만금을 소비하더라도 오히려 입맛이 없어 수저 갈 곳이 없다. 하니, 이는 무슨 마음인가?

먹는다는 것은 먹지 않으면 죽기 때문이다. 진실로 먹지 않아도 살 수 있다면 성인도 아마 먹지 않았을 것이다. 그러므로 밥은 폐할 수 없고 고기와 채소로써 조미(調味)하는 것이다. 이러므로 검소한 집에서는 비록 여러 가지 찬이 있더라도 오히려 좋게 여기지 않는데, 하물며 가난한 집에 있어서랴?

조선의 우상 안현(安玹, 1501~1560)이 허술한 의복과 간소한 음식으로 평생을 지냈는데 그 반찬은 오직 콩잎국이었다. 국을 맛보지도 않고 밥을 말기에, 손이, "만약 국이 맛

163

이 없으면 어찌합니까?" 묻자 대답하기를, "비록 국의 맛이 좋지 않더라도 안 먹을 수가
있는가?" 하였다.

대개 밥은 별다른 찬이 없고 오직 물에 말면 맛이 돋워지는 것이니, 이것이 가난한 자의
이야기 거리가 될 것이다. ❷

이익은 고기가 많아도 밥의 분량보다는 적게 먹는다는 성인의 말에 수긍하였다.
그리고 식사는 밥을 주로 하는 것이므로 간을 맞출 정도로만 찬을 갖추고, 별다
른 찬이 없을 때에는 물에 말면 맛이 돋워진다는 조언도 덧붙였다.

다음은 곡물 중에서 이익이 매우 높이 평가했던 것으로 여겨지는 콩에 대한 글
이다.

콩은 오곡(五穀)에 하나를 차지한 것인데, 사람이 귀하게 여기지 않는다. 그러나 곡식이
란 사람을 살리는 것으로 주장을 삼는다면 콩의 힘이 가장 큰 것이다. 후세 백성들에는
잘사는 이는 적고 가난한 자가 많으므로, 좋은 곡식으로 만든 맛있는 음식은 다 귀현(貴
顯)한 자에게로 돌아가고, 가난한 백성이 얻어먹고 목숨을 잇는 것은 오직 이 콩뿐이었
다.

값을 따지면 콩이 헐할 때는 벼와 서로 맞먹는다. 그러나 벼 한 말을 찧으면 너 되의 쌀
이 나게 되니, 이는 한 말 콩으로 너 되의 쌀을 바꾸는 셈이다. 실에 있어서는 5분의 3이
더해지는 바, 이것이 큰 이익이다. 또는 맷돌에 갈아 액체만 걸러서 두부(豆腐)를 만들면
남은 찌꺼기도 많은데, 끓여서 국을 만들면 구수한 맛이 먹음직하다. 또는 싹을 내서 콩
나물로 만들면 몇 갑절이 더해진다. 가난한 자는 콩을 갈고 콩나물을 썰어서 한데 합쳐
죽을 만들어 먹는데 족히 배를 채울 수 있다. 나는 시골에 살면서 이런 일들을 익히 알기
때문에 대강 적어서 백성을 기르고 다스리는 자에게 보이고 깨닫도록 하고자 한다. ❸

콩은 쌀에 비하여 가격이 싸고, 맛도 좋다. 그래서 이익이 매우 높이 평가하는 곡
물이다. 두부를 만들고 남은 비지로 국을 만들어 먹는 방법과 황권(黃卷, 콩나
물)과 콩을 한데 썰어 죽을 만들어 먹는 방법을 소개하여, 목민관에게 보게 하고
깨닫게 하고자 하였다.

다음은 이익이 직접 만든 모임인 삼두회(三豆會)에 대한 내용이다.

내가 근자에 삼두회(三豆會)를 마련했으니, 황두(黃豆)로 죽을 쑤고 콩나물로 저(菹)를 만들며 콩으로 장을 지지는 세 가지였다.

친척을 모아 환담하면서 희롱삼아 말하기를, "제군은 이것이 공자의 가법임을 아는가? 그 말에 '콩을 먹고 물을 마신다[啜菽飮水]'고 했는데, 콩은 마시는[啜] 물건이 아니니 죽이 아니고 무엇이겠는가? 문 노공과 범충선은 벼슬이 높아도 오히려 그러했거늘, 하물며 우리같이 띠집에 살면서 생계를 이어나갈 전담이 없는 자이겠는가? 이것도 또한 이어나갈 수 없으므로 글을 지어 자손에게 경계한다"고 하였다. ❹

「삼두회」는 이익 자신이 황두(黃豆)로 쑨 죽과 황권으로 만든 저(菹), 두장(豆醬) 세 가지 음식을 함께 먹는 모임을 만들었음을 기록한 글이다. 이 모임은 북송대(北宋代)의 노국공(潞國公) 문언박(文彦博, 1006~1097)과 충선공(忠宣公) 범순인(范純仁, 1027~1101)이 진솔회(眞率會)를 만들어 소박한 음식을 함께했던 것을 본받은 것이다.

이익은 위에서 언급한 소박한 음식들 외에, 평소 가난함을 경험하고 문헌에서 먹을 수 있는 것들을 찾아 『성호사설』에 기록하였다. 다음은 먹을 수 있는 곤충을 기록한 것이다.

곤충 따위에도 먹을 만한 것이 많다. 『예기』 내칙(內則)에는, "참새[爵] 종달새[鷃]·매미[蜩]·벌[范]을 모두 반찬으로 만든다" 하였는데, '조(蜩)란 것은 매미[蟬], 범(范)이란 것은 벌[蜂]이다.'라 했고, 『회남자(淮南子)』 설산훈(說山訓)에 "매미를 잡는 자는 불을 밝게 비추는 것에 힘쓰고, 물고기를 낚는 자는 미끼를 향기롭게 하는 것에 힘써야 한다"고 하였으니, 이는 아마 반찬을 갖추기 위해 불을 밝히고 매미 잡는 방법이 있었던 모양이다. 또 달팽이로 만든 젓[蝸醢]과 개미알로 만든 젓[蚳醢]이 있는데, 와(蝸)란 것은 달팽이[蝸牛]고, 지(蚳)란 것은 개미알[蚍蜉子]이다. 그리고 『주례』에도, "연향[饋食]하는 그릇에 조개[蠯]·개미알[蚳]·메뚜기새끼[蝝]로 만든 반찬을 담아 놓았다" 하였는데, 연(蝝)이란 것은 메뚜기새끼[蝗子]이고, 지(蚳)란 것은 개미집 속에 흰 좁쌀처럼 생긴 알이다. 이 개미 알은 잘아서 모으기가 매우 어렵다.

그러나 『시경』에 이른바, "황새가 개미둑에서 운다[鸛鳴于垤]"고 한 그 주에, '황새는 개미가 나오면 잡아 먹으려고 기다리는 까닭에 개미둑에서 운다' 하였으니, 대개 북쪽 지방에는 보통 개미보다 월등하게 큰 것이 있어서 황새에게 잡아먹히는가 보다. 그런 까닭에 주자도 이것을 인용, "모든 행동을 개미처럼 조심해야 한다[折旋蟻封]."라는 말을 증명하였다. 그런즉 개미알 또한 구해서 반찬을 만들어 먹을 수 있겠다.

『이아(爾雅)』 석충(釋蟲)조에, "메뚜기새끼[蝝蝮蜪]"라 하고, 그 주에, '이 〈연(蝝)·복(蝮)·도(蜪) 따위는〉 메뚜기새끼[蝗子]로서 날개가 미처 생기지 않은 것이다' 하였다. 이 황(蝗)은 즉 메뚜기[螽]란 것인데, 메뚜기도 크고 작은 것들이 한 종류뿐이 아니다.

뿔이 길고 다리가 길어 뛰기를 잘 하는 것도 있고, 빛이 푸르기도 검기도 아롱지기도 한 종류가 몇 가지 있는데, 바로 지금 풀 속에서 날아다니는 벌레인 것이다. 조선에서도 남주(南州) 사람들은 메뚜기를 잡아 날개와 발은 떼어 버리고 구워서 반찬으로 만드는데, 맛이 매우 좋다고 한다.

그러나 『자서(字書)』에 또, "떼를 지어 날아다니면서 벼싹을 파먹는다" 하였다. 우리나라 메뚜기는 비록 벼싹과 나물 잎을 파먹기는 해도 재앙이 되지는 않으니, 이는 이상한 일이다. 『자서』에 또, "풍뎅이[蜚蠊]와 메뚜기[負蠜] 따위가 있는데, 모두 먹을 만하다" 하였다.❺

『예기』, 『회남자』, 『시경』 등의 문헌에서 먹을 수 있는 곤충을 모아 기록하였다.
다음은 식용으로 사용할 수 있는 쥐에 대한 기록이다.

소무(蘇武)가 북쪽 오랑캐에게 가 있을 때에 들어서 땅을 파고 쥐를 잡아서 털만 버리고 풀에 싸서 먹었다 한다. 자서(字書)에 상고하면, 타발(鼧鼥)이란 쥐는 땅을 뚫어 구덩이를 만들고 그 속에서 살며 생김새는 수달[獺]과 같은데, 오랑캐들은 그것을 파내서 먹는다 한다. 몽고(蒙古) 사람은 그 쥐 이름을 답랄불화(答剌不花)라고 하였으니, 소무가 먹었다는 것은 그 타발이란 쥐였으리라.❻

소무(?~B.C. 60)는 중국 서한(西漢)의 명신(名臣)으로, B.C. 100년 흉노(匈奴)에게 사신으로 갔다가 구류당한 적이 있었다. 선우(單于)의 투항 권유를 거절하고 북해(北海)에서 19년간 들쥐와 풀을 먹고 살면서도 뜻을 굽히지 않았다고 전해진다. 위의 내용은 그 당시 있었던 일을 기록한 것이다.

다음은 정체를 알 수 없는 여러 가지 구황식품에 대한 내용이다.

범순인(范純仁)이 경주(慶州)를 맡아 다스릴 때 흉년이 자주 들어 백성들이 굶주렸다. 매년 가을철이 되면 쑥[蓬]이 저절로 나서 들판을 뒤덮고 열매가 맺는 것이 흡사 곡식처럼 되기에 이 봉실(蓬實)을 많이 따서 저장해 두었다가 이듬 해의 흉년을 대비하였다고 했으나, 이 봉실이란 무슨 물건인지 알 수 없다.

명(明) 세리 가정(嘉靖) 8년에 섬서 첨사(陝西僉事) 제지란(齊之鸞)의 말에, "채주(蔡州)와 영천(潁川) 중간부터 동관(潼關)에 이르기까지 메뚜기가 벼이삭을 남김없이 다 갉아 먹었기 때문에 지방 백성은 먹을 것이 없어 길이 꽉 차게 떠돌아 다니게 되었다. 어떤 백성은 딴 곳으로 옮겨가지 않고 무엇을 거둬들이기에 이상스럽게 여기고 물어 보았다. 그의 대답에, '쑥에는 면봉(綿蓬)과 자봉(刺蓬)이란 두 가지가 있는데, 그 속에 들어 있는 씨로서 국수를 만들어 먹을 수 있어서, 이 굶주린 백성은 쑥만 쳐다보고 살아 온 지 이미 다섯 해나 되었다.'는 것이다. 마침 그때 국수를 먹는 자가 있기에 나도 조금 달라 해서 먹어 보았더니, 매운 맛은 입을 쏘는 듯하고 뱃속이 조여서 몇 시간을 지나도록 구역질까지 하였다. 이로 본다면 가난한 백성의 고달픔을 다 이야기할 수 있겠는가? 삼가 이 쑥씨를 종이에 봉해서 나라에다 바치고 여러 신하들로 하여금 민간 질고(疾苦)를 깨닫도록 해야 한다고 애원했다." 하였다. 추측컨대, 경주 일대는 모두 섬서 지방으로서 범공(范公)이 거두어 저장했다는 봉실도 이런 따위였던 것인 듯하다. 요즈음도 살펴보면 쑥이란 반드시 가을에는 보얀 솜이 둥글둥글하게 생겨나니, 이것이 소위 면봉(綿蓬)이란 쑥이고 그 중에 열매가 있는 것은 소위 자봉(刺蓬)이라는 쑥인가?

근자에 정산(定山)에는 맛이 달콤한 흙이 있어서 가난한 백성들이 쌀가루에 섞어 떡을 만들어 먹기도 하고 또는 저자에 내다 팔기도 하는데, 내가 그 흙을 얻어다가 맛을 보니 보통 흙과는 아주 다르다. 일찍이 어떤 서적(書籍)에도 이런 이야기가 있는 것을 보았으나, 이 말이 어느 글에 적혀져 있었는지 지금은 기억할 수 없다. 혹 흉년이 심해서 곡식이 없을 때에 귀신의 이치로서 이런 이상한 식료(食料)를 끼쳐 주는 것인가?

나는 또 사초(莎草) 사이에도 붉은 열매가 맺혀 있는 것을 보았다. 이는 속칭 치반(雉飯)이라는 것인데, 역시 굶주림을 구제할 만하다. 요즈음 몇 해 동안에 흉년이 심해서 숙기(菽萁)를 가루로 만들어 죽을 쒀 먹기도 하고 혹은 교묘(蕎苗)를 가루로 만들어 쌀에

섞어 구워 먹기도 한다.❼

봉실(蓬實), 면봉(綿蓬)과 자봉(刺蓬), 정산(定山)에서 나는 맛이 달콤한 흙, 치반(雉飯, 꿩의밥), 숙기(菽其, 콩깍지), 교묘(蕎苗, 메밀싹) 등의 식재료를 소개하고 있다. 이중 봉실, 면봉, 자봉, 정산의 흙은 이익이 본 적도, 먹어본 적도 없는 식재료이다. 반면 치반, 숙기, 교묘를 먹는 사람은 본 일이 있는 것으로 여겨진다. 이런 식재료들은 굶주림을 구제할 만하므로 언젠가 흉년이 닥쳤을 때 가난한 사람들이 활용할 만하므로 여기에 기록한다는 언급도 잊지 않았다. 다음은 위의 내용에 이어지는 글이다.

그러나 먹는 음식이란 배고픔을 구제하고 죽음을 면할 수 있으면 그 만족한 것인데, 뭐 맛좋은 음식만 꼭 먹어야 하겠는가? 죽음을 이미 면한 다음에는 맛좋고 사치한 음식을 더욱 구하려고들 애를 쓰니, 이는 분수를 모르는 자이다. 이런 욕심에 따라 구한다면 앞에다 푸짐하게 차려 놓은 음식도 여러 가지라야 할 테고, 면 지방에서 나는 진기한 물품도 사들여 와야 할 터이니, 장차 입고 먹는 용도가 한량이 없을 것이다.

못 사는 백성은 겨와 찌꺼기를 먹고 가난한 선비는 나물만 먹어도 육체가 비대하고 기력도 양성할 수 있으니, 저 기름진 고기만 먹는 자와 무엇이 다르겠는가? 사람들은 모두 이렛 동안만 먹지 않으면 죽는다고들 하나, 이도 역시 잘못된 말이다. 기름진 육식만 배부르게 먹는 무리는 이렛 동안도 넘기지 못해서 죽을 것이고, 늘 배고픔을 습관으로 삼는 자는 스무날 동안을 먹지 않아도 목숨을 유지할 수 있을 것이다. 이는 사람이 나물을 가지고도 겨울을 난다는 것으로 증명할 수 있다. 배를 채우는 일은 살아가며 빼놓을 수 없는 것이니 빼놓으면 굶주리고 굶주리면 죽음에 이른다. 그러나 매양 저 새를 보면 얼음이 얼고 눈보라가 치는 겨울철에 한 달이 넘도록 쪼아 먹는 것이 없어도 또한 능히 죽지 않고 살아 있으니, 이는 굶주림에 습관이 되었기 때문이다. 또 보면 남쪽 지방 사람은 좋은 음식을 잘 먹어서 배가 늘 팽팽한데 흉년이 닥치면 반드시 먼저 죽게 되니, 이는 배부름에 습관이 되었기 때문이다. 이 습관이란 것은 무엇이든 해내지 못하는 일이 없는 까닭에 입정(入定)하는 중은 음식을 끊고 아무 것도 먹지 않으며 태식(胎息)하는 신선도 공기를 뱃 속에 쌓아 두고 새워 버리지 않으므로 그 수명을 더욱 연장시킨다.

저 봉실만 먹는 미천한 백성도 오래 습관이 되어서 좋은 쌀밥과 고기국은 모두 잊어버렸으니, 큰 솥에다 맛있게 끓이는 소고기와 무엇이 다르겠는가? 제지란이 이 봉실씨를 종이에 싸서 나라에 바치고 벼슬하는 자에게 경계하라고 한 말이 참으로 깨달은 것이 있어서였던 것이다. 깊숙한 시골에 있는 선비로서도 분수밖에 망령된 생각은 싹트지 않아야 할 것이니, 이 나쁜 봉실을 먹고 생활한다 할지라도 뭐 해로울 것이 있겠는가?

맹자의 "고기가 아니면 배부르지 않는다."는 등 교훈도 의심스러운 생각이 없을 수 없다. 백성으로서는 비록 늙었다 할지라도 무엇으로 고기를 먹겠는가? 나쁜 음식도 오래 먹어서 습관이 되면 자연 마음이 편해지는 것이다. ❽

그 당시 배불리 먹는 식습관을 경계하며, 『맹자(孟子)』 진심장(盡心章)에 나오는 '70세가 되면 고기가 아니면 배부르지 않다'[七十非肉不飽]에 이의를 제기한다. 입정(入定)하는 중은 음식을 끊고 아무 것도 먹지 않아도 생명을 유지한다는 사실을 통해 식생활은 버릇을 들이기 나름이라는 결론에 도달한다. 이러한 결론은 여기 기록된 식재료들이 단순한 구황에 대한 대비책이 아니라, 도가(道家)의 벽곡(辟穀)과 양생(養生)과도 맞닿아 있다는 느낌을 준다.

술을 마실 때는
음미할 것

그렇다면 이처럼 소박한 음식과 일반적이지 않은 식재료로 배부름을 경계한 이익은 술에 대해서 어떤 생각을 가지고 있었을까? 다음 글에는 이익의 술에 대한 생각이 잘 나타나 있다.

이제 한양과 큰 도시의 거리에는 그 수효가 한이 없고, 큰 마을에서도 한 양조장에서 1년에 쌀 수백 석을 소모하니, 이는 가난한 집의 10년 양식에 해당하는 것이다. 또 시골의 시장에는 주점이 3분의 1을 차지했으니, 그 소모되는 쌀이 과연 얼마나 많겠는가? 만약 술을 엄금한다면 흉년이 들더라도 백성들이 굶주림을 면할 것이다.❾

위 내용으로 미루어보아, 성리학자인 이익은 술에 소모되는 쌀의 양이 많으므로, 술을 제한함으로써 민생에 도움을 주어야 한다고 생각한 것으로 보인다. 그러나 이익의 평소 생각이 이렇다고 해서 처음부터 술을 싫어했던 것은 아니다. 다음 글에서 이익이 본래 술을 좋아하였음을 알 수 있다.

나도 젊을 때에는 술을 많이 마셨는데, 나중에 와서 아주 끊어 버렸다. 남들이 마주 앉아서 술잔을 서로 주고받는 것을 옆에서 보아도 전일에 많이 마시던 생각조차 들지 않으니, 이는 마음이 꽉 정해졌기 때문이다. 드디어 자식과 손자에게 유언하기를, "내가 죽거든 제사에 예(醴, 감주)만 쓰고 술은 쓰지 말라."고 하였다. 술은 정신을 어지럽히는 것이 걱정될 뿐 아니라, 재정에도 손해가 있기 때문이다.
나라에 큰 흉년이 있을 때에 반드시 술을 금하는 것은 식량을 축내지 않도록 하기 위한 것이다. 우리는 가난한 선비이므로 농사지을 땅도 없으니, 어느 해든지 흉년 아닐 때가 없다. 만약 마음속에 맹세를 엄하게 세우지 않는다면 얼마 안가서 집이 엎어지고 못살게 될 것이다.❿

위 내용을 통해 이익이 젊은 시절에는 술을 많이 마셨으나, 정신을 어지럽히고 재정에 손해가 있으므로 아주 끊었음을 알 수 있다. 개인이 술을 끊음으로써 민생에 도움을 주겠다는 노력은 위에서 살펴본 밥을 적게 먹는 것과 같은 맥락으로 이해할 수 있겠다.

다음 글에서는 이익이 좋아했던 술과 그 제조법을 알 수 있다.

나는 평소 청명주(淸明酒)를 가장 좋아한다. 청명주를 만드는 방법은 봄철 청명(淸明) 때에 찹쌀 두 말을 여러 번 깨끗이 씻어서 사흘 동안 물에 담가 둔다. 또 별도로 찹쌀 두 되를 물에 담가 두었다가 불은 후에 우선 건져서 가루로 만든 다음, 두 말쯤 되는 물에 타서 누그름하게 죽을 끓인다. 이 죽이 식은 후에 좋은 누룩가루 한 되와 밀가루 두 되를 넣고 동쪽으로 뻗은 복숭아 가지로 저어서 사흘 동안을 덮어 둔다.

(중략) 이 청명주 만드는 방법은 양계 처사(良溪處士)에게 배운 것인데 혹 잊을까 걱정되어 기록해 둔다.⓫

윗글을 통해 이익은 청명주를 가장 좋아하였음을 알 수 있다. 청명주 만드는 방법도 함께 기재하고 있는데 그 내용은 여타 조리서와 대략 비슷한 내용이다. 청명주 만드는 법을 가르쳐 주었다는 양계처사(良溪處士)는 이진(李濃)으로, 이익의

171

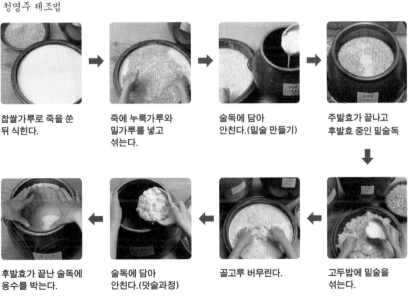

청명주 제조법

| 찹쌀가루로 죽을 쑨 뒤 식힌다. | 죽에 누룩가루와 밀가루를 넣고 섞는다. | 술독에 담아 안친다.(밑술 만들기) | 주발효가 끝나고 후발효 중인 밑술독 |

| 후발효가 끝난 술독에 용수를 박는다. | 술독에 담아 안친다.(덧술과정) | 골고루 버무린다. | 고두밥에 밑술을 섞는다. |

(국립민속박물관)

사촌형이다. 이진은 『성호사설』 권10 「인사문」음주(飮酒)에도 언급된다. 다음은 그 기록이다.

우리 당형(堂兄 사촌 형) 소은(素隱) 선생은 술잔을 드리면 반드시 조금씩 오래 마시는데, 마치 고기를 씹는 것처럼 하면서 이르기를 "술이란 맛으로 마시는 것이고 꼭 취하기를 위해서가 아니다. 만약 장시간 앉아 큰 잔에 부어서 한숨에 들이키기를 마치 대추를 통째 삼키는 것처럼 한다면, 이는 다만 배만 채우려는 것이니, 무슨 취미가 있겠는가? 대개 지금 술을 마시는 자들은 모두 객기(客氣)에 쏠려서 많이 마시는 것만으로써 쾌하게 여기니, 이는 취미로 마시는 것이 아니다. 비유해 말하면 지금 여기에 산적[爛間]이 있는데, 온 점을 입에 넣고 한 번 씹고 삼킨다면, 흙이나 숯을 씹는 것과 무엇이 다르겠는가? 고기에 좋은 맛이 있는 것은 오래 씹은 다음이라야 알게 되는 것이다. 속담에 '고기를 먹을 때는 씹을수록 더욱 맛이 난다.' 하였으니, 술마시는 법도 이와 같은 것이다." 하였다. 이 소은옹(素隱翁)의 말은 오직 술에 대한 취미만을 의미한 것뿐 아니라 너무 지나치게 마시는 폐단을 막으려고 한 것이다.❷

172

윗 글의 소은 선생은 바로 이진을 가리킨다. 술은 조금씩 마시며 맛을 음미해야 한다는 이진의 말 뒤에, 이는 지나치게 마시는 낭비를 막기 위함이기도 하다는 이익 자신의 견해를 덧붙이고 있다.
다음 글에서는 술을 마시는 예법을 통하여 과음을 경계하고 있다.

짐주(酖酒)를 마시는 것을 앙약(仰藥)이라 한다. 남김없이 마시는 것을 말한 것이다. 연례(宴禮)에 쓰이는 술잔은 위에 두 기둥을 세워 다 기울이지 못하게 했으니, 이는 과음을 경계한 것이다. 그러므로 비록 평일에 마시는 술잔도 다 기울이지 않는 것이 예법이며, 남김없이 마시려면 얼굴을 위로 들게 되므로, 이는 실례가 되는 것이다.❸

이익은 술을 한 번에 마시는 것은 예법에 어긋난다는 것을 상기시키며, 이를 방지하기 위해 연례의 술잔에는 기둥을 세웠다고 설명하고 있다. 이렇듯 예법과 연례에 사용하는 술잔의 모양도 과음을 경계하기 위함이었다고 언급함으로서 술은 조금씩 마시는 것이 좋다는 이익의 평소 주장을 뒷받침하고 있다.

음식을 적게 먹을 것

이익은 당시 많이 먹는 식습관을 경계하면서, 음식을 적게 먹는 것이 좋다고 직설적으로 이야기하기도 하였다. 『성호사설』 권9 인사문(人事門) 대발철시(大鉢鐵匙)에는 다음과 같은 내용이 있다.

정운경(鄭運經)의 『탐라문견록』에 이르기를 "일본(日本)에 표류한 사람이 있었는데 그곳의 통사(通事)가 하는 말이 '조선(朝鮮)은 진실로 낙국(樂國)이다. 그러나 사람들이 탐욕이 많다. 큰 주발에 놋수저로 밥을 퍼서 배부르게 먹으니 탐욕스러운 것이 아니고 무엇이겠는가? 더구나 일본의 법은 도주(島主)가 자손에게 세전(世傳)하여 재용(財用)이 스스로 유족하므로 다시 착취를 하지 않지만, 조선은 외관(外官)이 3년 만에 한 번씩 교체되니, 가난한 집에서 다행히 수재(守宰)를 얻게 되면 살림 모으기에만 뜻을 두어 과외(科外)의 징수를 하는데, 백성이 어찌 쇠잔하지 않겠는가? 이는 법이 잘못되어 있기 때문이다.' 하였다."❹

이 내용은 정운경(鄭運經, 1699~1753)의 『탐라문견록(耽羅聞見錄)』에서 인용한 것이다. 위 내용을 통하여 큰 주발에 밥을 담아 배불리 먹는 조선의 식습관이 이미 일본에도 알려져 있었음을 알 수 있다. 조선인의 많이 먹는 식습관과 관련하여 『성호사설』 권17 인사문 식소(食少)에는 다음과 같은 내용이 있다.

내가 일찍이 보건대, 해변 사람들은 한 사람의 먹는 것을 세 사람이 나누어 먹어도 굶주리지 않을 양을 먹고 있으니 나라가 어찌 군색해지지 않겠는가? 어려서 배부른 것에 습관이 되면 창자가 점차 커져서 채우지 않으면 굶주림을 느끼게 된다. 점차 습관이 들어 점차 굶주림을 느낀다면 아사(餓死)하는 사람도 있을 것이다. 습관이 되어 창자가 커질 수 있다면 습관이 되어 작아질 수도 있을 것이다. 그러므로 곡식을 아주 끊고 먹지 않은 자도 있었으며, 산과 들의 금수들이 얼음이 얼고 눈이 쌓여도 죽지 않는 것은 그 습성의 소치인 것이다.
비록 늘 굶을 수는 없다 하더라도 어찌 그 너무 과한 것을 감소시킬 도리야 없겠는가? 주림을 참기가 어렵다는 것은 마음에 있는 것이지, 특히 배[腹]가 그런 것만은 아니다. 중은 채소만 먹는데도 수척하지 아니한데, 혹 상을 당한 자가 육식을 끊고 병이 많아지는 것은 그 기욕(嗜慾)이 병들게 한 것이다. ❻

위 내용을 통하여 이익이 많이 먹는 조선의 식습관을 고침으로써 굶주린 백성이 줄어드는 효과를 기대했다는 것을 알 수 있다. 또 곡식을 아주 끊고 먹지 않은 자가 있었다는 점을 언급한 것은 식욕과 색욕을 줄여 생명을 연장하고자 하는 도가의 벽곡과 양생을 염두에 둔 발언으로 보인다. 도가에서 말하는 것처럼 곡식을 완전히 끊을 수는 없겠지만, 줄이는 것은 가능하다고 본 것이다. 밥의 양을 줄이면 굶주린 다른 이들이 밥을 먹을 수 있다는 장점도 있지만, 이는 결과적으로 개인의 양생과 수명연장에 도움이 되는 것이다.

소식(小食)으로 얻을 수 있는 것

이상 『성호사설』의 「만물문」과 「인사문」에 나타나는 음식에 대한 이익의 생각을 알아보았다. 『성호사설』의 「만물문」과 「인사문」에는 어떤 음식이나 음식에 얽힌 의례나 풍습을 언급할 때에 다른 사람의 글을 인용하고 있다. 그 전거는 주로 중국 문헌이며, 그 문헌에 나타난 음식명과 조선의 음식을 연관짓고 음식명칭에 대하여 고증하고자 하는 태도에서 상고주의적 면모가 다분히 드러난다. 그러나 『성호사설』에는 이익의 음식에 대한 생각과 굶주림을 해결할 수 있는 실질적인 방법 또한 제시되어 있다.

그 자신도 처해본 적 있는 곤궁함을 겪고 있는 민생에 좋은 곡물은 무엇보다 콩이라고 생각하고 스스로 삼두회를 만들어 소박한 음식을 즐겼다. 곤궁한 민생을 구제하기 위하여 옛 문헌에서 근거를 찾아 먹을 수 있는 식재료를 갈무리하였다. 이 기록 끝에 이익은 밥을 많이 먹는 당시의 식습관을 고쳐 적게 먹는 것이 좋으며, 곡기를 끊고도 살 수 있다고 언급하고 있다. 여기서 이익이 도가적 양생에도 관심이 있었음을 알 수 있다. 음식을 적게 먹으면 그 음식을 다른 굶주린 사람이 먹어 생명을 유지할 수 있으며, 식욕을 억제함으로써 개인의 양생에도 도움이 된다는 결론을 내리고 있다.

미 주

1. 『성호사설(星湖僿說)』 권5 「만물문(萬物門)」 생채·괘배(生菜掛背)

2. 『성호사설(星湖僿說)』 권15 「인사문(人事門)」 요찬(澆饡)

3. 『성호사설(星湖僿說)』 권6 「만물문(萬物門)」 숙(菽)

4. 『성호사설(星湖僿說)』 권16 「인사문(人事門)」 삼두회(三豆會)

5. 『성호사설(星湖僿說)』 권4 「만물문(萬物門)」 곤충가식(昆虫可食)

6. 『성호사설(星湖僿說)』 권5 「만물문(萬物門)」 타서(鴕鼠)

7. 『선호사설(星湖僿說)』 권6 「만물문(萬物門)」 봉실(蓬實)

8. 『성호사설(星湖僿說)』 권6 「만물문(萬物門)」 봉실(蓬實)

9. 『성호사설(星湖僿說)』 권16 「인사문(人事門)」 주금(酒禁)

10. 『성호사설(星湖僿說)』 권6 「만물문(萬物門)」 주(酒)

11. 『성호사설(星湖僿說)』 권5 「만물문(萬物門)」 오제·삼주(五齊三酒)

12. 『성호사설(星湖僿說)』 권10 「인사문(人事門)」 음주(飲酒)

13. 『성호사설(星湖僿說)』 권15 「인사문(人事門)」 앙약(仰藥)

14. 『성호사설(星湖僿說)』 권9 「인사문(人事門)」 대발철시(大鉢鐵匙)

15. 『성호사설(星湖僿說)』 권17 「인사문(人事門)」 식소(食少)

조선 백성의 밥상

4부 이웃나라

음식들

1 북경에 간 연행사의 음식탐방기

조양원 ─ 한국학중앙연구원

이 글에서 살펴볼 이야기는 조선시대 사람들이 낯선 중국에 가서 맛본 이국음식에 대한 이야기다. 특히 중국에 사신으로 갔던 연행사들의 기록을 통해 그들이 마주쳤던 낯선 음식에 대한 이야기를 들을 수 있다.

당시 중국 음식은 음식 자체뿐만 아니라 밥을 먹는 방식부터 달랐고, 밥그릇의 크기나 숟가락의 모양도 달랐다. 뿐만 아니라 당시 중국에서는 서역의 과일이나, 서양의 카스테라와 포도주도 맛볼 수 있었다. 특히 특이한 술맛은 여행의 빼놓을 수 없는 추억으로 남았다.

여행의 설레임과 이국 음식에 대한 호기심은 물론 현대의 그것과 다를 리 없지만, 조선시대 사람들의 매우 구체적인 경험을 통해, 그들이 경험했던 음식문화를 생생하게 느낄 수 있다. 그런 점에서도 특히 연행록은 정식 역사서 못지 않게 중요한 기록유산으로서의 가치를 지니고 있다.

연행로(육로)

현재 북경의 옛날 이름은 연경이었다. 그래서 조선의
사신단이 북경으로 파견되는 일을 연행이라 하였다.
수백 명에 이르는 대규모 조선 사신단은 주로 아래
지도에서 보이는 육로를 이용하였지만, 때로는
해로를 이용하기도 하였다.

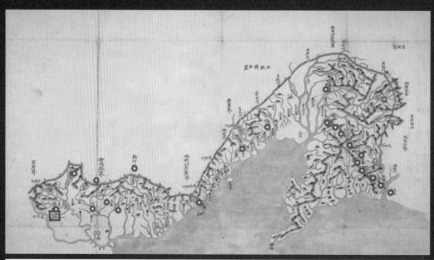

조선시대의 연행로

연행사란 누구인가

연행사(燕行使)는 조선에서 중국으로 갔던 사신(使臣)을 가리키는 말이다. 지금의 북경(北京)은 춘추시대에 연(燕)나라의 수도였던 까닭에 예부터 연경(燕京)이라고도 불렸다. 이런 까닭에 연행사는 곧 연경에 파견된 사신을 가리키며, 이러한 사행(使行)을 연행(燕行)이라 칭하기도 했다. 고려 때부터 19세기 말까지 원(元)·명(明)·청(淸)에 공식적으로 연행을 갔던 횟수는 대략 600여 회에 달하며, 그 여정을 기록한 연행록(燕行錄)도 거의 600여 종에 달한다.

동지(冬至) 즈음에 보내는 동지사(冬至使)와 신년 하례를 위한 정조사(正朝使), 황제의 생일을 축하하기 위한 성절사(聖節使) 등의 정기 사행 외에도, 중국의 대조선 정책이나 외교적 처사에 대한 감사의 뜻을 전하는 사은사(謝恩使), 국가의 주요현안에 대해 황제에게 보고하거나 별도의 청원을 위한 주청사(奏請使), 새로운 황제의 즉위나 황태자의 탄생을 축하하기 위한 진하사(進賀使) 등이 별도로 연행길에 올랐으니, 북경에 다녀온 인물의 수와 물자의 양은 매우 방대한 것이었다.

물론 중국이나 조선의 전쟁으로 인해 중간에 연행이 중지되거나, 육로(陸路)가 해로(海路)로 바뀌었다가 다시 육로로 바뀌는 등의 변수가 있었으나, 대부분의 연행단은 비슷한 노정(路程)를 지나면서 비슷한 경험을 하는 경우가 많았다. 또 선배 연행사들의 족적을 뒤밟으며 중국의 산수나 인물들에 대한 자신의 소감을 기록하기도 하였으며, 적극적으로 이를 즐기고자 한 이들은 선대의 연행록을 몸소 지참하고 연행길에 오르기까지 하였다.

1712년 자제군관(子弟軍官, 사신(使臣)의 개인 수행원)으로 연행에 참여했던 노가재(老稼齋) 김창업(金昌業, 1658~1721)은 『노가재연행일기(老稼齋燕行日記)』를 남겨 당시의 여정과 느낀 바를 상세히 기록하였는데, 당시의 연행은 정사(正使), 부사(副使) 및 서장관(書狀官) 등의 삼사(三使)를 비롯하여, 대통관(大通官), 압물관(押物官), 종인(從人), 마부(馬夫), 관노(官奴) 등을 모두 합하여 541명의 인원과 435필의 말이 동원되었으며, 총 연행기간은 146일이나 되었다. 다른 연행도 비슷한 규모였음을 감안한다면, 이들이 한양에서 북경까지 왕복 6,300여 리(약2,500km)의 거리를 여행하면서 하루하루 끼니를 해결하는 일은 여간 큰 문제가 아니었으리라 짐작할 수 있다. 특히 국경을 넘은 이후에는 연행단이 직접 조달하거나, 청나라 예부(禮部)로부터 하사받은 음식 외에는 낯선 이국의 음식을 접하게 되었으니, 이에 관한 재미있는 기록도 연행록(燕行錄)에서는 빈번하게 찾아볼 수 있다.

조공(朝貢)　연행도(燕行圖) 중 제9폭. 견본채색. 34.4×44.7cm.
숭실대 한국기독교박물관 소장.
단원 김홍도의 그림으로 추정되는 연행도는
북경(연경)에 파견된 사신단 일행이 북경에 도착해
치른 공식 행사를 13폭의 그림으로 표현한 것이다.
제9폭에 해당하는 이 그림은 조선 사신단 일행이
궁밖으로 행차하는 청나라 황제를 공경하며
맞이하는 장면을 그렸다.

낯선
이국의 맛

청나라의 경계로 들어간 연행사들은 짧게는 3개월에서 길게는 반 년이 넘도록 여행을 해야만 했다. 신기한 문물과 새로운 경치에 일순 정신이 팔리더라도, 긴 여정 중에 끼니를 챙기는 일은 거를 수 없는 일이다. 또 한편으로는 낯선 이국의 문물을 경험하면서 그 지역의 음식과 특산물도 맛보는 것이 당연한 일이었는데, 음식은 물론 식사를 하는 방법에 있어서도 조선의 선비들은 이질감을 느낄 수밖에 없었다.

잠시 뒤에 음식이 들어오는데, 과일과 채소를 먼저 두고, 그 다음에 차와 술, 떡과 엿, 돼지고기, 제란볶음, 볶음밥 그리고 맨 뒤에 흰 쌀밥과 양(羊) 내장국이 들어왔다. 중국의 먹고 마시는 법은 모두 젓가락만 사용하고 숟가락을 쓰지 않는다. 느긋하고 느릿느릿 술을 권커니 잣커니 하며, 작은 잔으로 흥을 돋운다. 우리나라처럼 긴 숟가락으로 밥을 뭉쳐 단번에 배를 불리고 즉시 상을 거두는 법이 없다. 때때로 작은 국자를 써서 국을 뜰 뿐이다. 국자는 숟가락처럼 생겼으나 자루가 없고, 제사 때 사용하는 술잔[爵]처럼 생겼으나 발이 달리지 않았으며, 모양이 연꽃의 한 잎을 닮았다. 내가 국자를 가지고 시험 삼아 밥을 한번 퍼 보았는데 깊어서 혀로 핥을 수 없었다. …(중략)… "귀국에서는 밥을 뜰 때에 무엇을 쓰십니까."하고 묻기에, 나는 "숟가락을 씁니다."라고 했더니, 지정[郝志亭]이 묻기를 "그 모양이 어떻게 생겼습니까."한다. 나는 "작은 연잎처럼 생겼습니다."하고 탁자 위에 그림으로 그려 보였더니, 들은 더욱 배꼽을 움켜쥐고 절도한다. [박지원(朴趾源), 『열하일기(熱河日記)』, 「곡정필담(鵠汀筆談)」조. 1780년.]

연암(燕巖) 박지원(朴趾源, 1737~1805)이 1780년 자제군관(子弟軍官)으로 연행을 다녀온 후 작성한 『열하일기』의 내용이다. 청나라의 문사(文士)인 왕민호(王民皡)와 학지정(郝志亭)에게 음식을 대접받는 대목인데, 낯선 중국의 식사법을 세세히 묘사하고 있다. 특히 숟가락을 쓰지 않고 젓가락만으로 식사를 하는 것을 어색해하며, 국자로 밥을 떠먹으려 하다가 중국측 문사들과 서로 포복절도하기도 했다는 내용이다. ❶

조선시대의 밥상(독상)

담헌(湛軒) 홍대용(洪大容, 1731~1783) 역시 중국의 식사법을 자세히 묘사했는데, 그 내용은 다음과 같다.

밥그릇은 크기가 찻잔만한데 모양은 조금 다르다. 대개 4~5명 혹은 6~7명이 같이 한 탁자에 둘러앉아 먹는데, 먼저 나물과 장(醬) 같은 것을 놓고 사람마다 밥그릇과 찻잔을 하나씩 마련해 놓은 뒤에 사발을 가져다 밥을 담아 주고 다음에 끓인 국과 구운 고기를 내 온다. 대개 밥과 차, 국, 고기는 먹는 대로 갖다 주는데 많이 먹는 사람은 여덟 아홉 사발까지 먹으니 우리 나라 사람이 보통 먹는 양보다 배를 먹는 셈이다. [홍대용(洪大容), 『담헌연기(湛軒燕記)』, 「음식(飮食)」조]❷

여러 사람이 한 탁자에 둘러앉아 식사를 하는 것은 오늘날 우리나라에서도 낯선 것이 아니지만, 조선시대에는 전통적으로 독상(獨床)이 기본 상차림이었던 사실을 미루어보면, 홍대용은 이를 별도로 기록할 만큼 특이하게 느꼈던 듯하다. 특히 밥그릇의 크기가 찻잔만하다고 언급한 것은, 당시 조선에서 사용했던 밥그릇 크기와 비교하여 상대적으로 낯설게 느꼈을 법하다.

연행사들에게는 저잣거리의 음식점이나 숙소에서 먹게 되는 음식들도 대부분 처음 접하는 것이었다. 통상 연행단의 식사는 주방에서 음식을 조리하여 해결했으나, 이름난 경관이나 도시 내부를 구경할 때에는 간단하게 사 먹는 것으로 요기를 대신하였다. 김창업은 길거리의 음식점에서 떡이나 과일 등을 맛보기도 했는데, 유박아(柔薄兒)라는 음식에 대해서는 매우 자세하게 묘사한 바 있다.

'유박아(柔薄兒)'란 우리나라의 상화떡처럼 밀가루로 만든 것인데, 우리나라의 만두처럼 가장자리가 쭈글쭈글하다. 이것은 옛 만두로 돼지고기와 마늘을 다져서 만들며 그곳의 떡 중에서 가장 맛이 있었다. 또 밀가루로 둥근 빵을 만든 뒤에 돼지기름이나 양기름에 튀기면 흡사 우리나라의 강정처럼 가볍고 연하여 씹기 쉽다. 진품은 설탕 가루에 버무려서 만들었다. 품질의 좋고 나쁜 차이는 있지만 가게에서 파는 것은 모두 이런 따위이며 흰떡은 볼래야 볼 수 없었다. [김창업(金昌業), 『노가재연행일기(老稼齋燕行日記)』, 권1, 「산천 풍속 총록(山川風俗總錄)」]❸

상화병

조선의 상화떡[霜花餠]이나 만두(饅頭)와 비슷하다고 하고, 그 요리법까지 상세히 기록한 것으로 보아, 직접 조리과정을 지켜봤거나 주변인에게 물어봤던 것으로 추측된다. 상화떡은 고려시대부터 먹던 우리나라의 떡으로 팥소를 넣어 찐 것인데, 중국의 유박아는 돼지고기와 마늘을 넣었다는 것으로 보아 우리나라의 만두와 비슷할 것으로 추정된다. 19세기 초에 연행을 갔던 이해응(李海應, 1775~1825)도 유박아에 대해 비슷하게 기술한 바 있으며, 몇십 년 후 연행을 갔던 김경선(金景善, 1788~?) 역시 유박아를 제일 맛있는 떡으로 손꼽았다.

유박아(柔薄兒)라는 것은 밀가루로 만드는데, 우리나라의 상화떡[霜花餠]과 같은 것으로서 그 맞붙인 곳[縫]이 주름지니, 옛날의 만두다. 그 소는 돼지고기를 마늘과 섞어 다져서 넣으니, 떡 중에 가장 좋은 것이다. [이해응(李海應), 『계산기정(薊山紀程)』권5, 「부록(附錄)·음식(飮食)」조.]❹

떡은 이른바 유박아(柔薄兒)라는 것이 제일 좋다고 일컬어진다. 밀가루로 늘려 만든 것이 마치 우리나라 상화떡처럼 생겼으며 합친 부분에 주름이 지게 해서 꼭 우리나라 만두처럼 생겼다. 대개 옛날 만두는 그 소를 돼지고기에 파와 마늘을 섞어서 만들었고, 단병

(團餅) 역시 밀가루로 만드는데, 이것을 돼지기름에 튀겨 사박사박한 것이 마치 우리나라의 강정 모양과 같다. 좀 더 고급은 설탕을 섞어서 만드는데, 솜씨가 정교하고 거친 것과 맛이 좋고 나쁜 차이는 있지만 시중에서 파는 것은 대개 이런 종류들이다. 가루떡 같은 것은 하나도 본 일이 없다. 이른바 계란병(鷄卵餅)이니 복령병(茯苓餅)이니 하는 것은 역시 설탕을 섞어서 만드는데, 바싹 마른 것이라 오래 두고 먹을 수 있으며 맛은 약간 달콤하다. 그렇지만 모두 비위에 맞지 않고, 특히 돼지고기, 염소고기, 마늘, 파 냄새는 역겹다. [김경선(金景善), 『연원직지(燕轅直指)』 권6, 「유관별록(留館別錄)·음식(飮食)」조. 1832년.]❺

연행사들에게 중국의 모든 음식이 훌륭하게 느껴진 것만은 아니었다. 위 인용문의 말미에도 김경선은 중국의 음식이 자신의 비위에 맞지 않고, 돼지고기와 염소고기, 마늘, 파의 냄새는 역겹다고 언급하였다.

체구가 비대하고 식성이 좋았던 박지원도 입맛에 맞지 않은 음식이 있었는데, 연행 도중 심양(瀋陽)에 들렀을 때의 일이다. 박지원은 저잣거리의 상점 주인들과도 귀천을 가리지 않고 교분을 맺었는데, 통행이 금지된 한밤중에 몰래 그들을 만나고 오기도 하였다. 상점주인들 역시 귀한 손님으로 그를 접대하여 여러 음식과 술을 권하였으나, 이것이 꼭 박지원의 비위에 맞았던 것은 아니었던 것으로 보인다.

여러 사람들이 각기 한두 잔씩 권하는데 닭이나 오리는 모두 주둥이도 발도 떼지 않았고, 양고기 국도 몹시 비려서 비위에 맞지 않으므로 떡과 과실만 먹었다. [박지원(朴趾源), 『열하일기(熱河日記)』, 「성경잡지(盛京雜識)·속재필담(粟齋筆談)」조. 1780년 7월 11일.]❻

그러나 여러 연행사들이 분탕(粉湯), 혼돈탕(餛飩湯), 원소병(元宵餅), 황강자(黃糠子), 지병(枳餅), 태색병(苔色餅), 당불(餳餑), 탕불(湯餑) 등 중국의 여러 음식에 대해 품평을 하거나 상세한 묘사를 하였으니, 조선에서 먹어보지 못한 음식 맛에 연행사들도 군침을 삼키며 주목했던 것만은 틀림이 없을 것이다.

이것은 도대체
무슨 음식이란 말인가?

연행사들은 북경에 도착을 함과 동시에 매우 바쁜 일정을 소화해야만 했다. 청나라의 예부(禮部)에서 관장하는 여러 가지 행사와 연회에 참석해야 할 뿐만 아니라, 황제를 배알하는 절차도 미리 연습을 하여 실수가 없도록 해야만 했다. 그러나 주요 행사가 끝난 뒤 시간이 허락하거나, 애초에 특별히 주어진 임무가 없는 자제군관일 경우에는, 북경의 길거리나 시장, 서점이 몰려있는 유리창(琉璃廠)과 같은 곳을 자유롭게 왕래하며 청나라 문사 등과 교유할 수 있었다.

또 안남국(安南國, 지금의 베트남)이나 섬라국(暹羅國, 지금의 태국), 서번(西蕃, 지금의 티벳)은 물론, 유럽에서 온 하란국(荷蘭國, 지금의 네덜란드)의 사신들과도 만나는 기회를 갖거나 그들이 조공으로 바친 공물을 구경할 수도 있었다.

김창업은 회회국(回回國)의 참외[甜瓜]를 우연히 얻어 그 맛을 묘사했는데, 희한하게 달고 산뜻하면서도, 매우 시원하다고 묘사하였다.

북경에 머물렀다. 수역(首譯)이 또 회회국(回回國) 참외[甜瓜] 한 개를 얻어서 바쳤다. 껍질은 모두 완전하고, 그 맛은 희한하게 달고 산뜻하여, 앞서 먹던 것보다 상당히 좋았다. 백씨(伯氏)가 병환 때문에 날것이나 찬 것을 먹을 수 없으므로, 모두 내 방에 갖다 놓고 식후에 문득 썰어 먹으니, 아주 시원하고 상쾌하였다. 조금만 먹어도 속이 서늘해짐을 느꼈다. [김창업(金昌業), 『노가재연행일기(老稼齋燕行日記)』, 권4, 1713년 1월 17일조.]❼

회회국(回回國)은 지금의 아라비아(Arabia)를 가리키니, 회회국의 참외[甜瓜]라면 아마도 지금의 파파야 멜론(papaya melon)을 가리키는 것으로 추정된다. 당시 회회국에서는 청나라에 해년마다 조공을 바치고 있었던 까닭에, 특산물로써 공물에 포함되어 있었던 것으로 보인다. 용케도 수역(首譯)이 이를 얻어 왔기에 식후에 이를 맛있게 즐겼던 저자의 모습이 상상되는 대목이다. 이해응 역시 황제로부터 회회국의 백포도(白葡萄)를 비롯한 여러 과일을 하사받았는데, 모두 제철에 막 딴 것과 같다고 묘사하였다.

이날 황제의 분부에 따라 과일을 나눠 주었는데 석류·유자·밀감 따위였고, 또 광록시(光祿寺)에서 세찬(歲饌)을 보내왔는데 모두 떡·과일 따위였다. 과일로서 먹을 만한 것은 팔보당(八寶糖)·호도당(胡桃糖)·수당(水糖)·용안(龍眼)·여지(荔枝)·호도(胡桃)·진률(榛栗)·밀조(蜜棗)·생조(生棗)·사과(沙果)·빈과(蘋果)·생리(生梨)·건포도(乾葡萄)·생포도(生葡萄)·백포도(白葡萄)였는데, 백포도는 회회국(回回國)에서 생산된 것이라고 한다. 생과(生果)는 모두 제때가 아닌데도 새로 막 딴 것과 같았다. [이해응(李海應), 『계산기정(薊山紀程)』권3, 12월 29일조.]❽

이해응은 회회국 사람들과 주점에서 술을 마시기도 했는데, 돼지고기를 먹지 않는 이슬람문화를 이해하지 못하고, 저팔계(豬八戒)를 조상으로 삼는 까닭에 돼지고기를 먹지 않는다는 결론을 내기도 하였다.

전번 주점에서 회회국(回回國) 사람이 술 마시는 것을 보았는데, 저육(豬肉)으로 만든 안주를 내놓으니, 그는 머리를 휘젓고 먹지 않으며 말하기를, "저육은 본래 내가 먹지 않는다."하였다. 대개 회회국의 종족은 저팔계(豬八戒)로써 조상을 삼는다. 그러므로 무릇 음식을 먹을 적에 저육을 대하면 입에 가까이하지 않는다 한다. [이해응(李海應), 『계산기정(薊山紀程)』권3, 1월 12일조.]❾

18세기에는 북경에 천주당이 네 곳 있었으며, 유럽의 선교사들이 상주하면서 서구의 과학 문명과 천주교를 전파하고 있었다. 북경의 천주당은 18세기 조선의 연행사들이 으레 들르는 관광 명소 중 하나였으며, 여러 연행사들이 천주당의 선교사들과 교분을 맺은 바 있다. 1720년 자제군관으로 연행을 했던 일암(一菴) 이기

파파야 멜론

지(李器之, 1690~1722)가 이들과의 교유과정에서 맛보게 되는 몇 가지 서양 음식도 상당히 주목할 만하다. 그의 연행록인 『일암연기(一庵燕記)』에는 천주당에서 서구의 문물을 접하며 겪는 저자의 여러 경험이 소상하게 기록되어 있는데, 서양떡에 대한 묘사가 매우 흥미롭다.

소림(蘇霖, 수아레즈, Saurez)·장안다(張安多)·맥대성(麥大成) 세 사람이 모두 있었다. 대진현(戴進賢, 쾨글러, Kögler)도 있었는데, 얼굴이 세 사람이 비해 맑고 환했다. 소림·장안다·맥대성은 모두 나를 보고 반갑게 맞이하며 악수를 나누고 정을 표하였다. …(중략)… 나는 더 자세히 보고 싶어 홀로 남았다. 서양인들이 나를 다른 방으로 맞아들여 앉도록 했다. 나는 다시 부채 세 자루를 지난번에 만났던 세 사람에게 주고, 또 부채와 여러 가지 빛깔의 선자지(扇子紙)를 대진현에게 주고 그와 더불어 이야기를 나누었다. 식사를 대접하려고 하기에 이미 먹었다고 사양하니, 서양떡[西洋餠] 서른 개를 내왔다. 그 모양이 우리나라의 박계(薄桂)와 비슷했는데, 부드럽고 달았으며 입에 들어가자마자 녹았으니 참으로 기이한 맛이었다. 만드는 방법을 물자, 사탕(砂糖)과 계란, 밀가루로 만든다고 했다. 선왕[숙종]께서 말년에 음식에 물려 색다른 맛을 찾자, 어의(御醫) 이시필(李時弼)이 말하길 "연경에 갔을 때 심양장군(瀋陽將軍) 송주(松珠)의 병을 치료해주고 계란떡[雞卵餠]을 받아먹었는데, 그 맛이 매우 부드럽고 뛰어났습니다. 저들 또한 매우 진귀한 음식으로 여겼습니다."라고 했다. 이시필이 그 제조법에 따라 만들기를 청하여 내국(內局)에서 만들었지만 끝내 좋은 맛을 낼 수가 없었는데, 바로 이 음식이었던 것이다. 내가 한 조각을 먹자 그들이 곧 차를 내왔는데, 대개 이것을 먹은 후에 차를 마시면 소화가 잘되어 체하지 않기 때문이다. 뱃속이 매우 편안했으며, 배가 부르지 않았지만 시장기를 잊을 수 있었다. [이기지(李器之), 『일암연기(一庵燕記)』, 1720년 9월 27일조.]❿

서양떡[西洋餠]을 사탕(砂糖)과 계란, 밀가루로 만든다는 조리방법을 볼 때, 이 서양떡은 오늘날의 카스테라(Castella)로 짐작된다. 그 모양은 우리나라의 박계(薄桂, 朴桂의 오기, 한과의 일종)와 비슷하며, 그 맛은 부드럽고 달며, 입에 들어가자마자 녹아버려 매우 기이하다고 평한 내용이 재미있다. 또 어의(御醫) 이시필(李時弼, 1657~1724)이 이를 모방하여 제조하려 했지만 끝내 실패했다는 숙종대의 일화를 언급함으로써, 이기지 역시 서양떡을 맛 볼 수 있었던 사실을 매우 희

한국 천주교회와 첫 인연을 맺은 북당(北堂)은 명말 청초 북경에 건립된 4개의 성당 가운데서 본래의 형태가
남아 있는 유일한 천주당으로, 프랑스 예수회 선교사 드 퐁타네(Jean de Fontaney, 洪若翰, 1643 ~1710)
신부가 키니네를 사용하여 성조 강희제(康熙帝)의 학질을 고쳐준 공로로 하사 받은 서안문(西安門) 밖의 부지에서
1701년에 건축을 시작하여 1703년 12월에 축성하였다. 이때 강희제는 칙건천주당(勅建天主堂)이라는 명문을
하사했다.

귀한 경험으로 여겼음을 짐작할 수 있다.

이기지는 숙소로 찾아온 대진현(戴進賢, 이그나츠 쾨글러, Ignaz Kögler, 1680~1746)에게 율병(栗餠, 밤떡), 해송자병(海松子餠, 잣떡), 약과(藥果), 계당주(桂糖酒) 등을 대접하면서 교분을 다졌다. 이런 교유가 잦아지게 되자, 그도 또한 여러 가지 음식을 대접받게 되었는데, 그 중에는 서양에서 직접 가져온 포도주도 있었다.

잠시 후 음식을 차려서 대접해 주었는데, 서양 떡[西洋餠]·서양 사탕[西洋糖]·산사편(山査片)·앵두편·배·대추·포도 등의 종류로 모두 정갈하였다. 떡은 대진현(戴進賢, 쾨글러, Kögler)과 소림(蘇霖, 수아레즈, Saurez)이 내 왔던 것과 같은 종류였다. 따뜻한 차에 담갔다가 조각내어 먹으니 마치 연한 죽처럼 부드러워 먹을 만 하였는데, 비씨[費隱, 프리델, Fridell]가 먹는 방법을 가르쳐 주었다. 또 서양 포도주[西洋葡萄酒] 한 잔을 내왔는데, 색은 검붉었고 맛은 매우 향긋했으며 강렬하면서도 상쾌했다. 나는 본디 술을 마실 줄 몰랐는데 한 잔을 다 마시고도 취하지 않았고 뱃속이 따뜻해지면서 약간 취기가 오를 따름이었다. 내가 묻기를 "이것은 서양의 술 빚는 법으로 만든 것입니까? 서양에서 가지고 온 것입니까?"라고 하자, 그가 대답하기를 "서양인 가운데 최근에 온 자가 지금 여기 있는데, 한어(漢語)를 알지 못하기 때문에 나와 뵙지 못하고 있습니다. 그 사람이 올 때 이 술을 가지고 온 것입니다."라고 하였다. 내가 묻기를 "서양의 포도는 중국의 포도에 비해 어떠합니까?"라고 하자, "열매가 커서 길이가 한 치 남짓 되는 것이 있으며, 맛이 중국 것보다 낫습니다. 이것으로 술을 빚으면 수십 년이 지나도 부패하지 않습니다."라고 대답하였다. [이기지(李器之), 『일암연기(一庵燕記)』, 1720년 10월 10일조.]❶

카스테라

색깔은 검붉었고, 맛은 매우 향기로우면서도 강렬하고 또 상쾌했다는 묘사를 하고 있다. 원래 술을 마실 줄 모르는 그가 매우 흡족해하며 서양의 포도와 술에 대해 묻고는, 며칠 뒤에는 술 빚는 방법을 직접 묻기에 이른다. 그는 포도주의 맛뿐만 아니라 '기혈을 보강해주고 정력을 길러준다'는 효능에 주목하면서 제조방법을 배울 만하다고 여긴 듯하다.

대인이 거처하는 곳의 창[炕]이 매우 드넓어서 춥기에 담요로 앞을 막아 장옥(帳屋)을 만드니 자못 안온해졌다. 저녁 때 서양인 비은(費隱, 프리델, Fridell)에게 편지를 써서 포도주를 보내준 것에 사례하고, 각 색의 부채종이[扇子紙] 15장(丈), 묵 3정(丁), 연죽(煙竹, 담뱃대) 1개, 복어와 홍합 약간을 보내면서 비연(鼻烟, 코담배)과 서양구자(西洋韭子, 부추)의 종자를 요청했으며, 왕종인에게 이를 전하도록 했다. 내가 묻기를 "지난번에 보내주신 포도주는 맛이 매우 상쾌하고 시원했는데, 이것으로 병을 치료할 수 있습니까?"라고 하자, "기혈을 크게 보강해주고 정력을 길러줍니다."라고 답하였다. 내가 묻기를 "술은 어떠한 방법으로 빚습니까?"라고 하였더니 "9월 안에 잘 익은 포도 백(百) 곡(斛)을 수확하여, 세라포(細羅布)로 만든 포대를 이용해 맑은 즙을 짜냅니다. 그런 다음에 큰 솥 안에다 부어 끓여서 졸아든 절반을 거둡니다. 한 곡(斛)마다 매우 좋은 화소주(火燒酒)한 곡(斛)을 섞어 큰 항아리 안에 넣어서 보관하고 1년이 지난 다음에 꺼내서 그 색깔을 가지고 완성되었는지를 봅니다."라고 답하였다. [이기지(李器之), 『일암연기(一庵燕記)』, 1720년 10월 12일조.]⓬

여러 연행사들이 한 두 명의 서양 선교사들과 교분을 맺었으나, 이기지는 북경의 천주당 네 곳을 모두 방문하였다. 또 다른 연행사들의 천주당 방문이 1~2회에 그친 반면, 이기지는 10여회에 걸쳐 그들과 필담을 나누고 서적, 서화 등을 구경하기도 하였다. 다른 연행사들보다 훨씬 더 서양의 문물에 관심을 보였던 그는, 이듬해 연행에서 돌아오자마자 신임사화(辛壬士禍)에 연루되어 옥사(獄死)를 하고 만다. 혹시라도 그가 그렇게 요절하지 않았다면, 우리는 조선 후기에 이미 카스테라와 서양식 와인을 즐겼을지도 모를 일이다.

조양문(朝陽門) 연행도(燕行圖) 중 제7폭. 견본채색. 34.4×44.7cm.
숭실대 한국기독교박물관 소장.
단원 김홍도의 그림으로 추정되는 연행도는
북경(연경)에 파견된 사신단 일행이 북경에 도착해
치른 공식 행사를 13폭의 그림으로 표현한 것이다.
제7폭에 해당하는 이 그림은 당시 연경성의 동쪽
문인 조양문으로 조선 사신단 일행이 들어가는
장면을 그렸다.

애주가들의
향연

우리나라의 전통적 개념의 풍류(風流)는 속되지 않은 운치를 가리키는 의미로 사용된다. 시인들에는 문학적 용어로 사용되기도 하지만, 자연과 인생, 종교와 사상, 음악과 예술을 논할 때도 빠짐없이 등장하는 단어가 바로 풍류이다. 애주가(愛酒家)들에게도 풍류의 개념이 있었으니, 호탕하게 마시고 장쾌하게 취하는 것이다. 조선의 선비들 중에도 이런 애주가들이 많았던 까닭인지, 북경에 갔던 연행사들도 하나같이 중국의 명주(名酒)를 맛보고, 그 기록을 고스란히 연행록에 남긴 바 있다.

이날 밤에는 달이 낮처럼 밝았다. 전사가(田仕可)가 주식을 차리느라고 이경(二更)에야 겨우 돌아왔다. 발발(餑餑) 두 소반, 양 곱창 곰국 한동이, 익힌 오리고기 한 소반, 닭찜 세 마리, 돼지 삶은 것 한 마리, 신선한 과실 두 쟁반, 임안주(臨安酒, 중국 남방산 명주) 세 병, 계주주(薊州酒, 중국 북방산 명주) 두 병, 잉어 한 마리, 백반(白飯) 두 냄비, 잡채(雜菜) 두 그릇이니, 돈으로 친다면 열두 냥어치나 된다. …(중략)… 술이 다시 두어 순배 돈 때에 이생이 "이 술 맛이 귀국의 것과 비교하여 어떠합니까."하고 묻는다. 나는 "이 임안주는 너무 싱겁고, 계주주는 지나치게 향기로워서, 둘 다 술의 애초부터 지니고 있는 맑은 향기는 아니라 생각됩니다. 우리나라엔 법주(法酒)가 더러 있습니다."라고 한즉, 전생은 "그러면 소주(燒酒)도 있습니까."하고 묻기에, 나는 "예, 있습니다."하고 답하였다. [박지원(朴趾源), 『열하일기(熱河日記)』, 「성경잡지(盛京雜識)·속재필담(粟齋筆談)」조. 1780년 7월 11일.]⓭

196

박지원은 심양의 밤거리를 홀로 나와 낮에 만났던 상점의 주인들과 대작을 한다. 여러 가지 음식과 중국의 유명한 술을 골고루 맛 본 뒤, 술맛을 묻는 주인에게 술맛이 싱겁다느니, 지나치게 향기롭다고 대답을 하지만, 그는 날이 새도록 술을 마시며 필담을 나누고 이른 아침에서야 숙소로 몰래 들어간다. 다음날에도 날이 어두워지자 이들을 다시 찾아갔던 사실로 보아, 분명 술맛이 전혀 없지는 않았던 모양이다.

1777년 부사의 직책을 맡아 연행을 갔던 이압(李@(土+甲), 1737~1795)과 1832
년 연행을 갔던 김경선도 자신의 연행록에 중국의 술 마시는 법에 대해 상세히
설명하고 있다.

술술 마시는 법은 죽 들이키지 않고 조금씩 마시므로 한꺼번에 다 기울여 없애지 않는
다. 술잔도 작다. 소주(燒酒)는 우리나라 맛에 비하면 무척 떨어진다. 마신 뒤에 뱃속
이 또한 편치 못한데 이는 회(灰)를 타서 빚기 때문이라 한다. 그러므로 우리나라 환소주
(還燒酒)를 저 사람들은 대단히 좋아하지만 한 번 마시면 목구멍을 찌르기 때문에 한 번
에 다 마시는 자는 하나도 없다. 연로에서는 계주(薊州) 술맛이 가장 좋다. 그래서 우리
나라 사람들이 여기 이르면 모두 사 마시는데 맛이 우리나라 방문주(方文酒)와 비슷하
나 조금 싱겁고 달며 향기롭다. 이곳 각 주점의 술이 도수는 일정하지 않으나, 오래 되어
도 맛이 변하지 않는 것은 같다. 경사(京師)의 의이주(薏苡酒)가 또한 청렬(淸冽)하다
고 하나 역주(易州)의 술이 더 좋다. 강희(康熙) 때 일찍이 쪄서 만드는 소주(燒酒)가 미
곡을 많이 소모한다 하여 금한 일이 있으나 되지 않았다 한다. 들으니, 왜인(倭人)의 술
은 소나무 통에 빚어서 땅속에 묻었다가 3년 뒤에 꺼내기 때문에 맛이 매우 순하고 솔 냄
새가 나며, 불같이 찌는 데에 두어도 향기롭고 맑은 것이 감하지 않는다고 한다. 서양(西
洋)의 소위 포도주(葡萄酒)는 빛이 맑고 푸르며 맛이 왜주(倭酒)와 같은데, 또한 아름답
다고 한다. [이압(李@土+甲), 『연행기사(燕行記事)』, 「문견잡기(聞見雜記)」 상.]❶④

술을 마시는 법은 이러하다. 술잔은 매우 작아 겨우 몇 숟가락의 술이 들어갈 정도에 불
과하고, 술을 데우는 기구 역시 몇 잔 술밖에 들어가지 않는다. 그 몸뚱이는 둥그스름하
고 배는 잘록한데, 그 허리를 가로막아 위쪽에는 술을 담고 아래쪽에는 불 담는 구멍을
내어 술이 쉬이 데워지게 되어 있다. 그리고 이를 잔에 따라 조금 마시고는 안주를 먹는
다. 이같이 대여섯 번 마셔야 한 잔을 다하게 된다. 이렇기 때문에 온종일 술을 마셔도
그다지 취하지는 않는다. 고인(古人)들이 '일일 삼백배(一日三百杯)'라 한 것도 실상 까
닭이 있는 것이요, 별로 이상할 게 없는 일이다. 계주(薊州), 역주(易州)의 술이 가장 상
품(上品)으로, 그 맛도 시원하고 독해서 마치 우리나라의 백로주(白露酒)와도 같은데,
도수는 약해서 취했다가는 이내 깬다. 만드는 법은 알 수가 없으나 대체로 모두 기장으로
만드는 것들이다. [김경선(金景善), 『연원직지(燕轅直指)』 권6, 「유관별록(留館別錄)·

이압은 독한 술을 작은 잔에 따라 조금씩 마시는 중국의 술 마시는 법에 대해 설명하고 있다. 큰 잔에 술을 가득 따라 마시던 조선의 선비는, 간장종지만큼이나 작은 술잔이 희한하게 보였던 것이 틀림이 없다. 이는 김경선도 마찬가지이다. 김경선 역시 술잔의 크기에 대해 먼저 언급하고, 술을 데워 마시는 방법과 계주주, 역주주 등의 술맛에 대해 설명하고 있다. 소주(燒酒)와 계주주(薊州酒), 의이주(薏苡酒), 역주주(易州酒) 등 여러 술의 맛과 빛깔에 대한 이런 상세한 기록은, 물론 직접 먹어보지 않고서는 남길 수 없었을 터이다.

김창업 역시 중국의 명주인 계주주와 역주주를 맛보고 품평한 바 있으며, 같은 해 연행을 함께 했던 최덕중(崔德中, ?~?)도 그 맛과 향을 상세히 묘사하였다.

소주(燒酒)는 맛이 우리나라의 것과 같았으나 마신 뒤에 뱃속이 편치 못하였다. 아마도 석회를 타서 그런 듯하였다. 술은 계주(薊州), 역주(易州)의 것은 모두 맑고 차서 우리나라의 백하주(白霞酒) 못지 않았지만 도수가 약하여 취기가 쉽게 깬다. 술을 담그는 법이 어떤지 알 수는 없지만, 아마 모두 찰기장으로 만든 것인 듯하다. 북경 통관 박인득(朴仁得)의 집 술과 사하보(沙河堡)의 유계적(劉繼迪)의 집 술은 아주 좋아 계주의 술보다 나았다. [김창업(金昌業), 『노가재연행일기(老稼齋燕行日記)』, 권1, 「산천 풍속 총록(山川風俗總錄)」.]**⑮**

이 주(州, 계주(薊州)를 가리킴)의 술맛이 천하에 유명하므로 내가 조금 마셔 보았더니, 맛이 매우 깔끔하고 달아서 벽향주(碧香酒) 같았고, 빛깔은 백소주(白燒酒)와 같았다. [최덕중(崔德中), 『연행록(燕行錄)』 1712년 12월 24일조.]

김창업의 경우는 북경의 숙소에 머물면서도 바쁜 일과 속에서도, 직접 술을 빚어 먹기까지 하였다. 아래의 인용문에는 술이 빨리 익지 않는 까닭에 중국의 계주주와 누룩을 추가하면서까지, 술 익기를 재촉하는 애주가의 간절함을 보여주고 있다.

저녁에 방물(方物)을 모두 고쳐 쌌는데 내일 들여보내리라고 한다. 담아 놓은 술이 동이가 두꺼워 32일이 되어도 아직 익지 않았다. 수일 전에 계주주(薊州酒) 두 잔을 넣었더니, 이날 비로소 괴려고 해서 곧 누룩과 밥을 더 넣었다. [김창업(金昌業), 『노가재연행일기(老稼齋燕行日記)』, 권5, 1713년 2월 8일조.❶]

이 외에도 여러 연행록에서 술에 대한 기록을 찾아볼 수 있으나, 구체적인 술의 이름을 적시하지 않았거나, 비슷한 내용이 반복되는 까닭에 더 이상의 인용은 생략하도록 하겠다. 다만 박지원의 경우 여지즙(荔支汁)을 술로 오해하여 조심스레 나눠마시고는 "참 좋은 술!"이라며 찬탄해마지않는 우스꽝스러운 모습을 보여주고 있어 이를 소개하고자 한다.

저녁에 작은 황문(黃門, 환시(宦侍)를 가리킴)이 와서 모난 주석 항아리 하나를 내렸다. 통관이 "이건 차(茶)야."하고 설명해 주자, 황문은 곧 달려가 버린다. 누런 비단으로 항아리 마개를 봉했기에, 떼고 본즉 빛이 누르면서도 약간 붉어 술과 같았다. 서장관이 "이건, 정말 황봉주(黃封酒)야."한다. 맛이 달고 향내가 풍겨 술 기운이란 전혀 없었다. 다 따르자, 여지(荔支) 여남은 개가 떠오른다. 모두들 "이건, 여지로 빚은 것이야."하고 각기 한 잔씩 마시고는 "참 좋은 술이구려."한다. 비장과 역관들에게 찻잔이 이르니 마시지 않는 자도 있거니와, 대번에 들이키는 이가 없다. 이는 너무 지나치게 취할까 보아서 그런 것이다. 통관들이 목을 내밀며 침을 흘린다. 수역이 남은 것을 얻어서 주었더니 돌려가며 맛보고는 "아름다운 궁중 술이야."하며 칭찬하지 않는 이가 없었다. 이윽고 일행이 서로 돌아보며 "취했어, 취했구면."한다. 이날 밤에 기공(沂公, 王曾의 號)을 찾았을 때 한 잔을 따라서 보였더니, 기공은 "이건 술이 아닌 여지즙(荔支汁)이랍니다."하며 깔깔대고는, 곧 소주 대여섯 잔을 내어 거기다가 타니, 맑은 빛깔 매운 맛에 이상한 향내가 배로 풍긴다. 이는 대개 여지 향내가 술기운을 얻어서 더욱 은은한 향내를 드러내는 것이었다. [박지원(朴趾源), 『열하일기(熱河日記)』, 「태학유관록(太學留館錄)」조. 1780년.❷]

분명 차(茶)라고 설명을 해 주었음에도 불구하고, 그 빛깔을 보니 술이 확실하다 지레 짐작하고 마셔대는 모습은 매우 재밌는 상황이 아닐 수 없다. 게다가 귀한 궁중 술이라 여겨, 아까워하며 단번에 들이키는 이가 없었다는 사실도, 애주가가 아니라면 이해하기 힘든 장면일 것이다.

타국에서 맛보는
조선의 맛

평생을 낳고 자란 고향을 떠나면 누구나 고향을 그리워하게 마련이다. 고향이 아니라 다년간 생활을 해왔던 삶의 터전도 마찬가지이다. 오랜 시간이 지나거나 쉽게 되돌아갈 수 없는 상황에서는, 그 그리움이 더욱 간절해지는 것이 당연한 일이다. 오랜 기간이 아니지만 연행사들도 여로(旅路)에 지쳐 부모님과 처자식을 떠올리는 경우도 적지 않았을 것이다. 실제로 많은 연행사들이 인편에 편지를 전하여 집안의 소식을 접하고자 했던 사실도 연행록에서는 빈번하게 찾아볼 수 있다. 연행사들에게 잠깐이나마 타국에서의 향수를 달랠 수 있는 기회가 있었으니, 그것은 바로 간혹 접할 수 있었던 조선의 음식이었다.

김창업은 동팔참(東八站, 압록강과 산해관 사이의 여덟 군데의 역참)의 꿩이 우리나라의 꿩 못지않다고 하면서, 아울러 대릉하(大陵河)·소릉하(小陵河)의 감동해(甘同醢)의 맛이 좋다고 언급하였다.

동팔참의 꿩맛은 우리나라의 살찐 꿩 못지 않았다. 소흑산(小黑山), 십삼산(十三山)에는 메추리가 매우 흔했으며 대릉하(大陵河)·소릉하는 감동해(甘冬醢)가 맛도 좋고 흔하였다. [김창업(金昌業), 『노가재연행일기(老稼齋燕行日記)』, 권1, 「산천 풍속 총록(山川風俗總錄)」.]❶❽

김경선 역시 소릉하에서 나는 감동해가 맛 좋다고 하면서, 돼지고기를 찍어 먹는 것이 유명하다고 설명한 바 있다. 또한 삼대자(三臺子)에서 맛 본 자하해(紫蝦醢)는 곧 조선의 감동해와 그 맛이 같다는 내용도 보인다.

감동해(甘同醢)는 소릉하(小凌河)에서 나는 것이 맛 좋고 흔하다. [김경선(金景善), 『연원직지(燕轅直指)』 권6, 「유관별록(留館別錄)·음식(飮食)」조.]

숭어[鯔魚], 중숭어(重唇魚)가 생산되며, 감동즙[甘同汁]은 몹시도 맛이 좋아, 돼지고기를 찍어 먹으면 일미[絶味]라고 한다. [김경선(金景善), 『연원직지(燕轅直指)』 권2, 「

소릉하기(小凌河記)」. 1832년.]

삼대자(三臺子), 사대자(四臺子), 오대자(五臺子)를 지나는데 배[梨]를 파는 자들이 매우 많았다. 그 배는 크기가 우리나라 6월의 복숭아만 하였으며 빛이 누르고 맛이 달았다. 또 예부터 전하기를, 이곳의 자하해(紫蝦醢)는 우리나라의 감동해(甘同醢)와 같으며, 그 속에 오이지는 더없이 아름다워 저두자(猪肚子)라고 부르는데, 절편(切片)은 몹시 아름다웠다. [김경선(金景善), 『연원직지(燕轅直指)』 권2, 1832년 12월 5일조.]⑲

『열하일기』에는 "중후소(中後所)에서 일대자(一臺子)까지 5리, 이대자 3리, 삼대자(三臺子) 4리"라고 표기되어 있는데, 삼대자는 지금의 랴오닝(遼寧)성의 수이중(綏中) 남쪽 6km 지점에 있는 싼타이즈(三台子)를 말한다. 이곳은 연대(煙臺, 봉화대)와 관왕묘(關王廟)가 있는 곳으로 지금도 많은 관광객이 찾는 곳이다. 지리적으로 조선과 가깝고 바다와 인접해 있는 까닭인지, 조선의 감동해와 그 맛에 차이가 없었다고 기록하고 있다.

동치미도 마찬가지이다. 여러 연행록에서 동치미를 '동저(冬葅)' 또는 '동침(冬沈)', '동침저(冬沈葅)' 등으로 다르게 표기하고 있는데, 영원위(寧遠衛)나 풍윤현(豐潤縣)에서 먹는 동치미의 맛은 조선의 그것과 비슷했으며, 김치 역시 조선의 것을 모방하여 먹는다는 언급을 자주 찾아볼 수 있다.

영원위(寧遠衛) 저녁밥엔 동치미가 나왔는데 우리나라의 것과 맛이 꼭 같았다. 한 노파에게서 산 것이다. [김창업(金昌業), 『노가재연행일기(老稼齋燕行日記)』, 권2, 1712년 12월 15일조.]⑳

풍윤현(豐潤縣) 이곳의 동치미는 우리나라에서 만든 것처럼 맛이 극히 시원했다. [김창업(金昌業), 『노가재연행일기(老稼齋燕行日記)』, 권3, 1712년 12월 22일조.]

영원위(寧遠衛)나 풍윤현(豐潤縣)에는 모두 동치미가 있었는데, 우리나라의 동치미 맛과 비슷하였으며, 풍윤현의 것이 더 나았다. 북경의 통관(通官) 집에서 만든 김치를 보니, 역시 우리나라의 방법을 모방한 것인데 그 맛이 꽤 좋았다. 이 밖에 갓김치, 배추김치는

가는 곳마다 있었는데 맛이 조금 짰지만 가끔 맛이 있는 것도 있었다. 또 갖가지 장아찌도 있었는데 맛이 좋지 않았다. [김창업(金昌業), 『노가재연행일기(老稼齋燕行日記)』, 권1, 「산천 풍속 총록(山川風俗總錄)」.]

김경선은 영원위(寧遠衛)의 동치미 맛이 우리나라와 같은 이유를 설명하고 있는데, 병자호란 때 포로로 잡혀 온 조선 사람들이 많기 때문이라 하였다.

풍윤현(豐潤縣)에 동치미[冬沈菹]도 맛이 좋아 우리나라에서 만든 것과 같다고 한다. [김경선(金景善), 『연원직지(燕轅直指)』 권2, 1832년 12월 15일조.]

영원위(寧遠衛), 풍윤현(豐潤縣)에는 동치미가 있어 그 맛이 우리나라 것과 같은데 풍윤현 것이 좀 더 낫다. [김경선(金景善), 『연원직지(燕轅直指)』 권6, 「유관별록(留館別錄)·음식(飮食)」조. 1832년.]

예부터 전해 오기를, 이곳은 귤(橘), 유자(柚子), 포도(葡萄)를 많이 파는데, 그 과일이 매우 크고 맛이 달아서 새로 딴 것과 같다. 또 동치미[冬沈菹]의 맛이 우리나라의 것과 같다 하는데, 이는 정축년(1637, 인조 15)에 포로로 잡혀 온 우리나라 사람의 유법(遺法)이라 한다. [김경선(金景善), 『연원직지(燕轅直指)』 권2, 1832년 12월 8일조.]❹

이는 같은 이유로 고려보(高麗堡)에 조선 사람들의 유풍(遺風)이 전하고 있다는 내용과 상통한다. 1778년 연행을 갔던 이덕무(李德懋, 1741~1793)의 『입연기(入燕記)』에는 고려보와 관련한 기록이 있는데, 마을 안팎의 논[水田]과 집의 구조가 평안도와 비슷할 뿐만 아니라, 연행단이 지날 때마다 고국의 소식을 듣고자 술과 음식으로 극진히 접대했다는 등의 내용이다. 이와 비슷한 내용은 여타의 연행록에서도 확인할 수 있다.

성에서 10여 리쯤에 고려보(高麗堡)가 있었다. 촌가는 수십 호도 못되어 쓸쓸하기 이를 데 없었고 담과 집의 구조도 우리나라의 평안도(平安道)와 비슷했다. 논이 있었는데 물이 괴어 있어 밝은 햇빛이 반사되고 있었다. 2천 리를 오는 동안에 처음 보는 것이어서 더욱 새롭게 보였다. 이것은 아마도 병자호란(丙子胡亂)·정묘호란(丁卯胡亂) 때 잡혀온 우리나라 사람들이 여기에 억류되어 살면서 논을 만드는 풍속을 이룬 것인가 보다. [이덕무(李德懋), 『입연기(入燕記)』 1778년 5월 11조.]㉒

이와는 별개로 심상규(沈象奎, 1766~1838)와 같은 경우에는, 북경에 가서까지 개고기를 먹고자하여 청나라 사람들에게 창피를 당하기도 하였다. 이유원(李裕元, 1814~1888)의 『임하필기(林下筆記)』에 그와 관련한 기록이 있으니, 그 내용은 다음과 같다.

연경(燕京) 사람들은 개고기를 먹지 않을 뿐 아니라 개가 죽으면 땅에 묻어 준다. 두실(斗室) 심상규(沈象奎)가 연경에 들어갔을 때 경일(庚日)을 만나 개고기를 삶아 올리도록 하였는데, 연경 사람들이 크게 놀라면서 이상히 여기고는 팔지 않았으며, 이에 그릇을 빌려다가 삶았는데, 그 그릇들을 모조리 내다 버렸다. 내[이유원(李裕元)]가 북쪽에 갔을 때에 들으니, 예전에 장단(長湍) 상공(相公) 이종성(李宗城)은 남의 연회(宴會)에 나아갔다가 개장국을 보고서 먹지 않고 돌아와 말하기를, "손님에게 대접하는 음식이 아니다." 하였다고 한다. 두 공의 규모(規模)가 각기 달랐다 하겠다. [이유원(李裕元), 『임하필기(林下筆記)』 권27, 「춘명일사(春明逸史)」.]㉓

경일(庚日)은 소위 말하는 '복날'을 가리킨다. 초복(初伏)은 하지(夏至)로부터 세 번째 돌아오는 경일(庚日)이고, 네 번째 경일(庚日)은 중복(中伏)이며, 입추(立秋)로부터 첫 번째 경일(庚日)이 바로 말복(末伏)이다. 심상규의 연행 당시 기록은 남아 있지 않아 정확히 언제였는지 확인할 수는 없지만, '삼복더위'에 개장국을 즐겨 먹었던 우리나라의 풍속을 심상규는 북경에서도 유감없이 발현하려 했던 것으로 보인다.

이유원의 『임하필기』에도 언급되었으나, 19세기초 연행을 갔던 이해응(李海應)의 기록을 통해, 청나라에서는 개를 애완용으로 기를 뿐 식용으로는 쓰지 않았음을 재차 확인할 수 있다.

개는 혹 큰 것은 망아지만 한 것이 있고, 그중에 아주 작은 것은 고양이만 한데, 사람의

방에서 잔다. 여인들이 혹 품속에 안고 있으니, 우리나라 사람이 '발발이[勃勃]'라고 이름 붙였다. 또 별도로 호걸스러운 종자가 있다. 성질이 매우 사납기 때문에 쇠줄로 목을 얽고 나무막대기 양쪽 끝을 꿰어 그 턱밑으로 내려 견제했다. 그러나 낯선 손님을 보면 뛰어나와 마구 짖어 대며 반드시 물어뜯으려 한다. 들으니, 그들은 개고기를 먹지 않고 죽으면 곧 묻어 버린다고 한다. [이해응(李海應), 『계산기정(薊山紀程)』권5, 「부록(附錄)·축물(畜物)」조.]

이재흡(李在洽)의 『부연일기(赴燕日記)』에도 개고기를 먹지 않는 청나라의 풍속을 설명하고 있다.

개 종류는 한결같지 않아서, 아주 크며 사나운 것이 있고, 또한 아주 작아 옹종하고 앙징맞으며 조그마한 것이 있다. 털과 골격이 섬세하고 윤기 나며, 아주 작은 것을 발발(勃勃)이라 하는데 이는 개 중에 악착스러운 것이다. 노새 종류에도 역시 옹종하고 앙징한 것이 있는데, 또한 발발나자(騾子)라고 한다. 발발은 집집마다 기르고 큰 개는 백에 한둘도 안 된다. 그들의 풍속은 모두 개고기를 먹지 않는다. [이재흡(李在洽), 『부연일기(赴燕日記)』, 「주견제사(主見諸事)·금축(禽畜)」조. 1828년.]

개고기를 먹지 않았던 당시 중국의 음식문화는 만주족이 만들어 낸 17세기 이후의 문화로 추정된다. 예부터 중국에서는 개고기를 식용으로 썼던 것은 여러 문헌에서 분명 확인할 수 있는 사항이다. 사마천(司馬遷, B.C145?~B.C86?)의 『사기(史記)』에는 이미 기원전 675년에 "덕공(德公) 2년, 복일(伏日)을 정하여 개고기로 열독(熱毒)과 사기(邪氣)를 막았다.(初伏, 以狗禦蠱)"는 기록이 있는 것으로 보아, 한족(漢族)의 개고기 식용문화는 일반적이었던 것으로 여겨진다. 다만 유목생활을 했던 북방의 만주족이 청나라를 건국한 후 새로운 지배층으로 군림하게 되면서, 개고기를 먹지 않는 유목민족의 음식문화가 점차 일반화되었고, 한족과는 다른 인식의 차이에도 불구하고 중국의 음식문화로 고착화 됐을 것이라 추측할 수 있다.

연행록에 남아 있는 옛 향기

연행록은 수백 년 동안 중국을 오갔던 우리나라의 사신들이 남긴 여행기록문이다. 저자에 따라, 또 시대에 따라 어느 정도의 편차를 보이기도 하지만, 통상 보고 들은 것을 빠짐없이 모두 기록했다는 점에서, 단순한 여행기록으로만 볼 수는 없다. 고려시대부터 19세기 말까지 동아시아의 역사적 사건은 물론, 경제·문화·정치·외교·천문·건축·복식·종교·음식·예술 등 여러 분야에 걸쳐 수많은 정보를 담아내고 있다는 점은, 정사(正史) 못지않은 중요한 기록유산으로서의 가치를 지닌다고 할 수 있겠다.

불과 몇 년 전에 일어난 일도, 사진이나 관련 기록이 없다면 쉬이 잊혀지는 세상이다. 하지만 연행록은 조선의 선비들이 난생 처음 겪었던 놀라운 경험들을, 수백 년이 지난 지금의 우리에게도 생생하게 전달해주고 있다. 멋들어진 자연 경관이나, 광장에서 구경한 신기한 마술은 물론, 저잣거리에서 음미했던 한잔 술과 음식의 여운까지도 말이다.

205

북경의 러시아공사관을 방문한 조선 사행단   1863년 음력 1월 연행단. 러시아공사관에서 러시아 사진가가 찍은 사진으로, 당시 한 영국인 선교사가 수집해 자국으로 가져갔으며, 현 소유권자인 런던선교회가 런던대 동양 및 아프리카 연구학교(SOAS)에 위탁 보관중이다.

주

1. 박지원(朴趾源), 『열하일기(熱河日記)』, 「곡정필담(鵠汀筆談)」조. 1780년.

2. 홍대용(洪大容), 『담헌연기(湛軒燕記)』, 「음식(飲食)」조

3. 김창업(金昌業), 『노가재연행일기(老稼齋燕行日記)』, 권1, 「산천 풍속 총록(山川風俗錄)」

4. 이해응(李海應), 『계산기정(薊山紀程)』 권5, 「부록(附錄)·음식(飲食)」조.

5. 김경선(金景善), 『연원직지(燕轅直指)』 권6, 「유관별록(留館別錄)·음식(飲食)」조. 1832년.

6. 박지원(朴趾源), 『열하일기(熱河日記)』, 「성경잡지(盛京雜識)·속재필담(粟齋筆談)」조. 1780년 7월 11일.

7. 김창업(金昌業), 『노가재연행일기(老稼齋燕行日記)』, 권4, 1713년 1월 17일조.

8. 이해응(李海應), 『계산기정(薊山紀程)』 권3, 12월 29일조.

9. 이해응(李海應), 『계산기정(薊山紀程)』 권3, 1월 12일조.

10. 이기지(李器之), 『일암연기(一庵燕記)』, 1720년 9월 27일조.

11. 이기지(李器之), 『일암연기(一庵燕記)』, 1720년 10월 10일조.

12. 이기지(李器之), 『일암연기(一庵燕記)』, 1720년 10월 12일조.

13. 박지원(朴趾源), 『열하일기(熱河日記)』, 「성경잡지(盛京雜識)·속재필담(粟齋筆談)」조. 1780년 7월 11일.

14. 이압(李坤), 『연행기사(燕行記事)』, 「문견잡기(聞見雜記)」상.

15. 김창업(金昌業), 『노가재연행일기(老稼齋燕行日記)』, 권1, 「산천 풍속 총록(山川風俗總錄)」.

16. 김창업(金昌業), 『노가재연행일기(老稼齋燕行日記)』, 권5, 1713년 2월 8일조.

17. 박지원(朴趾源), 『열하일기(熱河日記)』, 「태학유관록(太學留館錄)」조. 1780년.

18. 김창업(金昌業), 『노가재연행일기(老稼齋燕行日記)』, 권1, 「산천 풍속 총록(山川風俗總錄)」.

19. 김경선(金景善), 『연원직지(燕轅直指)』 권2, 1832년 12월 5일조.

20. 김창업(金昌業), 『노가재연행일기(老稼齋燕行日記)』, 권1, 「산천 풍속 총록(山川風俗總錄)」.

21. 김경선(金景善), 『연원직지(燕轅直指)』 권2, 1832년 12월 8일조.

22. 이덕무(李德懋), 『입연기(入燕記)』 1778년 5월 11조.

23. 이유원(李裕元), 『임하필기(林下筆記)』 권27, 「춘명일사(春明逸史)」.

김경선(金景善), 『연원직지(燕轅直指)』

김창업(金昌業), 『노가재연행일기(老稼齋燕行日記)』

박지원(朴趾源), 『열하일기(熱河日記)』

이해응(李海應), 『계산기정(薊山紀程)』

이기지(李器之), 『일암연기(一庵燕記)』

이덕무(李德懋), 『입연기(入燕記)』

이압(李坤), 『연행기사(燕行記事)』

이유원(李裕元), 『임하필기(林下筆記)』

이재흡(李在洽), 『부연일기(赴燕日記)』

최덕중(崔德中), 『연행록(燕行錄)』

홍대용(洪大容), 『담헌연기(湛軒燕記)』

김혈조, 「연행 사신의 식생활(食生活)」, 『한국실학연구』 20, 한국실학학회, 2010.

신익철, 「이기지(李器之)의 〈일암연기(一菴燕記)〉와 서학 접촉 양상」, 『동방한문학』 30집, 동방한문학회, 2005.

2   바다를

     건너온

     달콤한 향기

김
사
덕
─
규
장
각

정제 설탕은 동서양에서 모두 거대한 사회적 변화를 일으키며 단맛이라는 새로운 세계를 열었다. 이 글에서는 새로운 맛이 어떻게 일본을 거쳐 조선에까지, 그리고 오늘날 우리 곁에 도착했는지 그 줄거리를 보여준다.

서양의 선교사와 함께 일본에 전해진 달콤한 서양의 음식들은, 일본의 문화적 맥락에서 다양한 먹거리로 재탄생한다. 카스테라나 별사탕과 같이 16세기에 유럽에서 전해져 일본에 정착한 각종 과자가 시작이었다면, 근세 일본의 설탕 문화가 만들어 낸 단팥죽, 팥빙수, 붕어빵, 오방떡, 찹쌀떡, 양갱 등은 일본에서 재탄생한 먹거리들이었다. 물론 이러한 먹거리들은 조선 후기와 식민지 시대, 그리고 오늘날까지도 지속적으로 한반도에 소개되어 한 국민의 간식으로 친숙해졌다. 흔하고 친숙한 간식의 이면에 축적되어 있는 오랜 교류의 역사를 드러내 보여주는 글이다.

귤 향기는 그리운 사람을
떠올리게 한다

5월 기다려 핀 귤꽃 향기 맡으니 옛 사람의 소맷자락에서 풍기던 향기가 생각난다.(さつきまつ花橘のかをかけは昔の人の袖のかそする)

일본의 옛 시로 이 글을 시작하려 한다. 이 시는 고대 일본의 시가 형식 가운데 하나인 와카(和歌)를 모아 10세기 초에 펴낸『고금와카집(古今和歌集)』에 실린 1천여 수 가운데 한 편이다. 이 시를 읊은 사람이 누구인지는 알려져 있지 않으나, 이 시와 관련된 이야기가『고금와카집』과 멀지 않은 시기에 집필된『이세 이야기(伊勢物語)』라는 소설에 전한다.

이 책에 따르면 옛날에 어느 부부가 있었는데, 남편이 궁궐 근무로 바빠서 아내를 챙기지 못한 사이에 다른 남자가 그 아내에게 성실한 사랑을 약속하자 그녀는 그 남자를 따라 다른 지방으로 떠나버렸다. 그 후, 남편이었던 사람이 일이 있어서 지방에 갔다가 옛 아내와 마주쳤다. 그러자 그 남자는 술안주로 나와 있던 귤(橘)을 들면서 위의 시를 읊었고, 이 시를 듣고 그 남자가 자신의 옛 남편이었음을 깨달은 여자는 비구니가 되어 산으로 들어갔다고 한다.『이세 이야기』에 전하는 이 이야기가『고금 와카집』에 실려 있는 이 시를 읊은 사람의 이야기라고 단정할 수는 없지만, 애정 이야기의 키워드로 편입될 정도로 이 시가 당시 사람들의 입에 널리 오르내렸음은 짐작할 수 있다. 그리하여 그 후로 일본 사람들은 귤을 보면서 그리운 사람을 기억하게 되었다.

그런데 이 와카와 이야기에 나오는 귤은 일본어로는 "다치바나(橘)"라고 한다. 위도상으로 한반도보다 남쪽에 걸쳐 있는 부분이 많은 일본열도에는 한반도보다 풍부한 종류의 감귤류가 존재하고 있으며, 일본인들은 귤속(橘屬, Citron)에 속하는 과일을 일본 열도에 도래한 시기나 그 밖의 문화적 맥락에서 다치바나(橘), 미칸(蜜柑), 운슈미칸(温州蜜柑), 시콰사(シークワーサー), 구넨보(九年母) 등으로 다양하게 구분한다. 근세 일본의 백과사전인『화한삼재도회(和漢三才図会)』에는 이들 다양한 품종에 대한 설명이 실려 있는데, 이를 잘 읽어보면 일본인들도 각각의 품종을 구분하는 데 어려움을 겪었던 듯 하다. 이러한 일본인들의 구분법이

19세기에 일본에서 큰 인기를 끈 여행소설 『도카이도추 히자쿠리게(東海道中膝栗毛)』의 주인공
야지로베(弥次郎兵衛)와 기타하치(喜多八). 배경을 이루는 슨푸성(駿府城)과 귤나무가 시원해보인다.
필자 촬영. 이 소설의 일부가 『짓펜샤 잇쿠 작품 선집』(강지현 옮김, 소명출판, 2010)에 번역되어 실려 있다.

211

현대의 식물학적으로 모두 인정받는 것은 아니지만, 그들은 전통 문화 속에서 귤 속에 속하는 여러 과일을 섬세하게 구분하여 이용해왔다. 그리고 그 가운데 가장 이른 시기에 역사적 설명이 주어진 것이 다치바나인데, 그 배경에는 고대 일본과 한국의 교류가 존재한다.

8세기 초에 문어 중국어(한문)로 편찬된 역사서인 『일본서기(日本書紀)』의 권6에 는 다음과 같은 다치바나의 유래담이 전한다.

스이닌 덴노(垂仁天皇) 90년 음력 2월에 다지마모리(田道間守)라는 신하가 덴노 로부터 "도코요노쿠니(常世国)에 가서 늘 향기가 나는 과일을 가져오라"는 명령 을 받고 길을 떠난다. 도코요노쿠니란 일본 신화에 등장하는 이상향(理想鄕)이 며, 계절과 관계없이 늘 향기가 나는 과일은 불로장생의 명약으로 간주되었을 것 인데, 『일본서기』의 편찬자는 그 과일이 다치바나였다는 주석을 달고 있다. 중국 도교(道敎)의 영향을 받아 일본인들의 정신 세계 속에 존재하게 되었을 이 도코요노쿠니는, 마치 고대 중국의 진시황(秦始皇)이 불로장생의 약초를 찾으러 동해 바다 건너 보낸 서복(徐福)이 도달했다고 믿어지는 봉래(蓬萊)·방장(方丈)·영주(瀛洲)의 세 이상향과 같은 영원한 생명의 땅이다. 바다 건너 먼 곳에 있는 땅인 만큼 그 곳에 다녀오기 위해서는 오랜 세월이 필요하다고 믿어졌던 것 같다.『일본서기』에서는 스이닌 덴노가 다지마모리가 떠난 9년 뒤에 죽었고, 그 이듬해에 귤을 들고 귀국한 다지마모리는 주군이 돌아가신 것을 알고 슬퍼하며 덴노의 무덤 앞에서 자살했다고 전한다. 그리고 달콤한 향기를 지닌 귤을 일본에 가져온 다지마모리에게 감사의 마음을 담아 후세 사람들은 그를 과자(菓子)의 신으로 모시게 되었다.

위의 이야기는 어디까지나 신화이기 때문에 도코요노쿠니가 실제 역사에서 어디를 가리키는지를 찾아내려는 시도는 덧없다. 그러나 다지마모리의 조상이『고사기(古事記)』등의 고대 일본 역사서에서 신라 왕자 아메노히보코(天日槍)의 후손이며 다지마모리의 후손이 이른바 "삼한 정벌(三韓征伐)" 전승의 주인공인 진구코고(神功皇后)라는 점에서,『화한삼재도회』등에서는 도코요노쿠니가 신라인 듯하다는 추측도 이루어진다(권87). 귤의 원산지는 남아시아로 생각되며 일본에 존재하는 귤속의 다양한 과일들이 중국 남부에서 전래되었다는 점을 생각하면 이러한 해석이 무리하게 느껴지기도 한다. 그러나 땅에서 솟아난 고을나(高乙那), 양을나(良乙那), 부을나(夫乙那) 세 사람이 바다 건너 동쪽 벽랑국(碧浪國)에서 오곡의 씨앗을 들고 온 세 명의 공주와 결혼하여 문명을 열었다고 하는 제주도 신화를 생각하면, 벽랑국의 모델로 생각되는 일본 열도와의 관련성이 강조되는 제주도에서 이른 시기부터 귤을 재배했다는 사실이 신화적 상상력을 자극하는 것은 사실이다.

아뭏든 여기까지 살펴본 바와 같이 일본의 역사 속에서 귤은 단순한 과일이 아닌 친근하면서도 신비로운 대상이었다. 귤은 한편으로는 바다 건너 멀리 존재한다고 하는 이상향에서 건너온 불로장생의 약초였고, 한편으로는 그리운 사람을 떠올리게 하는 강렬한 매개체였다.

귤 속에서 나온
신선

그러한 귤을 좋아한 조선 사람이 있었다. 조선시대 후기에 열 두 번 일본으로 파견된 통신사 가운데 아홉 번째로 1719년에 일본을 다녀온 신유한(申維翰 : 1681~1752)이다. 이 통신사행에 대해 그가 남긴 『해유록(海游錄)』은 통신사들이 남긴 수많은 문헌 가운데에서도 가장 생생하고 흥미로운 책이다. 신유한은 『해유록』을 외교 사절로서의 공적인 기록이나 외국 일본에 대한 건조한 보고서로 만드는 대신, 공적 상황과 사적 감정, 일본이라는 옛 적국이자 현재의 근린국에 대한 날카로운 관찰과 여행자로서의 감상을 일체화시킨 한 편의 훌륭한 문학으로 만들어 내었다. 이러한 성격을 지닌 『해유록』에서 독자들의 눈을 끄는 대목 가운데 하나는 일본의 귤을 사랑해 마지 않는 그의 모습이다. 책 안에서 인상적인 대목을 추려내어 아래에 인용한다. 민족문화추진회 번역본 및 이효원 편역 『해유록 – 조선 문인의 일본 견문록』(돌베개, 2011)을 이용하였다.

시골 마을에 귤나무, 유자나무, 홍귤나무가 서 있는 것이 보였다. 오는 길에는 가지 가득 파란 열매가 주렁주렁 달려 있었지만 아직 익지 않아서 먹을 수 없었는데, 지금은 샛노랗게 익어 그윽한 향기가 옷자락에 스며들었다. 홍귤 가운데 맛이 달고 시원한 것을 일본 사람들은 '미캉'(蜜柑 : 밀감)이라 부른다. 나무 그늘을 지나갈 때마다 일본인들이 밀감 수십 개를 가지째 꺾어 가마 안에 넣어 주었다. 잎을 훑어 열매를 씹자 향기로운 과즙이 마른 목을 적셔 와 문득 온몸에 맑은 바람이 드는 듯 하였다. (1719년 10월 17일)

길가 가게에서 밀감을 산처럼 쌓아 놓고 팔고 있었다. 문인이나 시를 지을 줄 아는 승려들이 와서 환대할 때에도 꼭 밀감을 대나무 광주리에 넣어 가지고 와 자리에 놓고 술안주로 삼았는데, 푸른 잎이 붙어 있어 제법 운치가 있었다. 어떤 때는 내가 밀감 한 광주리를 몽땅 먹어 치우기도했다. 그러다보니 밀감을 소재로 지은 시가 많았다. 때로는 웃으며 이렇게 말하기도 했다. "배속에 든 시가 모두 가을 향기를 좋아하니, 마치 꿀벌이 꽃에서 꿀을 얻는 것과 같구면". 그러자 일본인이 "공의 시는 귤 속에서 나온 신선 같다고 해야 마땅하겠습니다" 라고 하여 또 웃었다. (1719년 10월 24일)

아키주(安芸州)에서 벼슬을 하는 아지키 릿켄(味木立軒)은 에도로 가는 길에 만나 친해진 사람이다. 그가 나더러 숙소에 들기를 청하기에 나는 밤에 여러 서기들과 함께 그곳에서 모였다. 릿켄이 반가운 얼굴로, 먼 길을 다녀온 우리의 노고를 위로하고는 큰 귤 한 광주리를 안주로 내오며 말했다. "공께서 귤을 좋아하신다는 말을 듣고 저희 과수원에서 따왔습니다." 그러고는 한참 동안 이야기를 나누다가 각기 시를 지어 석별의 정을 표하였는데 그 뜻이 몹시 처연했다. 이생에서 언제 다시 만날 수 있을까 하며 다 같이 탄식했다. (1719년 12월 22일)

앉은 자리에서 귤 한 광주리를 먹을 정도로 신유한은 일본의 귤을 좋아했다. 당시 조선에서는 귤이 매우 귀한 과일이어서, 제주에서 귤을 진상하면 감과(柑科) 또는 황감제(黃柑製)라고 하는 특별 과거를 실시하여 축하할 정도였다. 그렇게 귀한 과일을 멀리 타향에서 만났으니 어찌 반갑지 않았으랴. 귤에 대한 이러한 특별한 감정은 신유한에게만 해당하는 것은 아니어서, 일본의 풍물이나 음식에 대해 『해유록』만큼 상세하게 적지 않은 다른 통신사 수행원들의 기록에도 일본의 귤에 대한 언급은 거의 빠짐없이 실려있을 정도이다. 그리고 일본인들 역시 앞에서 살펴본 바와 같이 귤에 대해 깊은 애정을 품고 있었기 때문에, 세 번 째로 인용한 글에서 아지키 릿켄이라는 유학자가 영원한 이별을 앞둔 신유한과의 마지막 만남에서 귤을 내 온 것은 단순히 그 계절에 귤이 흔했기 때문만은 아니었음을 짐작할 수 있다. 또한 첫 번 째로 인용한 글에 보이는 신유한의 "그윽한 향기가 옷자락에 스며들었다"라는 찬탄은 "5월 기다려 핀 귤꽃 향기 맡으니 옛 사람의 소맷자락에서 풍기던 향기가 생각난다"라는 무명씨의 와카와 우연히도 상통한다. 고대 일본 열도와 근세 한반도라는 서로 다른 시공간을 산 두 사람은 귤 향기를 통해 이어져 있었다고 할 수 있을지.
그런데 『해유록』을 보면 신유한은 귤속(橘屬)의 여러 종류 가운데에도 구넨보(九年母)라는 품종을 가장 좋아한 듯 하다.

도모노우라(鞱浦)에 이르렀다. 지나는 곳곳마다 풍경이 어제와 같았는데, 감귤이 간 곳마다 무르익어서 향기와 색깔이 매우 아름다웠다. 밀감은 철이 늦었으므로 조금 드물었는데 구넨보라고 부르는 큰 밀감이 또 가장 기이하여 껍질째 씹어도 신선함과 향기가 이

사이에 꽉 찼다. 매일 공급하는 것 외에도 왜인은 내가 대단히 즐기는 줄 알고 간간이 광주리를 들고 와서 선물하였다. (1719년 10월 24일)

과일의 종류는 귤과 유자가 가장 많아서 가는 곳마다 숲이 되었고, 감자(柑子)의 작은 것은 밀감이라 하는데, 맛이 달기 때문에 이름을 이렇게 지은 것이다. 그 크기가 주먹만한 것은 이름을 구년보라 하는데, 옛적에 구년모라는 어떤 노파가 맨 처음 심었다 하여 이름을 그렇게 지은 것이다. 금귤(金橘, 낑깡)은 색깔과 향기가 모두 아름다우나 맛이 시어서 먹을 수 없다. (『문견잡록』)

구년보는 인도네시아 원산의 귤속 과일로, 씨를 심어 9년 째에 열매를 맺는다고 하여 이러한 이름이 붙었다고 한다. 중국 남부에서 오키나와를 거쳐 상대적으로 늦은 시기에 일본 열도로 전래되었다. 향이 좋아 향귤(香橘, 고키쓰)이라고도 하며 신유한도 전하듯이 다른 귤들이 드물어진 뒤에 열매를 맺는다. 비단 신유한만이 구년보를 좋아했던 것은 아닌 듯, 신유한이 수행한 제9회 통신사로부터 40여 년이 지난 1764년에 파견된 제11회 통신사를 접대한 일본측 기록인 『1763년 조선인 내빙기(宝暦十三癸未朝鮮人來聘記)』에는 밀감이나 각종 과자, 설탕 등을 구할 수 없을 때에는 구년보로 대체하여 접대하면 된다는 대목이 보인다.❶
 다양한 과일이나 과자를 대체할 수 있는 유력한 존재가 구년보였다는 것인데, 일본측이 구년보를 이러한 식으로 인식하기에 이른 배경에는 신유한과 같이 앞서 왔던 통신사들이 구년보를 애호했다는 사실이 있으리라는 추측을 해본다.

215

동아시아,
설탕 맛에 빠지다

바다 건너 이상향인 도코요노쿠니에서 귤(다치바나)을 가져 온 다
지마모리가 과자의 신으로 숭배되었다거나, 조선에서 온 통신사들에게 접대할 과
자를 구하지 못할 경우에는 과일인 구넨보로 대체할 수 있다는 기록에서 알 수
있듯이, 전통시대 일본에서 과일과 과자는 서로 통하는 존재였다. 신유한은 『해
유록』의 부록인 「문견잡록(聞見雜錄)」에서 구넨보나 낑깡 등 귤속 과일에 대한
설명과 함께 일본의 각종 과자에 대하여 아래와 같이 설명한다.

떡은 우리나라의 인절미와 같은 것이 많다. 사사치마키(篠粽)라는 이름의 떡은 우리나라
의 가래떡과 비슷하며 대나무 잎으로 싸서 쪄 낸다. 모양은 죽순 같고 열 개씩 묶어 한 다
발이 된다. 우이로모치(外郞餠)란 것은 사사치마키와 비슷하되 길이가 한 자 남짓 된다.
네모지고 마디가 있으며 붉은 빛에 단맛이 난다. 대나무 잎으로 싸는데 모양이 대나무
장대 같으므로 남에게 줄 때는 한 칸, 두 칸이라고 센다.

만주(饅頭)는 우리나라의 상화병(霜花餠 : 밀가루를 누룩이나 막걸리와 함께 반죽하여
부풀린 다음 꿀로 만든 소를 넣고 시루에 찐 떡)과 비슷한데 겉은 희고 안은 검으며 맛이
달다. 요메이토(養命糖)란 것은 우리나라의 흰 엿 같지만 부드럽고 들러붙지 않는다. 규
히아메(求肥飴)란 것은 흑당(黑糖)의 한 종류로 마치 약을 달여 놓은 듯 하다. 센야아메
(淺冶飴)란 것은 천문동(天文冬 : 바닷가에서 자라는 약초)에 설탕을 섞은 것이고, 도코
(唐糕)는 우리나라의 설고(雪糕 : 백설기)와 비슷하다. 엿을 섞어 단맛을 낸 다음 참깨
를 입혔는데 가장 맛있었다. 또 히가시(干菓子)라는 것이 있다. 원래는 히가시(乾菓子)
인데 일본에서는 '바삭하게 말라있다'는 뜻의 '乾'(건) 자를 '干'(간)이라고도 쓴다. 이
과자는 설탕물에 밀가루를 섞어 만든 것으로서 모난 것과 둥근 것, 크고 작은 것이 섞여
있으며, 색은 푸르고 붉고 알록달록하고 희고 혹은 금은빛이 도는 게 우리나라의 빙사과
(氷沙果 : 찹쌀 바탕을 팥알만 하게 만들어 튀기거나 강정을 만들고 남은 부스러기를 튀
긴 후, 엿물에 굴혀 네모지게 썬 유과의 한 종류)나 약과와 비슷했지만 기름에 튀기지는
않는다. (「문견잡록」)

위의 대목은 아마 일본의 과자에 대한 조선시대 후기의 가장 상세한 기록일 것이다. 여기에 보이는 과자를 모두 설명하기에는 지면이 부족하기 때문에 인상적인 것만 한 두가지 설명한다. 우선 신유한이 우이로모치라고 적은 것은 다른 이름을 우이로(外郎, ういらう)라고 하는 묽은 양갱이다. 중국 원나라 때 벼슬하던 진연우(陳延祐, 1323~1396)라는 사람이 명나라를 꺼려 일본에 망명하였는데, 그는 중국에서 팔던 투정향(透頂香)이라는 일종의 은단(銀丹)을 팔았다.❷ 이 약을 팔 때 덤으로 끼워주던 과자가 바로 우이로 또는 신유한이 말한 우이로모치이다.❸ 한편 만주는 한자로는 한국에서 말하는 만두와 같지만, 한국에서 말하는 만두를 일본에서는 교자(餃子)라고 하며 만주는 한국의 찐빵에 해당한다. 13-14세기에 불교의 유파인 선종(禪宗)과 함께 전래되었는데, 승려들에게 고기 만두를 줄 수가 없었기 때문에 고기 대신 단팥으로 속을 채운 것이 유래이다. 당시 약용으로 중국에서 소량 수입되던 설탕으로 맛을 낸 단팥을 채운 만주는 중세 이래 일본 문화

217

오다와라(小田原) 지역의 현우이로 본점과 과자 우이로. (주식회사 우이로)

백설탕과 흑설탕으로 겉의
색깔을 달리하고 단팥과
녹차맛 단팥으로 속을 채운
만주. 필자 촬영.

에서 녹차와 한 쌍을 이루는 중요한 간식으로 자리잡았다. 에스파니아·포르투갈
등지에서 일본으로 건너온 선교사를 통해 유럽의 달콤한 음식들이 전해진 뒤에
도 일본 사회에 빵이 정착하지 않은 이유 가운데 하나는, 만주가 이미 일본 사회
에 뿌리깊게 자리잡았기 때문이었다.❹ 불교와 함께 도래한 만주가 기독교와 함께
도래한 빵을 이긴 형국이랄까.

그런데 이 상황을 뒤집어서 말하자면, 빵 이외에 선교사들이 가져 온 각종 달콤한
음식은 일본 사회에 정착하였다고도 할 수 있다. 그리고 이들 가운데 일부는 조선
시대 후기와 식민지 시기, 그리고 오늘날까지 한반도에도 전래되었다. 선교사들은
일본인에게 기독교를 전파하는 수단으로 여태까지 일본인이 맛본 적 없는 음식을
적극적으로 이용하였다. 성리학자 오제 호안(小瀬甫庵 : 1564-1640)은 임진왜란
을 일으킨 도요토미 히데요시(豊臣秀吉 : ? - 1598)의 일생을 정리한『다이코기
(太閤記)』의 첫머리에서 유럽 각국이 선교사를 앞세워 세계 각지를 식민지화하고
있는 상황을 우려한 도쿠가와 막부가 기독교를 금압했음을 칭송하는 가운데, 선
교사들이 어떠한 음식으로 사람들을 기독교도로 개종시켰는지 적는다.

술 잘하는 사람에게는 적포도주(ちんた, vinho tinto), 포도주(ぶだう酒), 로케(ろうけ),
가네부(かねぶ), 미림주(みりんちう), 술 못하는 사람에게는 카스테라(かすていら), 보루
(ぼうる : bolo, 구운 과자의 일종), 캐러멜(かるめひる), 아루헤이토(あるへい糖, 설탕을

일본의 빙수에는 대개 팥이 들어가지 않는데, 미에현(三重県)의
이세진구(伊勢神宮) 내궁(内宮) 앞에서 참배객을 상대로 1707년부터 영업해 온
아카후쿠(赤福)에서는 빙수와 단팥떡을 함께 내놓아 둘을 섞어 먹을 수 있게 했다.
이러한 형태가 팥빙수의 원형으로 생각된다.

졸여 각종 모양으로 만든 엿), 별사탕(こんぺい糖) 등을 베풀어서 자기 종교로 끌어들이는 일이 매우 많았다.❺

현대 한국인들에게도 친숙한 카스테라, 캐러멜, 별사탕 등이 일본에 들어온 것이 이때였다. 유럽의 선교사들은 만주 이외에는 단 맛을 흔히 접하지 못하던 일본인들을 백설탕·흑설탕·적설탕·빙설탕 등의 다양한 설탕을 이용한 과자로 유인했다. 이 시기 이후로 일본인들은 유럽 및 중국 남부로부터 대량으로 정제 설탕을 수입하여 화과자(和菓子)라 불리는 일본식 과자를 성립시켰으며, 18세기 중기의 8대 쇼군 도쿠가와 요시무네(德川吉宗 : 1684 - 1751) 때 설탕 국산화에 성공한 뒤로는 서민들도 설탕 맛을 즐기게 되었다.❻

우타가오 구니사다(歌川国貞)라는 화가가 1847년에 그린 우키요에(浮世絵)「주문 제작한 당대 줄무늬 옷 - 금화당(誂織当世島·金華糖)」에는, 줄무늬 옷을 입은 여성이 푸른 빛 자기(磁器) 위에 있는 금붕어를 내려보는 모습이 그려져 있다. 호세이대학(法政大学)의 다나카 유코(田中優子) 교수에 따르면 이 그림은 일종의 수수께끼인데, 옛날에는 유리 어항 대신에 도자기에 금붕어를 집어 넣어 기르면서 위에서 바라보는 것이 일반적이었기 때문에 이 부분은 수수께끼가 아니다. 이 그림 속의 수수께끼는 세 가지인데, 우선 이 여성이 입은 줄무늬 옷은 인도 및 동남아시아 원산의 수입 직물로 만든 최신 패션이고, 다음으로 도기(陶器)보다 고급인 자기는 이 시기에 대량 생산이 시작되어 서민들의 손에 들어가게 되었으며, 마지막으로 그림 속의 금붕어는 백설탕과 적설탕으로 만든 과자이다. 설탕이 국산화되어 가격이 내려가면서 서민들도 설탕으로 장난을 칠 수 있을 정도로 일반화되었음을 이 그림은 보여준다.❼ 당시 유럽에서는 흑인 노예를 이용하여 재배한 사탕수수로 만들어지는 정제 설탕의 이용을 삼가함으로써 노예제를 폐지하자는 운동이 활발했던데 대해❽, 일본에서는 벼나 보리 대신 설탕의 원료가 되는 고구마를 경작하는 농촌의 움직임이 사회 문제가 되었다.

도쿄 닌교초(人形町)의 유명한 붕어빵 가게 야나기야(柳屋).
일본에서는 다이야키(鯛燒き) 즉 도미빵이라고 부른다. "경사스럽다"라는 뜻의
일본어 형용사 "메데타이(目出度い)"와 발음이 통하여 먹으면 복이 온다고 믿어졌다.

시대를 넘어
한반도로 전해진 일본의 단 맛

　　이렇듯 정제 설탕은 동서양에서 모두 거대한 사회적 변화를 일으키며 단맛이라는 새로운 세계를 열었다. 카스테라나 별사탕과 같이 16세기에 유럽에서 전해져 일본에 정착한 각종 과자, 근세 일본의 설탕 문화가 만들어 낸 단팥죽(ぜんざい)·팥빙수(かき氷)·붕어빵(鯛焼き)·오방떡(大判焼)·찹쌀떡(大福餅)·양갱(羊羹, ようかん), 그리고 근대에 서구에서 다시 도입된 빵과 '일본적' 식문화를 상징하는 존재로 믿어진 단팥을 결합시킨 단팥빵(あんパン)❾ 등은 조선시대 후기와 식민지 시대, 그리고 오늘날까지 지속적으로 한반도에 소개되어 한국민의 간식으로도 친숙해졌다.

물론 서로 교류하는 두 지역의 문화는 일방적으로 흐르지 않는다. 조선에서 파견된 통신사 일행을 수행하여 일본으로 건너간 조선의 요리사들은 현지에서 일본의 식재료를 입수하여 조선 요리를 만들어 일행을 대접했다. 이들이 요리하는 현장에 동석한 일본 요리사들은 조선 요리를 기록으로 남겼으며, 그러한 과정으로 조선 요리는 일본의 식문화에 영향을 미쳤을 것으로 추측된다.❿ 또한 필자는 조선의 쇠고기 요리 및 쇠고기를 재료로 한 환약이 근세 일본에 미친 영향에 대하여 글을 쓴 바 있다.⓫ 말하자면 근세 조선에서 일본으로 전해진 식문화에 대한 내용이었다. 한편 이 글은 근세 일본에서 조선으로 전해진 식문화에 대한 것이었으니, 말하자면 두 편은 한 쌍을 이루고 있다. 관심 있으신 분들께서는 두 편의 글을 함께 읽어주시면 감사하겠다.

223

아이치현 이와세시의 오방떡 가게. 에도 시대의 금화인 오반(大判)의 모양과 비슷하다고 해서
이름붙여진 오방떡(大判燒)의 원형은 18세기 후기에 에도에서 탄생하였다. 그 초기 형태를
전하는 도라야키(どら燒)는, 한국인에게도 친숙한 만화 주인공 도라에몬(ドラえもん)이 가장
좋아하는 과자이다.

미 주

1. 高正晴子, 『朝鮮通信使の饗応』, 明石書店, 2001, 171-177쪽.

2. 이창숙, 「안약산과우이로오우리」, 『한국학 그림을 그리다』, 태학사, 2013.

3. 宗田一, 『日本の名薬』, 八坂書房, 2001, 30-36쪽.

4. 江原絢子·石川尚子·東四柳祥子, 『日本食物史料』, 吉川弘文館, 2009, 102·115쪽.

5. 『太閤記』(新日本古典文学大系60), 岩波書店, 1996, 9쪽.

6. 江原絢子·石川尚子·東四柳祥子, 『日本食物史料』, 吉川弘文館, 2009, 110-115, 160-163쪽.

7. 田中優子, 「グロ l バリズムの中の江戸文化」, 『에도학 연구의 국제비교』, 한양대학교, 2011년 11월 26일 강연록.

8. 최주리, 「서양의 설탕 이야기」, 네이버 캐스트, 2013년 5월 7일.

9. 오카다 데쓰 지음, 정순분 옮김, 『돈가스의 탄생』, 뿌리와 이파리, 2006, 149-165쪽 참조.

10. 高正晴子, 『朝鮮通信使の饗応』, 明石書店, 2001, 222-223쪽.

11. 김시덕, 「근세 일본의 만병통치약: 조선의 쇠고기 환약」, 『18세기의 삶』, 문학동네, 2014.

부록

조선시대 민간음식의 고문헌 자료

주영하(한국학중앙연구원)

1. 성리학적 음식 고문헌의 두 가지 측면

조선시대는 선비가 중심 세력이 되어 중국의 송나라에서 시작된 성리학(性理學)으로 세상을 운영한 시대였다. 공자(孔子; BC 552~BC 479)에 의해 천명된 유학(儒學)과 주자(朱子; 1130~1200)에 의해 정립된 성리학이 사회질서를 유지하기 위한 이념적 준거 틀로 사용되어온 조선왕조는 다른 말로 하면 '유학과 성리학의 나라'였다고 해도 지나친 말이 아니다. 이런 의미에서 유학과 성리학에서 제시해온 음식에 대한 인식을 미리 살피는 작업은 매우 중요하다.

공자는 "음식남녀(飮食男女)는 사람이 지닌 가장 큰 욕구이다(飮食男女, 人之大欲存焉)."라고 했다. 곧 사람이 생존하기 위해서는 '음식'과 '남녀'를 하는 것이 가장 기본이라는 말이다. 여기서 음식은 음식물을 섭취하여 자신의 생명을 이어가는 행위를 말하고, 남녀는 섹스를 통해서 자손을 낳아 후손을 이어가는 것을 가리킨다. 다른 측면에서 보면 음식남녀는 인간이 해야 하는 가장 동물적인 행위이다. 그러나 인간은 동물과 달리 집단이 처한 자연환경과 사회문화적인 환경 중에서 행위를 위한 '선택'을 통해서 '음식'과 '남녀'를 한다. 그래서 인간이 행하는 음식남녀에는 사회문화적 맥락이 관통하기 마련이다.

맹자(孟子; BC 372?~BC 289?)는 "사람은 스스로 도리를 가지고 있는데, 배부르게 먹고 따뜻하게 입어서 편안하게 거처하면서 가르침이 없으면 짐승에 가까우니"라고 했다. 곧 사람이 지켜야 할 도리가 있는데, 그것을 모르고 단지 배만 불리면서 편안하게 살면 짐승과 마찬가지라는 뜻이다. 또 "음식만을 바라는 사람은 곧 사람이 천하게 여겨지니 음식과 같이 작은 것을 탐하게 되면 마음과 같은 큰 것을 잃게 된다."고 했다. 그러니 음식만을 바라는 사람은 곧 천한 사람에 지나지 않는다는 인식을 맹자는 가지고 있었다.

이로 인해서 조선시대 선비들은 음식에 대해 기록하기를 무척 꺼려했다. 허균(許

筠,1569~1618)은 『도문대작(屠門大嚼)』의 서문에서 다음과 같이 적고 있다. "본디 식색(食色)은 성품이고 더욱이 먹는 것은 몸과 생명에 관계되는 것이므로 선현은 음식을 가지고 말하는 것을 천하게 여겼으며 그런 사람을 이(利)에 따른 자라고 좋지 않게 말하였지만 어찌 먹는 것을 폐해라고만 말할 수 있을까?" 그럼에도 불구하고 자신이 음식과 관련된 이 책을 쓸 수밖에 없었던 이유는 귀양을 와서 너무나 볼품없는 음식을 매일같이 먹고 있기 때문이라고 변명했다.

그렇다고 조선시대 성리학자들이 음식과 관련된 글을 전혀 남기지 않은 것은 아니다. 허균과 같이 자신이 맛보았던 전국의 맛있는 음식을 나열한 선비는 드물었지만, 그렇다고 무조건 음식과 관련된 내용의 글을 멀리만 하지 않았다. 고대 중국의 문헌에 나오는 '민이식위천(民以食爲天)'이란 말은 국가를 다스리는 천자가 지녀야 할 덕목이었다. 이 말은 춘추시대 정치가 관중(管仲, ?~기원전645년)이 한 것이다. "왕은 백성을 으뜸으로 여기고, 백성은 음식〔食〕을 으뜸으로 여긴다. 능히 으뜸의 으뜸을 아는 자만이 왕이 될 수 있다(王者以民爲天, 民以食爲天, 能知天之天者, 斯可矣)." 왕망(王莽, 기원전 45~23년) 역시 다음과 말을 하였다. "백성은 음식으로 생명을 삼고, 재화(財貨)로 바탕을 삼는다. 이것은 팔정(八政)으로 그 중에서도 음식(飮食)이 으뜸이다(民以食爲命, 以貨爲資, 是以八政以食爲首)." 알다시피 '팔정'은 국가의 통치를 구성하는 대법(大法)이다. 첫째 음식, 둘째 상업, 셋째 제사, 넷째 민정(民政), 다섯째 교육, 여섯째 사법, 일곱째 외교, 여덟째 군사에서도 알 수 있듯이 음식은 가장 으뜸에 들었다. 여기에서의 음식은 오늘날 말로 하면 농업생산에 대한 관리를 가리킨다.

이런 이유로 조선시대 성리학적 사유에 의해서 집필된 음식 관련 고문헌은 두 가지의 양상을 보인다. 하나는 팔정의 음식을 펼치는 고문헌이다. 주로 농서로 분류되는 고문헌들이 여기에 속한다. 가령 『산림경제(山林經濟)』, 『증보산림경제(增補山林經濟)』, 『임원경제지(林園經濟志)』와 같은 고문헌 속에 담긴 식재료와 조리법에 관한 내용들은 집필자 당대에 실제했던 것들도 있지만, 그보다는 그 이전의 문헌에서 전제 혹은 발췌한 것들이 주를 이루기도 한다.

이러한 글쓰기의 태도를 후세 사람들은 상고주의(上古主義)라고 부른다. 상고주의적 사유방식을 가지고 글을 쓰는 집필자들은 반드시 중국과 조선의 문헌에 언급된 내용을 정리하는 데 목표를 두고 글을 썼다. 비록 그들이 간혹 조선의 정황을 글 속에 덧붙이기도 하지만, 대부분 인용문헌을 밝히지 않기도 한다. 앞선 문헌에 대한 전고(典故)를 확인하지 않을 경우, 그들의 글이 마치 매우 독창적인 것처럼 오해하는 오류가 발생할 수도 있다. 이것은 조선시대 사대부의 '문자적 관행'과 관련이 있다. 조선시대 사대부의 글쓰기는 남녀를 가리지 않고 그 이전의 유학과 성리학의 고전에 근거를 두고 있는 경우가 많다. 이 점을 제대로 살피지 않을 경우 그것이 마치 당시의 실제 생활을 기록한 내용으로 오해하여 오류를 범하는 경우가 생기게 된다.

많은 식품학자들에 의해서 가장 많이 언급되는 빙허각 이씨(1759~1824)의 『규합총서(閨閤叢書)』에도 이러한 대목을 발견할 수 있다. 이 책에서 언급된 '식시오관(食時五觀)'은 본래 빙허각 이씨가 창안한 내용이 아니다. 북송의 문학가이면서 서예가인 황정견(黃廷堅, 1045~1105)이 제시한 내용이다. 그럼에도 불구하고 빙허각 이씨는 그의 책에서 그 전고를 밝히지 않았다. 본래 황정견은 사대부가 식사 때 지켜야 하는 생각과 행동을 '식시오관'으로 정리하였다.

황정견이 제안했던 '식시오관'은 다음과 같은 다섯 가지였다. "계공다소(計功多少, 노력이 얼마나 들었는지를 따지고), 양피래처(量彼來處, 그것이 어디에서 온 것인지를 살펴라).", "촌기덕행(忖己德行, 자신의 덕행을 헤아려서), 전결응공(全缺應供, 음식을 받는 데 모자람이 없도록 해야 한다).", "방심리과(防心離過, 마음을 다스려서 과도함을 멀리하고), 탐등위종(貪等爲宗, 탐하는 행동을 구분하여 그것을 바탕으로 삼아야 한다).", "정사량약(正事良藥, 제대로 음식을 먹으면 좋은 약이 되고), 위료형고(爲療形苦, 병이 난 후 치료하려면 그 일이 괴롭다).", "위성도업(爲成道業, 도를 깨치기 위하여), 고수차식(故受此食, 본래의 일을 살핀 후 음식을 받아야 한다)."

이것을 빙허각 이씨는 다음과 같이 한글로 적었다. "첫째는 노력이 얼마나 있었는지를 살펴서 음식이 어디서 왔는가 생각하여 보라, 둘째는 충효와 입신(立身)의 뜻을 살펴서 음식의 맛을 너무 따지지 말라, 셋째는 마음을 다스려서 과하게 하지 말고 탐내지도 말라, 넷째는 음식을 좋은 약으로 생각하여 모양에 너무 치우쳐 먹지 말라, 다섯째는 군자로서의 도리를 다 한 후에 음식을 받아먹어라" 해석의 차이는 있지만, 빙허각 이씨의 '식시오관'은 황정견의 것을 가지고 온 글임을 분명하게 확인할 수 있다. 이 '식시오관' 외에도 『규합총서』의 조리법에는 『증보산림경제』나 『임원경제지』의 내용을 한글로 옮겨 적은 것도 적지 않다.

2. 조선시대 식재료의 실제 유통을 알 수 있는 고문서

조선시대 성리학적 사유에 의해서 집필된 음식 관련 고문헌 중에서 앞의 이상론적인 내용과 달리 고문서와 일기류 등에는 매우 실천적인 양상의 내용이 나온다. 역사학자 최승희(崔承熙)에 의하면, 고문서란 옛 문서를 지칭하는 말이다. 조선시대 문서는 책자로 묶인 것인 아닌 모든 낱개 자료를 일컫는다. 조선시대에 쓰인 문서의 명칭은 문권(文券)·문계(文契)·문기(文記)·공문(公文)·관문서(官文書) 등이 있다. 조선시대 고문서의 성격에 따른 분류에 대해서는 학자들마다 주장하는 바가 다르다. 이해준은 〈문서형태별 분류체계안〉으로 교령류(敎令類), 상소(上疏)·청원류(請願類), 관(關)·첩문류(帖文類), 명문(明文)·완의류(完議類), 물목(物目)·치부류(置簿類), 서간문류(書簡文類), 성책문서류(成冊文書類), 외교문서류(外交文書類), 기타 등을 제시하였다. 문서형태별 고문서의 종류도 대강 이러한 범주를 가지고 있다. 아울러 고문서는 한문과 한글 두 가지 종류의 문자로 쓰였다.

본래 전국의 명문가에서 소장하고 있던 고문서 중 대부분은 지난 30여 년 사이에 많은 인문학자들의 노력으로 정리와 분류가 어느 정도 되었다. 현재 한국학중앙연구원 장서각에 100만 여점, 서울대 규장각한국학연구원에 5만 여점, 그리고 한국국학진흥원에 15만 여점이 원본이나 마이크로필름 상태로 소장되어 있다. 한국학중앙연구원 장서각에서는 이들 자료 중에서 역사적 가치가 있는 자료를 뽑아 『고문서집성(古文書集成)』으로 100책이 출간되었다. 1991년 결성된 한국고문서학회는 『고문서연구』라는 학회지를 통해서 고문서를 연구한 각종 성과를 산출하고 있다. 고문서 연구의 분야는 일상생활에서 호적연구까지 매우 다양하다. 역사학자 하영휘는 19세기 조선의 양반 한 사람이 쓴 편지 1700여 통을 통해서 개인의 내밀한 사생활을 살핀 『양반의 사생활』(2008)이란 책을 펴내기도 했다. 각 지역의 대학 박물관과 연구소에서도 지방의 사가에 소장된 각종 고문서를 수집·정리하는 성과를 냈다. 이렇게 수집된 고문서는 웹사이트 〈한국고문서자료관(http://archive.kostma.net)〉을 통해서 일반에게도 공개되고 있다.

고문서 중에서 물목·치부류와 서간문류에는 민간 차원의 식재료 수급 현황을 적은 자료가 제법 많이 나온다. 가령 거창 위천면 초계정씨, 경주 이조 경주최씨, 안동 오천 광산김씨 후조당, 안동 임하면 천전리 의성김씨 김성일과 종택, 안동 천전 의성김씨, 안동 하회 풍산유씨 등의 사가에서 소장한 고문서가 그것이다. 전라도의 서간문류는 해남윤씨의 고문서가 주를 이룬다. 충청도의 서간문류는 논산 노성 파평윤씨 명재 종가, 대전 광산김씨, 대전 은진송씨 등의 집안에서 소장한 고문서에 음식 관련 자료가 많이 나온다. 그 시기는 대체로 17세기에서 19세기에 쓰인 것들이다. 한글 간찰로 명명된 이들 자료는 한국학대학원 국어학 교수였던 이광호가 연구책임자가 되어 2002년 12월 1일부터 2006년 11월 30일의 4년간의 연구기간 동안 역주서 편찬 작업을 하였다. 이 연구팀에서는 먼저 판독을 하고 다음으로 전사와 주석 작업을 하였으며, 마지막으로 현대어역을 하였다. 이들 한글 간찰 자료는 「조선 후기 한글 간찰(언간)의 역주 연구」라는 책으로 전질이 출판되어 있다.

이 한글 간찰 중에서 음식과 관련된 구체적인 내용을 소개하면 다음과 같다. 발굴 당시 안동군 임하면 천전리 의성김씨 김성일파 종택에서 보관하고 있던 17편의 간찰은 모두 김진화(金鎭華, 1793~1850)의 부인인 여강이씨(1792~1862)가 남편과 아들에게 보낸 것이다. 1832년 음력 4월 27일부터 1848년 음력 11월 20일 사이에 남편 김진화는 지금의 전북 고창군 무장면(茂長面)에 있던 무장현에서 현령을 하고 있었다. 집안의 대소사를 알리면서 어떤 때는 남편에게 식료를 요청하였고, 어떤 때는 남편이 보낸 식료를 잘 받았다고 알렸고, 어떤 때는 부인 여강 이씨가 남편에게 보낸 식료가 나온다.

어물류 중에서 남편 김진화로부터 부인이 받은 것은 고등어·명태·은어·청어이다. 이에 비해 부인 여강 이씨가 남편에게 보낸 어물류는 굴젓·문어·방어·소금·생광어·생물·통대구젓이다. 또 받았는지는 알 수 없지만, 부인 여강 이씨가 남편 김진화에게 요청한 어물류는 가물치와 미역이다. 알다시피 안동 임하면은 내륙 깊은 곳이다. 이곳에서 어물류를 받거나 요청한 사정은 충분히 짐작이 가지만, 보낸 어물류가 의외로 많다는 점은 특이하다.

부인 여강이씨는 1847년 음력 11월 18일에 간찰을 써서 남편 김진화에게 보냈다. 편지의 내용은 복통으로 고생하는 남편에 대한 걱정이다. 그러면서도 집안의 대소사와 돈 들어가는 일을 적어 남편의 관심을 부탁하였다. 마지막으로 남편에게 앞에서 말한 식료를 보내는 사연을 적었다. "생고기로는 문어 네 가리와 방어 한 마리를 가오나, 상하지 아니할는지 걱정되옵. 문어는 잡수실 때에 깨끗이 씻어 물을 끓이고 잠깐 들이쳐서 제 몸이 조금 오그라들 듯하거든 건져 내어 삐지고 초장에 잡수이옵. 아니 데치면 맛이 없고, 데치면 맛이 나으니, 많이 삶지 말고 잠깐만 데쳐서 드시옵. 갓 밑

동이 가오니 가늘게 세로로 쪼개라고 하여야 맛이 나오니, 잘게 쪼개어 하라 하시옵. 갓채[갓나물]는 물을 짤짤 끓여 부으면 맛이 좋으니, 그리 시키옵." 이렇듯 생고기를 보내면서 상하지 않을까 걱정까지 하였다.

이에 비해 남편 김진화가 부인 여강이씨에게 보내 준 어물류도 있다. 1848년 음력 5월 29일자에 부인 여강이씨가 남편에게 보낸 편지에 그러한 사정이 나온다. 곧 고등어·청어·명태·더덕을 받았다는 내용이다. "보내신 것은 자세히 왔으나, 담배는 아니 왔으니, 주시지 않아서 못 온 듯하옵. 말과 되는 잊지 마시고 빌리시옵. 화인말이 하나가 오니, 바깥 타작에 못 가니, 소는 듯하옵. 바빠 이만이옵 내내 기운이나 안녕하시기를 비옵. 진유청은 의원에게 주려고 두었삽. 청진유, 고등어, 청어, 명태, 더덕이 왔삽." 알다시피 고등어·청어·명태는 동해안에서 주로 나는 어물이다. 남편 김진화가 보낸 것인지, 아니면 남편이 다른 사람에게 부탁을 하여 보낸 것인지가 분명하지 않다.

어물류와 함께 장류도 가장 많이 등장하는 식료이다. 특히 부인 여강이씨가 남편 김진화에게 보낸 장류가 많다. 고추장은 두 번을 보냈고, 된장·두부장·즙장·초장, 심지어 메주도 보냈다. 그 중 1847년 음력 6월 중순에 부인 여강 이씨가 남편 김진화에게 보낸 편지 내용 중에 된장·초장·두부장을 보낸 내용이 나온다. "장을 보내라 하오니, 된장 말인지. 끓여나 잡수실까, 된장이 나을 듯하여 한 항아리 고추장과 두부장도 한 항아리씩 가옵. 봉물은 보내신 대로 다 왔삽." 부인 여강 이씨는 남편의 입맛에 매우 신경을 썼다. 그래서 집에서 담근 고추장·된장·두부장·즙장·초장 따위를 항아리에 담아서 일꾼을 시켜 보냈다. 그만큼 음식 맛의 차이가 이들 장류로부터 발생했음을 확인할 수 있다.

다만 이 모든 간찰 자료에 등장하는 식료를 분석하는 일은 상당한 연구기간을 요구한다. 또 낱개로 된 고문서를 통해서 당시 식생활을 파악하는 작업이 다른 문헌자료의 연구에 비해서 어렵다는 점도 문제이다. 그래도 고문서에 등장하는 식재료나 음식조리법은 실제로 실천되었던 내용이다. 이런 면에서 조선시대 식생활의 실체를 파악하는 데 고문서보다 좋은 자료는 없다.

231

3. 실제 생활 속의 식생활 이야기가 담긴 개인의 일기

일기(日記)는 날짜의 순서에 따라 기록하는 형식을 가지고 집필자의 활동 따위를 주요 내용으로 한 기록물이다. 조선후기 사람 구상덕(具尙德)이 1725년(영조1) 7월부터 1761년(영조37) 8월까지 만 37년간을 하루도 빠짐없이 농가의 생활을 기록한 『승총명록(勝聰明錄)』의 서문을 쓴 이정규(李庭奎)는 일기가 갖추어야 할 덕목으로 다음과 같은 세 가지를 꼽았다. 곧 "일을 서술하고〔敍事〕, 사실을 기록하고〔記實〕, 경계를 권면하는〔勸戒〕" 것이다. 이 덕목이 조선시대에 쓰인 모든 개인의 일기에서 실천되고 있는지에 대해서는 별도로 따져 보아야 한다. 다만 일부 개인의 일기에는 식생활과 관련된 구체적인 사실이 적혀 있기도 하다.

가령 임진왜란 기간 동안 피난을 다니면서 쓴 일기인 오희문(吳希文, 1539~1613)의 『쇄미록(瑣尾錄)』에서는 전쟁 시기임에도 불구하고 한 끼에 7홉의 쌀로 밥을 지어먹었다고 적었다. 1594년 음력 2월 24일자 『쇄미록』에는 이런 내용도 나온다. "함열 군수가 쌀〔租〕 한 섬, 밀가루〔眞末〕 한 되, 메주〔末醬〕 두 되, 소금 다섯 되를 보내왔다. 최근 늘 소나무껍질〔松皮〕을 흰 죽에 섞어서 윗사람과 아랫사람이 함께 먹었다. 소금 역시 적어서 쓸 수가 없다. 오늘 비록 다섯 되를 얻었어도 아침저녁에 죽에 넣고 나머지는 또 아랫집에 나누어주니 먹을 소금조차도 없어 탄식이 나온다. 최근 사정이 더욱 어렵다." 다행히 쌀 한 섬을 받았으니, 당장 굶주림은 해결할 수 있게 되었지만, 앞으로 닥칠 일을 오희문은 걱정하였다. 오희문과 비슷한 시기에 살았던 유희춘(柳希春, 1513~1577)도 일기를 남겼다. 그의 나이 55세 되던 1567년 10월 1일부터 세상을 떠나던 해인 1577년 5월 13일까지 약 11년에 걸쳐 쓴 『미암일기(眉巖日記)』에는 그가 구입한 각종 곡물의 가격이 나올 정도로 당시의 식생활의 구체적인 양상을 들여다 볼 수 있다. 조선시대 한반도의 사정을 가늠할 수 있는 이들 개인 일기와 함께 연행록과 조선통신사록은 중국과 일본을 다녀온 사신들이 쓴 개인 일기이다.

조선통신사로 일본에 간 영조 때의 관리 조엄(趙曮, 1719~1777)이 쓴 『해사일기(海槎日記)』는 조선통신사 일기로 유명하다. 『해사일기』는 조엄이 1763년 8월 3일부터 그 다음해 7월 8일까지 조선통신사의 대표인 정사(正使)로 일본에 다녀온 일을 일기로 쓴 책이다. 당시 일본열도에서는 제9대 쇼군(將軍) 도쿠가와 이에시게(德川家重, 1712~1760)가 죽고, 그의 아들인 도쿠가와 이에하루(德川家治,1737~1786)가 1760년에 제10대 쇼군이 되는 일이 일어났다. 1761년 일본 막부(幕府)에서는 조선

왕실에 교린을 끈질기게 청하였다. 결국 조선에서는 1763년 음력 8월 3일에 조선통신사를 일본으로 보냈다. 이때의 조선통신사에 포함된 인원은 모두 477명이나 되었다. 조엄 일행은 1763년 음력 10월 6일 부산에서 배를 타고 출발하였다. 그 다음해인 1764년 음력 1월 21일 오사카에 도착하였다. 일행 중 106명을 오사카에 머물게 하고 교토를 경유하여 음력 2월 16일 지금의 도쿄인 에도(江戸)에 입성하였다. 이후 음력 3월 11일 온 길을 다시 거슬러서 같은 해 음력 7월 8일 한양의 경희궁에 머물고 있던 영조에게 귀국 보고를 했다.

『해사일기』의 제목 중 '해사'는 '바다에 띄운 뗏목'이라는 뜻이다. 일본연두를 다녀온 노정이 마치 바다에 띄운 뗏목에 탄 느낌이었음을 비유하여 책의 제목을 붙였다. 조엄은 이 책에서 한자로 감저(甘藷)라고 불렸던 지금의 고구마에 대해서 매우 상세하게 적어 두었다. "지난해 사수나(佐須奈) 항구에 처음 도착했을 때 감저를 보고 두어 말을 구해서 부산진으로 보내어 종자를 삼게 하였다. 지금 돌아가는 길에 또 이것을 구해서 동래의 교리(校吏)들에게 나누어주려 한다. 일행 중 여러 사람들도 이것을 가지고 가는 자가 있으니, 이 물건이 과연 모두 살아서 우리나라에 널리 퍼진다면, 문익점(文益漸)이 목화를 퍼뜨린 일과 같게 될 것이니, 어찌 우리 백성에게 큰 도움이 되지 않겠는가. 동래에 심은 것이 만약 덩굴을 잘 뻗는다면 제주도와 다른 섬에도 옮겨 심어야 함이 마땅할 듯하다. 제주도의 풍속을 들은 바로는 마도(馬島, 쓰시마)와 닮은 것이 많다고 한다. 만약 감저가 잘 자라면, 제주도 사람들이 해마다 손을 벌려서 나주의 곡식 창고에서 곡식을 꺼내 배로 보내던 일들이 모두 해결할 수 있지 않겠는가. 다만 토질이 맞는지 아직 자세히 알지 못한다. 그 땅에서 나는 것이 다 다르니, 번서(蕃薯, 고구마)를 심어 뜻대로 될지는 아직 확실하지 않다."

에도에서 일을 보고 한양으로 돌아가는 길에 쓰시마에 도착한 조엄은 다시 고구마를 구해서 돌아가겠다는 각오를 보인다. 매번 기근이 생기면 먹을거리가 없어서 고통을 당하는 조선 백성을 생각한 조엄의 심정이 앞의 글에 절절이 담겨 있다. 이 글에 앞서서 조엄은 고구마의 원산지에 대한 글도 적어두었다. "이 물건은 남경(南京)에서 일본으로 들어왔다고 한다. 일본의 육지와 여러 섬에 많이 있는데, 마도(쓰시마)가 가장 많다고 알려진다." 조엄의 관심은 고구마를 한반도에 재배하는 데 있었다. 그래서 쓰시마에서의 재배법과 저장법을 자세히 적었다.

"그 심는 법은 봄에 양지 바른 곳에 심었다가 덩굴이 땅위로 올라와 조금 자라면 덩

233

굴의 한두 마디를 잘라 땅에 붙여 흙을 덮어 주면 그 묻힌 곳에서 알이 달리게 되는데, 알의 크기는 그 토질의 맞고 안 맞음에 달렸다. 잎이 떨어지고 가을이 깊어지면 뿌리를 캐서 구덩이를 조금 깊이 파고 감저를 한 층 펴고 흙을 두어 치 덮고 다시 감저를 한 층 펴고 또 흙을 덮어 다지고 이렇게 하기를 5~6층 한 뒤에 짚을 두텁게 쌓아 그 위를 덮어 비바람을 막아 주면 썩지 않는다. 또 봄이 되면 다시 위와 같이 심는다고 한다." 당시나 지금이나 그 재배법은 크게 달라지지 않았다.

하지만 부산에서 시험 삼아 재배한 고구마는 제대로 자라지 않았다. 결국 조엄의 꿈은 실패하고 말았다. 하지만 이광려((李匡呂, 1720~1783)가 조엄의 조선통신사 수행원 중에 친구의 아들이 있다는 소식을 듣고 종자를 구해달라고 부탁을 했다. 그것도 못 미더워서 제자를 직접 부산으로 보내기까지 했다. 마침 조엄이 먼저 보낸 고구마가 있었다. 그 제자는 이것을 들고 한양으로 왔고, 이광려는 이것을 자신의 집 앞 마당에 심어 재배에 성공을 거두었다. 하지만 널리 퍼트리는 데는 성공하지 못했다. 이광려의 노력을 본 동래부사(東萊府使) 강필리(姜必履, 1713~?)는 고구마 심는 법을 연구하고 농민들에게 재배법을 가르쳤다. 마침내 강필리에 의해 고구마는 그 재배가 남해안 일대로 퍼져 나갔다. 강필리는 그의 경험을 바탕으로『감저보(甘藷譜)』라는 책을 지었다. 이로 인해서 조엄의 후대 사람들은 고구마의 전래자로 이광려나 강필리를 꼽았다.

중국 베이징으로 사신 길을 떠났던 선비들이 적은 연행록은 매우 많이 남아 있다. 이 중에도 음식 관련 내용이 많이 나온다. 정조 때 사람 서유문(徐有聞, 1762~?)은 한글로 쓴『무오연행록』을 남겼다. 서유문은 1798년(정조 22) 음력 10월에 조선왕실에서 삼절연공(三節年貢) 겸 사은(謝恩)을 목적으로 청나라 연경(燕京, 지금의 베이징)에 보내는 사신단의 대표인 서장관(書狀官) 직책을 맡았다. 여기에서 '삼절연공'이란 조선에서 청나라에 정기적으로 사신을 보내었던 원조사(元朝使)·동지사(冬至使)·성절사(聖節使) 등 세 가지 축하를 목적으로 청나라에 보내는 사신단의 이름이다. 청나라 제7대 황제인 가경제(嘉慶帝, 1760~1820)의 생신이 음력 11월 13일이라 정조는 서유문을 대표로 하여 그것도 축하하고 곧이어 오는 동지와 설인 원단(元旦)을 맞이하여 황제에게 인사를 올리는 일을 하도록 사신단을 꾸리도록 명하였다. 서유문은 1798년 음력 8월 9일에 서장관으로 낙점을 받은 일에서부터 일기 형식으로 글을 쓰기 시작했다. 음력 10월 19일에 한양을 떠나서 12월 19일에 연경에 도착하였다. 그 다음해인 1799년 음력 2월 8일에 연경을 떠나서 3월 30일에 한양에 도착하기까지 하루도 빠짐없이 일기를 썼다. 그가 연경으로 떠난 해가 무오년(戊午年)이었기 때문에 책의 제목은 『무오연행록(戊午燕行錄)』이라고 붙였다. 사실 그 전에 많은 사신들이 연경을 다녀오면서 연행록을 기록하였다. 하지만 그들의 기록이 모두 한문으로 이루진 데 비해서 서유문은 오로지 한글로만 일기를 썼다. 아마도 사대부의 부인들이 그의 연행록을 읽도록 배려하기 위함이었을 것으로 여겨진다.

보통 조선의 사신단이 연경(燕京, 지금의 베이징)에 도착하면 청나라 황실에서는 숙소는 물론이고 각종 먹을거리와 생활용품을 제공해주었다. 호부(戶部)에서는 식량을, 공부(工部)에서는 땔감과 말의 먹이, 그리고 그릇, 광록시(光祿寺)에서는 각종 반찬거리와 음료와 과일 따위를 주었다. 서유문은 1798년 12월 20일자 연행록에서 다음과 같이 적었다. "이날로부터 광록시에서 차하[하사]하는 음식물이 있으니, 게우 일수, 계 일수, 생선 이미, 제육 일근반, 양육 일척, 타락 반근, 맥면 반근, 황주 육병, 두포 이근, 침채 삼근, 장외 넉냥, 청장 육냥, 된장 육냥, 초 십냥은 날마다 통삼방하야 황육 한냥, 차 일냥, 화초 한돈, 소금 한냥, 등유 두냥은 날마다 주는 것이요, 사과 칠십오개와 생이 칠십오개, 포도 칠근반, 능금 일백십이개를 곧 통삼방하여 닷새마다 주는 것이니, 날마다 주는 식물이 상방은 여러 가지 더하고, 부사는 서장관과 같더라. 각방이 다 다른 것은 날마다 차하하는 나무니, 상방은 삼십 근이요, 부방은 열일곱 근이요, 삼방은 열 다섯 근이며, 닷새마다 주는 실과는 삼방을 통해 찾아 쓰니 이는 행중의 전례러라."

이렇듯이 개인 일기와 연행록, 그리고 조선통신사록에는 제법 많은 음식 관련 기록이 나온다. 하지만 이 일기류는 처음부터 끝까지 그 내용을 읽으면서 음식 관련 내용을 파악해야 하는 어려움이 있다. 더욱이 대부분의 일기는 개인이 직접 집필한 필사본이기 때문에 독해의 어려움이 따른다. 앞으로 인문학자들의 번역 작업이 진행되어야 음식 관련 내용에 대한 보다 심도 있는 연구가 진행될 수 있다.

4. 조선시대 민간음식 기록의 보고, 어문서류

이와 같이 조선시대 음식과 관련된 민간의 기록물은 농업생산과 관련된 이상론적 내용과 실제 식생활을 기록한 실천적인 내용으로 구분할 수 있다. 농수산구황서류는 이상론적 내용이 주류를 이루지만 정약전(丁若銓, 1758~1816)의 『자산어보(玆

山魚譜)』와 같은 수산물을 적은 책에는 집필자가 직접 보고 들을 내용이 주된 내용을 이룬다. 다만 성리학은 물론이고 서학까지 공부한 정약전은 실사구시(實事求是)의 태도를 가지고 이 책을 편집했다. 그는 이 책의 서문 마지막에 이런 말을 덧붙였다. "후세의 선비가 그 정확한 뜻을 알아내고 내용을 보다 훌륭하게 다듬는다면, 이 책은 치병(治病)·이용(利用)·이재(理財)를 따지는 사람에게는 큰 도움이 될 것이다." 곧 질병을 고치는 데 가장 좋고, 그 다음으로 생선을 이용하여 좋은 데 쓸 수 있고, 마지막으로 돈을 버는 데도 한몫을 한다는 생각이었다. 바다생선에 주목해야 한다는 정약전의 실사구시 정신이 바로 드러난다. 아울러 "시를 짓는 사람들도 이를 잘 활용한다면 비유를 써서 자기의 뜻을 나타낼 수 있을 뿐만 아니라 이제까지 미치지 못한 것까지 표현할 수 있게 될 것이다."고 단언하였다. 지식인으로서 바다생선을 통해서 세상의 이치를 읊조릴 수 있다는 말이다. 이 역시 성리학적 사유가 묻어 있다.

문집류는 조선시대 선비들이 지은 시문이 담겨 있는 고문헌이다. 이미 '문집총간'이 정리되어 출판되었고, 한국고전번역원에서는 그 원문을 웹사이트를 통해서 제공하고 있다. 문집류에 담긴 개인의 시문에는 음식과 관련된 내용이 제법 많이 나온다. 그 중에는 실제로 있었던 음식 이야기도 있지만, 고대 중국의 시문에서 옮겨온 것도 적지 않다.

스스로 '시금주삼혹호선생(詩琴酒三酷好先生)'이라고 불렸던 고려중기 문인 이규보(李奎報, 1168~1241)의 시에 '친구 집에서 순채(蓴菜)를 먹다'라는 것이 있다. "얼음 삶는다는 건 예로부터 못 들었는데 / 그대는 어찌하여 삶을 수 있다고 자랑하는가 / 불러와서 자세히 보니 / 바로 순갱(蓴羹, 순채국)을 말하네 / 마치 얼음 같지만 풀리지 않고 / 삶을수록 더욱 면밀해지네 / 이것을 말하여 얼음 삶는다고 하니 / 나를 놀라게 만들네 / 내 평생 조금도 잘못이라곤 없어 / 스스로 깨끗한 마음 자랑했네 / 헌데 입으로는 언제나 속된 음식을 먹었으니 / 목구멍에 먼지가 뽀얗게 앉았네 / 오늘 순채를 먹으니 / 가늘고 가볍기가 은실 같구나 / 이빨과 볼은 눈을 씹는 듯하여 / 광폭한 술병이 나은 줄도 몰랐네 / 어찌 꼭 장한(張翰)을 본받아서 / 강동(江東)으로 회 먹으러 가랴"

이규보는 미끌미끌한 순채의 어린 순을 두고 마치 얼음 같다고 했다. 그러면서 마지막 구절에서 장한(張翰)을 본받아서 강동으로 회 먹으러 가겠다고 했다. 여기에서 장한은 중국 서진(西晉) 때의 문학가인 장한이다. 장한은 강남(江南)의 우군(吳郡)

곧 지금의 쟝쑤성(江蘇省) 쑤쪄우(蘇州)) 사람이다. 진나라 초기에 사마(司馬) 성을 가진 자제들을 대거 제후국의 왕으로 책봉할 때, 사마소(司馬昭)의 손자인 사마경(司馬冏)도 제왕(齊王)으로 책봉되었다. 장한은 당시 사마경의 관저에서 수레를 담당하는 하급 관리인 조연(曹掾)으로 있었다. 그는 마음속으로 사마경이 반드시 또 다른 난으로 인해서 죽임을 당할 것이라 생각했다. 그래서 장한은 종일 술만 마셔서 사람들로부터 '강동보병(江東步兵)'이라고 놀림을 당했다. 가을이 되었을 때, 장한은 고향 우군의 채소인 순채로 만든 순갱(蓴羹)과 농어회인 노회(鱸膾)가 그리워졌다. 사람의 일생은 뜻에 맞는 일을 하면 살아야 하거늘, 하필이면 이렇게 먼 곳까지 와서 관직과 명예를 바라고 있는가 하면서 짐을 싸서 고향으로 돌아가 버렸다. 사마경은 다른 반란에 의해서 죽임을 당했지만, 장한은 '순갱노회(蓴羹鱸膾)'로 인해서 다행히 난을 피했다. 이 이야기는 『진서(晉書)·문원전(文苑傳)·장한(張翰)』에 나온다.

이런 사연으로 인해서 출세 욕구를 버리고 재야에 묻혀 사는 삶은 '순갱노회'로 시를 읊조린 사람들이 중국은 물론이고 고려 이후 조선시대 문인들 중에서도 제법 많았다. 당나라 시인 백거이(白居易, 772~846)는 "가을바람이 노어회(鱸魚膾)를 부르자, 장한은 머리를 흔들며 불러도 돌아오지 않았네."라는 시를 남겼다. 이규보 역시 순채의 맛을 형상하면서 장한의 '순갱노회'라는 고사를 언급하였다. 사실 순채는 조선시대 집 안팎의 작은 연못에서도 잘 자랐다. 물론 늪에서도 쉽게 발견되었다. 그러니 출세 욕구를 멀리하고 죽림칠현과 같은 초월적 삶을 살아가려는 성리학자 선비의 마음에는 언제나 '순갱노회'의 이야기가 자리 잡고 있었다. 『음식디미방』에도 '슌탕'이 나온다. 이 역시 그러한 의미를 지니고 있다. 다만 농어를 구하기 어려웠기 때문에 장계향은 단지 '쳔어(川魚)'라 하여 민물생선을 넣어도 무방하다고 적었다.

이와 같이 조선시대 조리서에도 성리학적 관념이 자리를 잡고 있을 가능성이 많다. 단지 조리법에만 집중하지 말고 그러한 사유를 파악할 필요가 있다. 김유(金綏, 1481~1555)가 쓴 『수운잡방(需雲雜方)』에는 풍류정신을 그대로 품고 있다. '수운(需雲)'이란 글자는 원래 "구름이 하늘에 오르는 격이니 군자(君子)가 음식으로 술자리를 즐긴다."는 데서 나왔다. 그러니 수운은 다른 말로 하면 '술과 음식'이라고 할 수 있다. 그러니 『수운잡방』은 '군자가 술과 음식을 즐기는 데 필요한 여러 가지 조리법'이다.

이에 비해 『훈몽자회(訓蒙字會)』와 같은 어학사전은 당시의 음식과 관련된 물명(物

名)을 파악하는 데 좋은 자료이다. 하지만 최세진(崔世珍, 1468~1542)이 당대에 쓴 내용을 후대 사람들이 계속 수정한 결과가 현재 책으로 전해진다는 점에 주목해야 한다. 당연히 이 책의 내용 중 일부는 최세진 당대의 것이 아닐 수 있다. 조선시대 음식 관련 고문헌을 읽으면서 목판본과 필사본을 막론하고 그 서지적 측면을 깊이 있게 들여다보지 않을 경우 발생할 수 있는 오류가 이 점이다. 『춘향전』이나 『심청전』과 같은 고전소설의 판본과 그것의 간행연도를 먼저 확인해야 그 속에 나오는 음식이나 식재료가 실제했던 시기를 비정할 수 있다. 홍석모(洪錫謨, 1781~1857)가 쓴 『동국세시기(東國歲時記)』와 같은 필사본 역시 당대의 것이 다시 필사된 것이기 때문에 오탈자가 있을 수 있다는 점을 염두에 두고 음식 관련 내용을 살펴야 한다.

이렇듯이 조선시대 사람들이 기록해 둔 음식 관련 고문헌에는 당대의 수많은 정보가 담겨 있지만, 다른 한편에서는 오늘날 사람들에게 또 다른 오류를 만들어내도록 하기도 한다. 서유구(徐有榘, 1764~1845)는 『임원경제지(林園經濟志)』「정조지(鼎俎志)」의 서문에서 "지금 우리의 입맛은 예전과는 상당히 달라졌고, 또 중국과 우리나라 사이의 차이도 있다. 사는 곳이 다르니 나는 산물이 같지 않고 각자 좋아하는 것이 다른 것은 자연스러운 일이다. (중략) 대체로 유학자들은 오늘의 세상을 살면서 옛날의 경전을 이야기하니 매번 억지로 맞춘다는 비웃음을 사곤 한다. 이것은 음식에서도 마찬가지다."고 했다. 이 점은 오늘날 사람들이 조선시대 음식 관련 고문헌을 읽을 때도 경계 삼아야 할 점이다.

버클리대학 동아시아도서관 소장
『酒政(주정)』과 그 기록

옥영정(한국학중앙연구원)

1.『酒政(주정)』의 서지적 특징

이 책은 국외에 소장된 한국어 고서로 음식관련 기록이 수록된 책을 조사하는 과정에서 확인하게 된 것이다. 미국의 캘리포니아대학 버클리캠퍼스의 동아시아도서관의 소장 고서는 국외에 소장된 한국본 고서 가운데 희귀본과 유일본이 매우 풍부하고 다양한 것으로 잘 알려져 있다. 특히 아사미문고는 개인 문집류에 속하는 고도서가 상당 부분을 차지하고 있으며, 삼국 및 고려 초기의 탁본도 적지 않다. 아사미문고는 1895년 조선으로 건너간 일본인 학자 아사미린타로(淺見倫太郎)가 수집하여 일본으로 반출하여 미쯔이(三井)에게 넘겼다가 1948년 캘리포니아대학(버클리)에 매도한 책이다. 이 문고의 개인문집과 선집(選集) 가운데에는 국내외에 없는 유일본 및 필사본이 다수 소장되어 있어, 한국문학, 서지학, 출판문화 연구에 매우 긴요한 자료적 가치를 지니고 있다. 한국본 고서는 활자본, 목판본, 필사본 등 다양한 형태인데, 특히 필사본 중에는 자료 가치가 높은 것이 매우 많다. 그 중에서 민간의 음식고문헌으로 확인할 수 있는 책으로 들 수 있는 것이『酒政(주정)』이다. 아사미문고에 포함되어 있는 이 책은 동아시아도서관 특별 컬렉션 진열장에 전시되어 있으며, 그 기록이 국내에 전하지 않는다는 점에서 가치가 크다.

『酒政(주정)』에 대한 기존의 해제는 1969년에 처음 아사미문고를 알려준『The Asami Library』에 소개되었다. 당시 고문헌 담당 사서였던 중국인 방조영(Chaoying Fang)선생이 영문으로 작성한 책으로 이를 기반으로 국외에 소장된 한국고서에 대한 연구가 진행되기도 하였다. 1981년에 간행한 이성우 선생의『한국식경대전(韓國食經大典)』에 이 책이 다시 소개되었고 이후로『한국민족문화대백과사전』에서 이를 다시 항목에 두고 그 내용을 언급하고 있다. 당시 해제에서는 이 책의 작성연대기록을 확인할 수가 없지만 한글표기법으로 미루어 19세기 말엽의 것으로 추정하였다.

이 책은 1책 필사본 매 반엽 11행의 글자로 쓰여졌으며 편찬자, 필사자, 필사년대 등에 대한 내용을 확인하기 어렵지만 종이의 지질, 표지, 한글이 표기된 마지막 부분의 전통술제조기록 등으로 살펴보았을 때 조선후기에 민간에서 작성된 것이 틀림없어 보인다.

광곽이 없이 작성되었지만 본문의 상단 여백에 보충하여 작성한 내용이 빽빽이 수록되어 있고 몇 가지 항목에는 본문의 내용보다 훨씬 많은 내용으로 별도의 종이에 적어서 붙여 놓았다. 표지의 서명이 '酒政'이고 표지 이면부터 술에 관한 기록이 적혀있다. 본문의 시작은 '酒政'이라는 서명 다음에 바로 주역에 쓰인 '주(酒)'와 관련된 기록이 나타난다. 택수곤괘(澤水坤卦)의 구이(九二)내용인 곤우주식(困于酒食) (제사에 가장 필요한 제물(祭物)인 술과 밥이 없어 곤란에 처해 있는 상태)에 대한 내용을 시작으로, 각종 서적의 술과 관련된 내용을 옮겨 놓았다.

이 책은 전형적인 서적편찬을 위한 편집서의 상태를 보여주는 것으로 1차적으로 편찬한 후에 계속하여 추가가 이루어진 것으로 보이는데, 많은 내용에 수정표시가 있고 표지, 본문 등에 매우 많은 이용의 흔적이 있는 것으로 보아 가까이 두고 수시로 펼쳐보며 수정하고 편집한 흔적이 뚜렷하다.

2. 내용구성과 인용서적

이 책은 120여 장의 1책 필사본으로 꽤 분량이 많은 책이다. 목차가 없고 항목을 구분짓고 있지 않아서 명확하게 구별하기 어렵지만 그 내용은 크게 4가지로 나눌 수 있다. 처음에 약 57장 정도는 경서(經書)와 역사서(歷史書), 주요 문집(文集) 등에 수록된 술에 관한 기록을 발췌해서 옮겨 쓰고 이에 대한 인용문헌의 표시를 하고 있다. 인용문헌의 표시방법은 간략서명으로 적었으며 경서를 먼저 수록하고 유가(儒家)와 역사서, 문집 등의 순서를 대체로 지키고 있다.

인용된 책들은 대부분 국내에서 간행되거나 번각된 적이 있는 중국인의 저술로 이중에 약 37장에는 간략서명을 상단여백에 표시하고 약20장은 본문에 표시하였다. 상단여백에 표시된 인용서적의 서명을 표시된 대로 적어보면 주역(周易), 시전(詩傳), 주례(周禮), 의례(儀禮), 논어(論語), 맹자(孟子), 예기(禮記), 좌전(左傳), 국어(國語), 관자(管子), 열자(列子), 장자(莊子), 초사(楚辭), 한비자(韓非子), 오자(吳子), 황석공기(黃石公記), 공총자(孔叢子), 전국책(戰國策), 한시외전(漢詩外傳), 마사(馬

『주정酒政』의 표지와 본문 첫 장

史), 신서(新書), 회남자(淮南子), 전한서(前漢書), 신서설원(新書說苑), 논형(論衡), 후한서(後漢書), 촉지(蜀志), 위지(魏志), 진서(晉書), 박물지(博物志), 도집(陶集), 세설(世說), 남사(南史), 북사(北史), 문선(文選), 수서(隨書), 당서(唐書), 이백집(李白集), 두시(杜詩), 창려집(昌黎集), 유문(柳集), 백집(白集), 오대사(五代史), 강목(綱目), 송감(宋監), 명행록(名行錄), 구양집(九陽集), 동파집(東坡集), 산곡집(山谷集), 진간재집(陳簡齋集), 사문유취(事文類聚), 당시품휘(唐詩品彙), 운부군옥(韻府群玉), 고문진보(古文眞寶), 사육전서(四六全書), 옥호빙(玉壺氷) 등이다.

두 번째 내용은 약 33장에 걸쳐서 어연(御宴), 주금양(酒禁釀), 송주(送酒), 고주(沽酒), 음연(飮宴), 음주(飮酒), 벌음(罰飮), 주령(酒令), 감음(酣飮), 계주(戒酒) 10여 가지의 주제로 구분하고 이를 각 문헌에 수록된 내용에서 뽑아 옮겨 썼다. 대부분의 내용이 중국의 고문헌에서 술에 관한 것을 뽑아내어 정리하였으며 각 주제어 아래에 인용서적의 서명을 표시하고 내용을 수록하는 방식이거나 본문의 앞줄에 서명을 적고 다음에 내용을 수록하고 있다.

세번째 내용은 『유씨홍서(劉氏鴻書)』, 『오거운서(五車韻書)』 중에 '주(酒)'의 내용을 발췌한 것으로 모두 21장이다. 『유씨홍서』는 명나라 유중달(劉仲達)이 편찬한 유서

(類書)이다. 유중달은 자가 구규(九逵)이고 선성(宣城) 출신인데 자세한 생애는 밝혀져 있지 않다. 이 책은 천문부(天文部), 지리부(地理部), 세시부(歲時部) 등 24부로 나누고 다시 260여 자목으로 세분하여 관련한 역사와 문장을 배치하고 주석에서 출처를 명기하였다. 『사고전서총목四庫全書總目』에 따르면 권두에 탕빈윤(湯賓尹) 산정이라 되어 있고 이유정(李維楨)의 서(序)가 실려 있는데, 탕빈윤은 자가 가빈(嘉賓)으로 유중달과 같은 선성 사람이며 『재광역자품수(再廣歷子品粹)』, 『역경익주(易經翼註)』, 『수암집(睡庵集)』 등의 저술을 남겼다. 『광해군일기』의 기록에는 광해군이 허균에게 이 책이 무슨 책인지 모르지만 반드시 중국에 가서 구해오되 불가능하면 『임거만록(林居漫錄)』을 구입해 오도록 지시하기도 하였다. 허균의 『한정록(閒情錄)』에도 『유씨홍서(劉氏鴻書)』가 인용된 것으로 보아 허균이 중국에서 이 책을 구입해온 것으로 추정되며 실제로 규장각에는 명간본이 남아 있다. 이익의 『성호사설(星湖僿說)』, 안정복의 『순암집(順菴集)』, 김종후의 『본암집(本庵集)』, 장혼의 『이이엄집(而已广集)』, 성대중의 『청성잡기(靑城雜記)』, 한치윤의 『해동역사(海東繹史)』, 정약용의 『여유당전서(與猶堂全書)』, 이유원의 『임하필기(林下筆記)』, 이규경의 『오주연문장전산고(五洲衍文長箋散稿)』 등 많은 문헌에서 이 책을 인용하고 있다.

『오거운서(五車韻書)』는 명나라 능치륭(凌稚隆)이 편찬한 유서이다. 능치륭은 명초의 저명한 학자로 많은 책을 출판한 것으로 알려져 있는데 『만성류원(萬姓類苑)』, 『사기평림史記評林』, 『한서평림漢書評林』, 『사기찬史記纂』 등이 잘 알려져 있다. 자가 이동(以棟)이고 호가 뇌천(磊泉)이며 절강성 오정(烏程) 출신다. 『오거운서』는 『운부군옥韻府羣玉』을 바탕으로 하여 체례를 약간 변형시킨 것으로 전체가 160권에 이르는 책이다. 운자(韻字) 아래 소전(小篆)을 배치한 다음 관련 기록을 수록하였고 경, 사, 자, 집, 잡(雜) 등으로 분류하였는데 잡은 주로 도교와 불교의 경전에서 인용한 것이다. 부(賦), 송(頌), 가(歌), 시(詩) 등을 종류에 따라 나누어 다양한 자료를 수록하였으며 『주정』에는 '酒'자 항목의 내용을 담고 있다. 『유씨홍서』, 『오거운서』 모두 조선 문인들 사이에 잘 알려진 책이며 국내에도 몇 종이 남아있다.

네 번째 내용은 부록에 해당하는 것으로 고시(古詩) 3장과 소국주, 백일주, 두강주, 두견주, 방문주의 제조법을 기록한 것이다. 특히 다섯가지 술의 기록은 이 책을 집필한 인물과 연관이 있을 것으로 보이는데 구체적 정황을 확인하기는 어렵다.

3. 다섯 가지 술의 기록내용

『酒政(주정)』의 마지막 부분에 기록된 다섯가지 술의 기록은 분량이 비록 많지 않지만 이 책의 특징을 보여주고 편찬주체가 조선인이라는 근거가 된다. 소국주, 백일주, 두강주, 두견주, 방문주의 제조법이 기록되어있는데 술 빚는 방법에 관한 부분은 비교적 간략하지만 누룩, 흰무리, 지예밥 등의 한글이 표기되고 있고 모두 한국의 전통주로 잘 알려진 술이기 때문이다.

각 주류별로 기록된 원문을 옮기고 이를 번역해보면 다음과 같다.

小麴酒

欲釀一劑 (十斗為一劑, 五斗為半劑).

取一碗, 先量十斗米知厥數為幾許碗.

以其碗量冷水 如十斗米數灌于甕.

和眞末五斗䴥麴(섭누룩)五升 (米每斗 眞末五合 麴末五合)

至茅三日以中篩釃麴水出滓.

白米五斗精鑿, 作末入甑蒸餅(흰무리),

當其溫熱投片麴水中 是為酒本以待醅清.

白米五斗(白米二斗五升, 粘米二斗五升, 相半則好)

精鑿屢洗入甑蒸饋(지예밥)熟而熱而入諸醅, 以待醲而浮梁. 飲之極美.

如或小釀一斗, 水與麴分數一劑而量減.

凡往夏之酒, 宜可以孟春釀之, 而置甕於冷而不風不凍之處.

亦或以仲春釀之而名曰兒小麴酒(白米粘米如欲相半, 當以各甑蒸之 而蒸時給水 使饋不太剛乾而出, 先投白米饋於甕, 次投粘米饋.)

【소국주】

술 한 첩[劑]을 빚고자 한다면(10말이 한 첩이고, 5말이 반 첩이다.)

한 주발[碗]을 가져다가 먼저 쌀 10말을 헤아려 그 수가 몇 주발 정도인지 알아둔다.

243

그 주발로 냉수를 헤아려, 쌀 10말의 수만큼 옹기에 붓는다.

밀가루[眞末] 5되와 거친 누룩(섭누룩) 5되(쌀 한 말마다 밀가루 5홉, 누룩 가루 5홉)를 섞어 3일이 지나면 중간크기 체[中篩]로 누룩물을 걸러 찌기를 꺼낸다.

백미 5되를 정밀히 쓿어서 가루[末]로 만들어 시루에 넣고 쪄서 흰무리를 만든다.

마땅히 그 온열(溫熱)이 누룩물에 스미게 하여 주본(酒本)을 만들어 술밑[醅]이 맑아지기를 기다린다.

맑은 백미 5말 (백미 2말 5되, 점미 2말 5되로, 서로 반반이 되면 좋다)을 정밀히 쓿고, 여러번 씻어 시루에 넣고 쪄서 지예밥을 만든다. 익히고, 열을 가하여 그것을 술밑에 넣어, 맑은 술이 될 때까지 기다리는데, 쓿은 곡식[粱]이 떠 있다. 마시면 매우 맛있다.

만약 혹 (술을) 작게 1말만 빚으려면, 물과 누룩을 한 첩에 대한 수(비율)로 헤아려 감한다.

무릇 왕하(往夏)의 술은 마땅히 맹춘(孟春)에 빚어서 옹기를 차가우면서도 바람이 들지 않고, 얼지 않는 곳에 두어야 한다.

또한 혹 중춘(仲春)에 빚으면, 아소국주(兒小麴酒)라 한다. (백미와 찹쌀[粘米]을 만약 서로 반이 되게 하고자 한다면, 마땅히 시루를 각기하여 쪄야한다. 찔때의 급수(給水)는 지예밥이 너무 굳게 마르지 않게되도록 하여 꺼낸다. 먼저 백미 지예밥을 옹기에 넣고, 다음으로 찹쌀 지예밥을 넣는다.)

百日酒

欲釀一劑 粘米一斗 精末以冷水乾調(되게)作圜餌無數

以水鼎沸 而投飩連加揮攪 待飩浮拯出

同沸水量可以和均盛于木哭 以椎爛磨如糊 一宿涼息

同眞末三升 屑麴三升 均拌入缸 置諸不凍之處

淸而味辛然後 白米三斗精末蒸餅

每一斗以大碗湯沸水四碗式 和餅揮調 一宿涼息

同醅均拌移入大缸 若值日煖置缸于庫間待其淸熟

白米二斗 粘米四斗 精洗以各甑蒸饙

冷水二汲盆半 沸煎為二盆

饋與沸水各一宿而埋甕地中

饋與中酶以沸置水 和而均拌

先入白米饋 次入粘米饋

而酶哭饋哭 以所餘沸水滌而盡灌于甕 待醻而飲 既旨且美 而徑暑不敗

【백일주】

술 한 첩을 빚고자 한다면 찹쌀[粘米] 한 말을 精米하여 냉수로 되게 하여, 경단[圜餌]을 무수히 만든다.

물솥을 끓여 경단[飩]을 넣고, 이어서 휘확(揮攉)을 더한다. 경단이 떠오르기를 기다렸다가 건져낸다.

끓이는 물의 양은 목기(木器) 가득 골고루 섞일[和均] 정도로 해야한다. 망치로 爛磨하여 풀처럼 만들고, 하룻밤동안 차게 식힌다.

밀가루[眞末] 3되와 가루 누룩[屑麴] 3되를 균일하게 뒤섞어 항아리에 넣고, 얼지 않는 곳에 둔다.

맑고 맛은 맵게된 연후에 백미 3말을 쓿고 가루내어 쪄서 흰무리를 만든다.

1 말당 큰 주발로 끓는 물 4주발씩 밥과 골고루 섞어서 하룻동안 차게 식힌다. 술밑[酶]를 골고루 섞어 큰 항아리에 옮겨 넣고, 만일 날이 따뜻하면 항아리를 곳간에 두고, 찌꺼기 없는 맑은 상태(?)가 되기를 기다린다.

백미 2말과 찹쌀 2말을 쓿고 씻어 각각 시루에 쪄서 지예밥을 만든다.

냉수 2급분반을 끓여 2동이로 만든다.

지예밥과 끓는 물을 각각 하룻밤동안 옹기에 넣어 땅에 묻어둔다.

지예밥과 중매(中酶)를 끓여서 물에 넣고 골고루 섞는다.

먼저 백미 지예밥을 넣고, 다음으로 점미 지예밥을 넣는다.

술밑 그릇과 지예밥 그릇을 나머지 끓인 물로 씻어서 모두 옹기에 붓고, 맑은 술이 될 때까지 기다렸다가 마시면 그 맛이 또한 좋아서 더위를 지내는데 걱정할 것이 없다.

245

杜康酒

欲釀一劑 白米四斗 精末蒸餠.

以大碗每一斗沸水四碗式調和 一宿涼息. 與眞末四升 屑麴四升均拌八缸, 置諸不熱

之處 而侍其清.

白米四斗如初蒸餠.

每一斗沸水四大碗式調和 一宿涼息. 與酶均拌入于甕, 待清.

粘米二斗精洗蒸饋涼息 而投于中酶待釃飲之 旣峻且美自始釀至於于終釃 其間爲日
或六七日或七七日而秋亦可釀者

【두강주】

술 한 첩을 빚고자 한다면, 백미 4말을 쓿어 가루로 만들고, 쪄서 흰무리를 만든다.
큰 주발로 1 말마다 끓인 물 4주발씩 (부어) 잘 섞고, 하룻밤동안 차게 식힌다. (그
후) 밀가루[眞末] 4되, 가루 누룩[屑麴] 4되를 골고루 섞어서 항아리에 넣고, 뜨겁
지 않은 곳에 둔다. 그리고 맑아지기를 기다린다.

백미 4말을 처음했던 것과 같이 쪄서 흰무리를 만든다. 1 말마다 끓인 물 4주발씩
(부어) 잘 섞고, 하룻밤동안 차게 식힌다. 술밑과 골고루 섞어서 옹기에 넣고, 맑아지
기를 기다린다.

찹쌀[粘米] 2말을 쓿고 씻는다. 쪄서 흰무리를 만들고 차게 식혀힌 뒤 中酶에 넣고
맑은 술이 될 때까지 기다렸다가 마시면 훌륭하고 맛있다. 처음 술을 빚을 때부터 맑
은 술이 되기까지 그 사이 걸린 기간이 육칠일(42일) 혹은 칠칠일(49일)이니, 가을에
도 술을 빚을 수 있다.

246

杜鵑酒 方一劑 ■■

白米三斗浸水搗末. 水二盆猛沸湯, 米末和勻待冷. 好麴三升 眞末三升和勻釀入缸堅
封. 置之寒冷處, 待杜鵑花爛開.

白米三斗 糯米三斗 淨洗浸水, 蒸爲飯. 量其蒸飯水多少更添冷水. 猛沸待冷. 米每斗
水九椀■取酒本和飯及湯水入甕.

時間鋪杜鵑花又釖於上堅封甕口. 過二十餘日 味甚甘矣云(酒本必於正月初亥日或次
亥日)

【두견주】 한첩(만드는 법)

백미 3말을 물에 담그고, 가루로 찧는다. 물 두 동이를 끓이고, 쌀가루를 골고루 섞

어서 식을때까지 기다린다. 좋은 누룩[好麴] 3되와 밀가루 3되를 골고루 섞고 술을 빚어 항아리에 넣고, 굳게 봉한다. 그리고 차가운 곳에 두며 두견화가 활짝 필때까지 기다린다.

백미 3말과 찹쌀[糯米] 3말을 깨끗이 씻어 물에 담그고, 쪄서 밥을 짓는다. 찐밥은 물의 많고 적음에 따라 다시 냉수를 붓고 끓인 다음 차가워지기를 기다린다. 매 말[斗]당 물 9주발로, 주본(酒本)을 취하여 밥, 끓인 물과 잘 섞어 옹기에 넣을 때, 간간히 두견화를 깐다. 다시 위에 ~~하고, 옹기 입구를 단단히 봉한다. 20여일이 지나면 맛이 매우 달다고 한다. (주본(酒本)은 반드시 정월 첫 해일(亥日)이냐 다음 해일(亥日)에 해야한다.)

方文酒

欲釀四斗 白米一斗 精末蒸餅 按沸水四碗無數揮調 一宿涼息 麴末二升八合(米每一斗麴末七合式)與餅均拌 盛于缸待淸.

粘米二斗五升 白米五升(相半可矣而粘則酒多而易淸)精洗蒸饋.

又湯沸水一汲盆三合各其涼息 與酶均拌而先調白米饋, 次調粘饋.

待熟而飮(米三斗盛諸汲盆則可爲一盆矣.米與水欲相半故四斗米調和沸水爲一汲盆三合者 斟量多小也. 雖數斗與十斗 沸水則量米如加減可也)

【방문주】

4말을 빚고자한다면 백미 1말을 쓿어 가루내어서 찌고 흰무리를 만든다. 끓는 물 4주발을 무수히 저어 골고를 섞이게 하고, 하룻밤동안 차게 식힌다. 누룩 가루[麴末] 2되 8홉(쌀 1말마다 누룩가루는 7홉씩이다.)을 흰무리와 골고루 섞어 항아리에 담고, 맑아지기를 기다린다. 찹쌀 2말 5되, 백미 5되(서로 반반이면 좋으나 찹쌀이 많으면 술이 많아지고, 쉽게 맑아진다.)를 깨끗이 씻고 쪄서 지예밥을 짓는다. 또한 끓인 물 한 급분(?) 3홉을 각각 차게 식히고, 술밑과 골고루 섞고, 먼저 백미 지예밥을 섞고, 다음으로 찹쌀 지예밥을 섞어서, 익기를 기다렸다가 마신다.(쌀 3말을 급분에 채우면 한 동이가 될 수 있을 것이다. 쌀과 물을 서로 반반이 되게 하려고 하므로, 쌀 4말을 끓인 물과 섞어 한 급분 3홉으로 만든 것은 양의 다소를 헤아린 것이다. 비록 몇 말과 10말이라도, 끓인 물은 쌀을 헤아려 가감(加減)하는 것이 옳다.)

燒酒米一斗麤麴六升式

【소주】는 쌀 1말에 거친 누룩 6승씩

첫 번째로 수록한 소국주는 누룩을 적게 써서 빚은 약주로 조선시대 때 가장 널리
알려진 술이기도 하다. 한글로 표기된 지예밥은 '지에밥'으로 알려진 것으로 혹은 '고
두밥'이라고 하기도 한다. 백일에 걸쳐 빚는 술로 알려진 백일주는 처음에 경단을 만
드는데 기존의 제조 방식과는 차이가 있다. 두강주는 술의 발효 숙성기간이 짧아 단
시간에 만들 수 있는 술로 알려져 있다. 『주정』에도 '六七日或七七日'로 특별히 짧은
기간동안 만들 수 있는 술로 표기하고 있어서 주목되는데 두강주가 기존에 알려진
6일-10일만에 만들어지는 술이 아니라 42일이나 49일이 걸리는 술일 가능성이 있
다. 두견주는 별도의 종이에 적어서 붙여 놓았는데 진달래 꽃인 두견화로 담는 술로
잘 알려진 술이다. 주방문의 제조법에 따라 만든다는 방문주는 각 지역마다 조금씩
차이를 보인다. 마지막에 쓰인 소주는 미쳐 작성을 끝내지 못한 것으로 보인다.

4. 술에 관련한 고문헌의 종합적 정리

이 책의 구성 체제는 항목별로 구분되어 편찬된 기존의 음식기록과 달리 인용서적
을 중심으로 술에 관한 기록을 발췌하여 기록하고 있다. 본문에 수록된 구체적인 내
용들은 한 가지 키워드를 가지고 수많은 중국문헌에서 인용하여 보이고 있으며 주
제에 부합하는 내용을 직접 인용하거나 유서류 중에 가려뽑아 일정부분을 한꺼번
에 수록하기도 하였다. 이는 조선후기 서적편찬의 한 방식을 확인할 수 있는 부분이
기도 하다. 또한 인용된 각종 문헌들은 대부분 조선에서 다시 번각 또는 중간되거나
수입된 책들이다. 따라서 서적의 유통까지도 확인할 수 있는 특징이 있다. 이는 『주
정』과 다른 문헌들 사이의 원문 비교를 통해 『주정』의 내용과 동일한 내용을 수록한
것의 비교가 가능하므로 편찬 과정에 대한 연구 역시 가능하다고 생각한다.

비록 편찬한 인물이나 정확한 시기 등을 확인할 수 없어 아쉬운 점은 있지만 전통
음식문화연구 자료 중 술에 관한 종합정리자료로 유용하게 활용될 수 있을 것이다.
특히 다섯가지의 술 제조법은 기존에 알려진 전통주 제조 방법과 꼼꼼히 비교해볼
필요가 있다. 술의 제법을 담고 있는 『유원총보』, 『규곤시의방』, 『증보산림경제』, 『음
식보』, 『역주방문』, 『민천집설』, 『임원십육지』, 『농정화요』, 『시의전서』 등 여러 문헌

을 대략 살펴보아도 기존의 제법과 약간씩 차이를 보이는데 이는 문헌 및 가전비법에 따라 재료의 처리방법이나 용량이 다양하기 때문일 것이다. 이를 잘 검토하면 지역적 특색이나 전통주 제조를 위한 방문(方文)의 종합적 구성에 활용할 수 있을 것으로 여겨진다.

참 고 문 헌

오용섭, 「캘리포니아대학 아사미문고의 선본」, 『서지학보』 30, 한국서지학회, 2006.

장재용, 「캘리포니아대학 동아시아도서관의 과거, 현재, 그리고 미래」, 『서지학보』 30, 한국서지학회, 2006)

Chaoying Fang, 『The Asami Library: A Descriptive Catalogue』 , Berkeley and Los Angeles, U.C. Press, 1969.

한국정신문화연구원 편, 『한국민족문화대백과사전』, 1992.

자산어보에 등장하는 어물의 종류

주영하(한국학중앙연구원)
이태호(이천시립박물관)

1. 정약전이 흑산도에 간 이유

조선후기 학자 정약전(丁若銓, 1758~1816)은 『자산어보(玆山魚譜)』라는 책을 썼다. 그는 이 책의 서문에서 "자산은 흑산이다. 나는 흑산에 유배되어 있었다. 흑산이라는 이름은 어둡고 처량하여 매우 두려운 느낌을 주기에 집안사람들은 편지를 쓸 때 항상 흑산을 자산이라고 썼다. 자(玆)는 흑과 같은 뜻이다." '자산'은 지금의 전라남도 서해안에 있는 흑산도이다. 최근 이 자산을 검을 현(玄)이 두 개 붙은 것이라 하여 '현산'이라 발음해야 한다는 주장도 있다. 하지만 『강희자전(康熙字典)』에 따라도 그렇고 정약전이 서문에 쓴 글에서도 나와 있기 때문에 '자산'이라 부르는 것이 옳다. '어보'는 물고기의 계보를 가리킨다. 그러니 이 책의 제목을 오늘날 말로 풀어쓰면 '흑산도의 물고기 계보'가 된다. 하지만 유배지 흑산이라는 그 이름 자체가 정약전의 가족에게는 두려운 대상이었다. 그래서 책 이름에 흑산 대신에 자산을 붙였다.

그렇다면 무슨 사연으로 정약전은 서해바다의 고도 흑산도에서 어보를 작성하는 데 열중을 했을까? 알다시피 정약전은 다산 정약용(丁若鏞, 1762~1836)의 둘째 형이다. 정약전은 아버지 정재원(丁載遠, 1730~1792)이 첫 번째 부인을 잃고 다시 맞이한 윤두서(尹斗緖, 1668~1715)의 손녀 사이에서 첫째 아들로 태어났다. 이미 첫째 부인 사이에서 태어난 정약현(丁若鉉, 1751~1821)이 있었으니, 실제로는 정재원의 둘째 아들이다. 그 아래 동생이 정약종(丁若鍾, 1760~1801)과 정약용이다. 남인계의 이 정씨 집안은 정조(正祖, 1752~1800)의 즉위와 함께 한양에서 학문이 가장 높은 집안 중의 하나로 꼽혀서 중요한 관직에 나아갔다. 하지만 1800년 후원자 정조가 갑작스럽게 죽자 폐가일로를 걷고 말았다.

폐가일로를 이끈 결정적인 사건은 바로 천주교였다. 조선 천주교의 기초를 다진 주역이었던 이벽(李蘗, 1754~1785)의 누이와 정약현이 혼인을 하였고, 정약전의 여동생은 조선인 최초의 천주교 영세자인 이승훈(李承薰, 1756~1801)의 아내가 되었다. 이렇게 정약전이 천주교에 입문하게 된 배경에는 아버지 정재원이 1776년에 호조좌랑이 되어 지금의 남양주시 '마재' 고향집을 두고 한양으로 이사를 가면서 사귄 친구들 때문이었다. 이승훈은 물론이고 이윤하(李潤夏)·김원성(金源星), 그리고 권철신(權哲身, 1736~1801) 등이 그의 공부 친구들이었다. 이들은 노론의 보수적인 정치 태도에 불만을 품고 스스로 새로운 학문으로서 서학(西學)을 수용하려 했다. 정약전도 의기투합하여 남한강에 배를 띄워 몰래 서학의 경전을 읽고 심지어 유클리드(Euclid, BC 330?~BC 275?)의 책을 한문으로 번역한 『기하원본(幾何原本)』까지도 읽었다. 이 모두가 새로운 세상을 꿈꾼 성리학자의 몸부림이었다. 정약전은 진사가 된 1783년 가을에 마침내 결심을 하여 그 이듬해에 이승훈으로부터 영세를 받았다. 하지만 '천주학쟁이' 정약전도 세상의 변혁을 위해 벼슬길을 마다하지 않았다. 1790년(정조 14) 여름에 순조가 태어난 일을 기념하여 시행한 증광별시에 급제를 하여 벼슬길에 나아갔다. 동생 정약용과 함께 정약전은 정조의 두터운 신임을 받았다. 1795년에 과거 답안지에 서양의 4원소설을 수용한 흔적이 있다는 비판을 받았지만, 정조가 직접 그렇지 않음을 증명해 보여 위기를 모면하였다. 하지만 정조의 죽음은 더 이상 이 정씨 집안 형제들을 안전하게 관청에 있도록 내버려두지 않았다. 결국 1801년 음력 2월 28일 정약전은 지금의 전라남도 완도에 있는 섬인 신지도(薪智島)로 유배를 당했다. 같은 해 음력 11월 2일 정약전의 조카사위인 황사영(黃嗣永, 1775~1801)이 베이징의 천주교 주교에게 조선 천주교 박해의 실상을 알리고 도움을 구하는 내용이 담긴 백서를 보내다 발각되면서 다시 한양으로 잡혀가서 국문을 당했다. 정약전은 다시 흑산도로 유배되어 죽는 날까지 이곳에서 나오지 못했다.

성리학은 물론이고 서학까지 공부한 정약전은 실사구시(實事求是)의 태도를 가지고 이 책을 편집했다. 3권 1책으로 구성된 『자산어보』에서 정약전은 생선을 크게 네 가지로 구분하였다. 비늘이 있는 것과 없는 것, 껍질이 있는 조개류와 기타 바다 동식물이 그것이다. 그 종류를 세어보니 무려 226종에 이른다. 그런데 정약전은 어물 226종을 다루면서 대분류를 하고, 그 아래에 비슷한 무리들을 두었다. 오늘날의 시각에서 보면 서로 같은 무리에 들어간 어물 중에서 같은 계통이라고 보기 어려운 것도 있다.

2. 비늘이 있는 어물

정약전은 『자산어보』 인류(鱗類)에서 비늘이 있는 어물의 대분류로 21종을 다루었다. 그 대분류에 들어간 어물은 다음과 같다. 석수어(石首魚, 애우치·민어·조기), 치어(鯔魚, 숭어·가숭어), 노어(鱸魚, 농어), 강항어(强項魚, 도미·감성돔·흑돔·닥도미·북도어·강성어), 시어(鰣魚, 준치), 벽문어(碧紋魚, 고등어·가고도어·우동필·관목청), 청어(靑魚, 청어·묵을충암·우동필·관목청), 사어(鯊魚, 여러 가지 상어), 검어(黔魚, 금처귀·불낙어·저박순어·북제어·아구어·총절입), 접어(鰈魚, 넙치가자미·가자미·해대어·돌상어·해풍대·서대·투주매), 소구어(小口魚, 망치어), 도어(魛魚, 웅어), 망어(蟒魚, 망어·대사어), 청익어(靑翼魚, 숭대어·장대어), 비어(飛魚, 날치), 이어(耳魚, 노래미), 서어(鼠魚, 쥐노래미), 전어(箭魚, 전어), 편어(扁魚, 병어), 추어(鯫魚, 멸치·정어리·반도멸·공멸·말독멸), 대두어(大頭魚, 무조어·장동어·룽가리) 등이 그것이다.

이 중에서 조기에 대해 살펴보자. 정약전은 한자로 축수어(蹴水魚)라고 적었다. 조기가 떼를 지어 급하게 움직이기 때문에 이런 한자이름이 붙었지만, 지금의 조기이다. 정약전은 당시의 조기 잡는 모습을 다음과 같이 묘사했다. "요즘 사람들은 이것을 그물로 잡는다. 만일 물고기 떼를 만날 적이면 산더미처럼 잡을 수 있으나 그 전부를 배에 실을 수는 없다. 해주와 흥양(興陽, 전라남도 고흥)에서 그물로 잡는 시기가 각각 다른 것은 때에 따라 물을 따라서 조기가 오기 때문이다." 알다시피 조기는 남중국해 연안에서 서해를 따라 떼를 지어 북상하는 어물이다. 정약전은 이 조기가 양력 4월 5·6일경인 한식 때가 되면 법성포 앞 바다인 칠산 바다에서 잡힌다고 했다. 이에 비해 해주 앞 바다에서는 양력 5월 21·22일경인 소만 때 조기 떼가 도착한다고 적었다.

이렇게 떼로 무리를 지어 오는 조기는 그물로 잡아야 하지만, 정약전 당시에 튼튼한 그물을 만들기가 쉽지 않아 잡힌 양이 너무 많으면 그물이 찢어지기도 했다. 『자산어보』를 현대적으로 재구성한 책인 『현산어보를 찾아서』의 저자 이태원은 조기잡이에 어살이 사용되었다고 주장했다. "병자호란으로 나라가 어지러울 때 임경업 장군이 명나라와 연합하여 청나라를 물리치자는 밀서를 보내려다 발각되어 중국으로 도피를 떠난다. 중국으로 향하던 도중 연평도에 들른 임경업 장군은 먹을 것을 마련하면서 선원들에게 가시가 있는 엄나무로 어살을 만들도록 명령한다. 그랬더니 다음날

아침에 수천 마리의 조기가 엄나무발에 꽂혀 있었다. 이후 조기잡이를 하는 어부들은 어살을 이용하여 조기 잡는 법을 가르쳐준 임경업 장군의 사당에 참배하고 풍어를 기원하는 풍습을 갖게 되었다."

이 묘사를 그림으로 옮겨놓은 풍속화가 바로 김홍도의 『단원풍속화첩(檀園風俗畵帖)』 25첩 그림 중 하나인 「고기잡이」이다. 알다시피 어살은 밀물과 썰물의 차이가 많은 곳에 설치한다. 바로 서해안이 이런 자연 조건을 잘 갖춘 곳이다. 이 그림에서도 생선이 들어올 수 있는 길을 지그재그 형태로 만든 후 맨 마지막에 사각형의 어장을 만들었다. 주로 안면도 이남에서는 대나무로, 그 이북에서는 엄나무로 어살을 엮었다. 물이 막 썰물로 빠질 때 어살을 설치한 곳에 나가면, 미처 빠져 나가지 못한 물고기들이 어살에 걸려 있게 마련이다. 그림에서도 어부는 어살 안으로 들어가서 말뚝으로 박은 큰 나무 위에 올라서 있다.

정약전보다 한 세대 늦은 이유원(李裕元 1814~1888)은 1871년부터 쓴 『임하필기(林下筆記)』권 25~30의 「춘명일사(春明逸史)」에서 칠산 앞바다에서 조기를 잡는 모습을 다음과 같이 묘사했다. "법성진(法聖鎭)의 동대(東臺) 위에서 멀리 칠산도(七山島)를 바라보면 바다의 형세가 한눈에 들어온다. 매양 조기[石首魚]가 올라올 때가 되면 이를 잡으려는 배들이 바다 위에 늘어서는데, 영락없이 파리 떼가 벽에 달라붙은 것과 같아서 그 수효를 헤아릴 수 없을 정도이다. 잡아 올리는 고기도 그에 따라 꽤 많으나, 매번 어농(魚農)이 흉작이라고 감영에 보고하고 경사(京司)에 보고하곤 하는 것이 으레 상례가 되었다. 그리하여 세액이 날로 줄어드니, 지방을 관리하는 자가 어떻게 그 책임을 벗을 수 있겠는가. 나도 일일이 둘러보았으나, 그 자세한 곡절을 참으로 알아 낼 수 없었다."

조선후기에 조기가 한양에서 대단한 인기를 끌었기 때문에 나라에서는 세금을 매기려 했고, 어부들은 그것을 피해서 유통을 하려한 사정을 이 글을 통해서 짐작할 수 있다. 정약전 역시 비늘이 있는 어물의 첫 번째 부분에서 조기를 다룬 이유도 당시에 가장 인기를 모았던 어물이었기 때문이다.

3. 비늘이 없는 어물

제2권 비늘이 없는 생선무리인 무린류(無鱗類)에서는 19종의 대분류 아래에서 여러 가지 어물에 대해 다루었다. 분어(鱝魚, 홍어·발급어·간자·청가오리·묵가오리·노랑가오리·나가오리·매가오리), 해만리(海鰻鱺, 장어·붕장어·갯장어·대광어), 해점어(海鮎魚, 바다메기·홍달어·포도메기·골망어), 돈어(魨魚, 검복·까치복·밀복·까칠복·종복·가시복·흰복), 오적어(烏賊魚, 오징어·고록어), 장어(章魚, 문어·낙지·죽금니), 해돈어(海豚魚, 상광어), 인어(人魚, 인어), 사방어(四方魚, 사방어), 우어(牛魚, 화절육), 회잔어(繪殘魚, 뱅어), 침어(鱵魚, 공치·갈치·한새치), 천족섬(千足蟾, 천족담), 해타(海鮀, 해팔어), 경어(鯨魚, 고래), 해하(海蝦, 대하), 해삼(海參, 해삼), 굴명충(屈明蟲, 굴명충), 음충(淫蟲, 음충) 등이 그것이다.

이 중에서 정약전이 첫 번째로 다룬 어물은 홍어이다. 하지만 이 책에서 홍어는 분어(鱝魚)라고 적혀 있다. 여기에서 '분'은 가오리를 뜻한다. 하지만 정약전은 속명(俗名)이 홍어(洪魚)라고 밝혔다. 가오리와 비슷한 모양을 지녔기에 분어라고 이름을 지었지만, 그 내용으로 보아 홍어가 분명하다. 정약전은 앞에서 적은 서문에 이어서 자신이 작업한 방식을 다음과 같이 적었다. "돌이켜 생각해보니 내가 고루하여 이미 『본초』에서 보았지만 그 이름을 듣지 못했거나 혹은 예전부터 그 이름이 없어 고증해낼 수 없는 것이 태반이었다. 이런 경우에는 단지 현지에서 부르는 이름대로 적었다. 수수께끼 같아서 해석하기 곤란한 것은 감히 그 이름을 지어냈다."

조선시대 왕실에서는 백성들이 가능하면 바다로 나가는 일을 금했다. 조선초기에는 왜구의 침입 때문에 섬에 사는 백성들을 육지로 강제 이주시키기도 했다. 그러니 서해안에서 자라 강으로 올라오는 숭어·웅어·황복이나 개펄에 사는 민어 따위만 한양에서 먹을 수 있었다. 조선시대 선비들은 바다생선에 대한 정보가 너무 얕았다. 그래서 정약전은 이름도 아직 얻지 못한 생선에 자신이 이름을 붙이기까지 했다.

"큰 놈은 너비가 6~7자 안팎으로 암컷은 크고 수컷은 작다. 몸은 연잎과 같고, 빛은 검붉으며 코는 머리 부분에 자리하고 있으며, 그 바닥은 크고 끝이 뾰족하다. 입은 코 밑에 있고 머리와 배 사이에 곧은 입이 있다. 등 뒤에 코가 있으며 코 뒤에 눈이 있다. 꼬리는 돼지꼬리를 닮았다. 꼬리의 등에는 거친 가시가 있다." 이렇듯 정약전은 홍어의 모양을 수컷과 암컷으로 나누어 매우 상세하게 묘사를 했다. 이어서 정약전은 홍어의 수컷과 암컷이 어떻게 교미를 하는지를 지금 우리가 보기에도 민망할 정도로 자세하게 밝혔다.

"수컷의 생식기(陽莖)는 두 개다. 생식기가 곧 뼈인데 그 모양이 마치 굽은 칼처럼 생겼다. 생식기 아래에는 알주머니가 달렸다. 생식기의 양 날개에는 가는 가시가 있다. 암컷과 교미할 때 이 날개의 가시가 갈고리가 되어 서로 묶인다. 간혹 암컷이 낚시바늘을 물고 엎드리면 수컷이 곧장 붙어서 교미를 하다가 낚시 바늘을 들어 올리면 그것을 따라서 올라온다. 암컷은 먹이 때문에 죽고 수컷은 음란함 때문에 죽는다. 이 것은 음란함을 탐하는 자에게 훈계가 된다." 과연 성리학자 정약전다운 표현이다. 홍어 수컷의 우매함을 통해서 세상의 이치까지 설명했으니 말이다.

"동지가 지나서 처음으로 잡히는데 살이 쪄서 맛이 좋다. 음력 2월에서 4월이 되면 몸이 말라서 맛이 떨어진다. 날로 먹든지 구이나 국을 끓이든지 말려서 먹으면 좋다. 나주 근처 마을에 사는 사람들은 썩은 것을 즐겨 먹는데, 좋아하는 정도는 똑같지 않다. 가슴이나 배에 덩어리가 생기거나 체증이 있는 사람은 홍어 썩은 것을 구해서 국을 끓여 먹으면 더럽고 나쁜 것을 몰아낸다. 또 술기운을 편안하게 해주는 데도 좋다. 또 뱀이 홍어를 싫어하기 때문에 그 비린 물을 버린 곳에는 뱀이 감히 가까이 못한다. 대체로 뱀에 물린 상처에 그 껍질을 붙이면 효과가 좋다."

요사이 삭힌 홍어는 전국에서 인기를 모은다. 본래 나주의 영산포 일대가 삭힌 홍어의 명산지였다. 흑산도 근처에서 잡힌 홍어는 배에 실려서 물길을 따라 곧장 영산포에 닿았다. 이곳에서 홍어를 비롯한 생선을 내려놓은 흑산도 어부들은 쌀을 비롯한 농산물을 사갔다. 그러니 홍어를 오랫동안 저장할 목적으로 영산포 사람들이 삭혔다. 식민지시기 후반부까지도 영산포는 물산이 집결되는 유통의 중심지였다. 하지만 철로가 물건을 실어 나르면서 영산포는 매력을 잃어버렸다. 더욱이 흑산도 사람들은 기선을 이용해서 목포로 곧장 갔지 영산포를 들리지 않았다. 그래서 이곳으로부터 삭힌 홍어의 매력이 목포로 옮겨갔다. 결국 해방 이후 1970년대까지 삭힌 홍어는 영산포가 아니라 목포역 뒷골목으로 모여들었다.

또 '해만리(海鰻鱺)'란 부분에서는 장어에 대해 다루었다. "큰 놈은 길이가 십여 자, 모양은 뱀과 같으나 크기는 짧으며 빛깔은 검다. 대저 물고기는 물에서 나오면 달리지 못하나, 이 물고기만은 유독 잘 달린다."고 했다. 그러면서 해만리에는 해대리(海大鱺), 견아려(犬牙鱺), 해세리(海細鱺)의 세 가지가 있다고 적었다.

해대리는 다른 말로 붕장어(弸張魚)이다. 정약전은 "눈이 크고 배 안이 묵색(墨色)

으로 맛이 좋다"고 했다. 일본어로 '아나고(穴子, あなご)'라고 하는 것이다. 견아려는 지금 말로 갯장어이다. "입은 돼지같이 길고 이빨은 개와 같아서 고르지 않다." 이빨 생김이 개의 것과 닮아서 이런 한자어 이름이 붙은 셈이다. 해세리는 지금 사람들이 '대광어'라고 부르는 것이다. "길이는 한 자 정도이고 몸은 가늘기가 손가락 같으며 머리는 손끝과 같다." 그래서 한자 이름에 가늘 세를 붙였다. "포를 만들면 맛이 좋다"고 했다.

지금이야 붕장어나 갯장어나 없어서 못 먹지만 조선시대 사람들은 이 바닷장어를 즐겨 먹지 않았다. 그 이유는 뱀을 닮았기 때문이다. 정약전 역시 사람들이 갯장어를 두고 "뱀이 변한 물고기라고 한다. 본 사람이 매우 많다고 말한다."고 적었다. 심지어 정약전이 흑산도에서 물고기에 대해 가장 잘 안다고 칭찬했던 장덕순(張德順) 창대 (昌大)는 "태사도(苔士島, 흑산도 서남쪽에 있는 상태도·중태도·하태도) 사람이 해 리의 배 안에 알이 있었는데 그 알이 구슬과 같고 뱀의 알을 닮은 것을 보았다고 말 하는 것을 들은 적이 있다"고 했다. 그러다 보니 대한제국 시기에 조선 연안에 와서 생선을 조사했던 일본인이 쓴 자료에서는 조선의 남해안과 서해안 도처에 바닷장어 가 많이 서식해도 조선인은 잡지 않는다고 했다. 혹 잡더라도 뱀을 닮아 먹기를 꺼려 서 일본인에게 넘겼다고 적었다. 다만 일본인 어부를 보고 배운 조선인 어부 중 도미 잡이를 하는 사람들이 도미가 잡히지 않을 때 이것을 잡는다고 했다.

비록 즐겨 먹지 않았지만, 맛은 달콤하고 설사를 하는 사람에게 좋다고 정약전은 적 었다. 먹는 방법도 죽을 끓인다고 했다. 그러니 바닷장어를 두고 흑산도 사람들은 음 식이 아니라, 약으로 여겼다. 조선후기 왕의 동정과 국정을 기록한 일기인 『일성록(日 省錄)』에서는 이런 이야기가 나온다. 각 지방에서 효자로 지정해달라고 정조임금에 게 추천한 인물 중에 한양의 서부에 사는 황심(黃杺)이 있었다. 그의 부모는 버섯국 을 잘못 먹고 중독이 되어 사경을 헤맸다. 특히 어머니의 증세가 심각했다. 이런저런 방법을 써도 차도 없자 의원을 찾아갔다. 그 의원은 "장어〔鰻魚〕를 쓰면 효험이 있을 것이다."고 했다. 하지만 당시는 겨울이라 강에 얼음이 얼어 있어 구할 수가 없었다. 다행히 이웃에서 구해주어 드시도록 했다. 아마도 황심이 구하려고 했던 장어는 민 물장어였고, 이웃에서 구해준 장어는 바닷장어였을 가능성이 많다.

4. 딱딱한 껍질이 있는 어물

『자산어보』의 제3권에서는 개류(介類)에 대해서 다루고 있다. 여기에서 개(介)는 딱딱한 껍질이 있는 어물이다. 조개류가 여기에 속한다. 대분류는 다음과 같은 내용이 들어가 있다. 해구(海龜, 거북), 해(蟹, 게), 복(鰒, 전복), 합(蛤, 조개), 감(蚶, 고막), 정(蟶, 맛), 담채(淡菜, 홍합), 호(蠔, 굴), 나(螺, 고동), 율구합(栗毬蛤, 밤송이조개), 구배충(龜背蟲, 구음법), 풍엽어(楓葉魚, 개부전) 등이 그것이다.

이 중에서 정약전이 전복을 두고 어떻게 묘사했는지를 살펴보자. 그는 전복을 '복(鰒)'이라 적었다. 그답게 생김새를 매우 자세히 묘사했다. "큰 놈은 길이가 7~8촌(寸)이고 등에는 딱지가 있고, 등딱지는 마치 두꺼비와 닮았다. 그 안쪽은 미끄럽고 윤이 나면서도 평평하지 않고 오색이 찬란하다." 이렇게 시작되는 정약전의 전복 설명은 먹는 방법에 대한 정보도 놓치지 않는다. "그 살코기는 맛이 달아서 날로 먹어도 좋고 익혀 먹어도 좋지만 가장 좋은 방법은 말려서 포를 만들어 먹는 방법이다. 그 장은 익혀 먹어도 좋고 젖을 담아 먹어도 좋으며 종기 치료에도 좋다. 봄여름에는 큰 독이 생기는데 이 독에 접촉하면 살이 부르터 종기가 되고 환부가 터진다. 그러나 가을 겨울에는 독소가 없어진다. 그 기르는 방법은 아직 개발되지 못했다."

정약전만큼 어물 전문가였던 서유구(徐有榘, 1764~1845)는 『임원경제지·전어지(佃漁志)』의 채복법(採鰒法)에서 자신이 지은 책인 『난호어목지(蘭湖漁牧志)』를 인용하여 전복 캐는 장면을 다음과 같이 묘사하였다.

"매월 음력(陰曆) 7~8일 무렵과 스무 이틀에서 사흘 무렵에 바람과 날이 따뜻할 때 바다 물가의 구불구불한 집에 사는 부녀들이 전복을 캐는 일로 생업을 삼는다. 사오십(四五十) 명이 무리를 지어 저고리와 치마를 벗는다. 다만 막대기를 다리에 붙였을 뿐이다. 큰 박의 밑바닥에 새끼로 만든 주머니를 매달았다. 누인 삼 껍질로 만든 줄을 여기에 겹친다. 이 줄은 길이가 수십 발이다. 한 쪽 끝은 박을 매고, 다른 한 쪽 끝은 몸의 허리에 둘러 감았다. 또 허리 밑에는 작은 새끼 주머니를 찼다. 오른손에는 자루가 달린 송곳을 쥐었다. 자루의 길이는 1척 남짓이며, 송곳은 구부려 을(乙)처럼 목을 만들었는데, 목 아래는 팔구(八九) 촌쯤 된다. 물속으로 헤엄쳐 들어가면 이윽고 박이 물 밖으로 저절로 떠오른다. 사람들을 따라 왔다 갔다 하다가 전복을 보면 반드시 생각지도 않은 때를 타서 송곳을 쑤셔서 잡는다. 조금 느리면 돌에 단단히 붙어버려서 떼어낼 수가 없다. 한 마리 전복을 캘 때마다 곧장 허리 아래에 찼던 주머니에 담는다. 여섯 일곱 마리가 될 정도로 많아져서 주머니가 무거운 것을 느끼면 곧장 허리에 둘러 감은 큰 줄을 붙잡고 떠올라 물 밖으로 몸을 빠져나온다. 여러 마리의 전복을 박 밑의 큰 주머니에 옮겨서 쌓는다. 다시 물속으로 들어가서 이와 같이 십여 차례를 한다. 하루에 수십에서 수백 마리를 잡는다. 혹시 상어나 철갑상어 무리를 만나면 갑자기 물고기의 배에 타기도 하는데 깜짝할 사이에 위험하기가 이와 같다. 그런데도 이익이 많으니 위험을 알지 못한다. 2월부터 8월까지는 전복은 아무 때나 캔다. 하지만 4월이 지나면 이후로 서서히 전복이 드물어진다."

사실 이렇게 전복을 잡았지만 조선후기의 한양사람들은 살아있는 전복을 보기는 어려웠다. 왜냐하면 동해안·남해안·서해안 연안에서 잠녀가 캐낸 전복은 말려져서 한양으로 유통되었기 때문이다. 냉장고도 통조림도 없던 시절의 전복 요리 역시 말린 전복을 물에 불려서 잘게 썰어 양념을 하는 전복초가 으뜸이었다.

5. 정약전은 왜 이 책을 썼을까?

정약전은 『자산어보』 제4권에서 해충(海蟲, 해조·개강귀·해인·쏘), 해금(海禽, 오지·수조·해구·존지락·조개새), 해수(海獸, 물개), 해초(海草, 미역 등 해초류)에 대해서 다루었다. 이 중에서 해태에 대해서 정약전은 다음과 같이 적었다. "뿌리가 돌에 붙어 있지만 가지는 없다. 돌 위에 두루 넓게 깔려 있는데 빛깔은 푸르다. 『본초』를 가만히 살펴보니 건태(乾苔)가 나온다. 이시진은 장발(張勃)의 「오록(吳錄)」으로부터 옮겨서 붉은 돌피가 바닷물 속에서 생겨나는데 매우 푸르고 마치 머리를 흐트러뜨린 모습과 닮았다고 했다. 모두 해태를 가리킨 것이다." 이것이 바로 오늘날의 김이다.

하지만 정약전은 당시 사람들이 어떻게 해태를 먹었는지에 대해서는 적지 않았다. 앞의 인용문에서 알 수 있듯이 정약전이 이 책을 쓴 목적은 오로지 박물적 지식을 정리하는 데 있었을 가능성이 많다. 그러한 사정은 정약전이 이 책의 서문에서 밝힌 다음의 내용에서도 알 수 있다.

"자산 앞바다에 사는 어족들은 매우 풍부하지만 그 이름이 알려진 것은 희귀하여 박물학자들이 마땅히 살펴보아야 할 곳이다. 나는 어보를 만들어보려는 생각으로 섬사람들을 널리 만나보았다. 그러나 사람마다 말하는 바가 달라 어떤 것을 믿어야 할지 알 수가 없었다. 그러던 어느 날 장덕순 창대라는 사람을 만났다. 창대는 늘 집안에 틀어박혀 손님을 거절하면서까지 고서를 탐독했다. 집안이 가난하여 책이 얼마 없었기에 손에서 책을 놓은 적은 없지만 소견은 그리 넓지 못했다. 그러나 성격이 조용하고 정밀하여 풀·나무·물고기·새 따위를 눈과 귀로 보고 듣는 모든 것을 세밀하게 관찰하고 깊이 생각하여 그 성질을 이해하고 있기에 그의 말은 믿을 만했다. 나는 마침내 이 사람을 초대하여 함께 묵으면서 생선무리를 연구하기 시작했고 그 내용을 책으로 엮어 『자산어보』라고 이름 붙였다. 생선무리 외에도 물새와 해조류까지 두루 다루어 후세 사람들이 연구하고 고증을 하는 데 도움이 되도록 하였다."

그는 책의 서문 마지막에 이런 말을 덧붙였다. "후세의 선비가 그 정확한 뜻을 알아내고 내용을 보다 훌륭하게 다듬는다면, 이 책은 치병(治病)·이용(利用)·이재(理財)를 따지는 사람에게는 큰 도움이 될 것이다." 곧 질병을 고치는 데 가장 좋고, 그 다음으로 생선을 이용하여 좋은 데 쓸 수 있고, 마지막으로 돈을 버는 데도 한몫을 한다는 생각이었다. 바다생선에 주목해야 한다는 정약전의 실사구시 정신이 바로 드러난다. 아울러 "시를 짓는 사람들도 이를 잘 활용한다면 비유를 써서 자기의 뜻을 나타낼 수 있을 뿐만 아니라 이제까지 미치지 못한 것까지 표현할 수 있게 될 것이다."고 단언하였다. 지식인으로서 바다생선을 통해서 세상의 이치를 읊조릴 수 있다는 말이다.

참고문헌

강경모, 「'玆山'의 음에 대한 진전된 논의를 기대하며」, 『역사비평』82, 2008.
신동원, 「다산은 『현산어보』가 아니라 『자산어보』라고 불렀다」, 『역사비평』81, 2007.
이태원, 『현산어보를 찾아서 3(사리 밤하늘에 꽃핀 과학정신)』, 청어람미디어, 2002.
정약전(정문기 역), 『자산어보(흑산도의 물고기들)』, 지식산업사, 2002.
주영하, 『그림 속의 음식, 음식 속의 역사』, 사계절, 2005.
주영하, 『음식인문학』, 휴머니스트, 2011.
주영하, 『식탁 위의 한국사』, 휴머니스트, 2013.
허태용, 「丁若銓의 玆山魚譜 연구」, 『한국인물사연구』4, 2005.

한식문화총서
2

조선 백성의 밥상

2014년 3월 20일 1판 1쇄 발행
2014년 11월 20일 2판 1쇄 발행

기 획   KFF 한식재단
          KOREAN FOOD FOUNDATION

글쓴이   김시덕(서울대 규장각), 김은슬(한국학중앙연구원), 김지영(한국학중앙연구원), 김향숙(한국학중앙연구원),

          신익철(한국학중앙연구원), 양미경(한국전통문화대학교), 이성임(서울대 규장각), 이종묵(서울대학교),

          정혜경(호서대학교), 조양원(한국학중앙연구원), 주영하(한국학중앙연구원), 최진옥(한국학중앙연구원)

펴낸이   임상백

편 집   Hollym 기획편집팀

디자인   Hollym 디자인팀

표지디자인 더그라프

펴낸곳   한림출판사
          Hollym

주 소   (110-111) 서울 종로구 종로12길 15

등 록   1963년 1월 18일 제 300-1963-1호

전 화   02-735-7551~4   전 송   02-730-5149

전자우편   info@hollym.co.kr   홈페이지 www.hollym.co.kr

ISBN 978-89-7094-798-3 04910